21世纪高职高专汽车技术系列教材·汽车技术服务与营销类

汽车销售技法

（第二版）

主编　罗　静　单晓峰

主审　胡艳曦

华南理工大学出版社

·广州·

图书在版编目（CIP）数据

汽车销售技法/罗静，单晓峰主编．—2版．广州：华南理工大学出版社，2012.1（2025.8重印）
21世纪高职高专汽车技术系列教材·汽车技术服务与营销类
ISBN 978-7-5623-3561-0

Ⅰ．汽…　Ⅱ．①罗…　②单…　Ⅲ．汽车－销售－高等职业教育－教材　Ⅳ．①F766

中国版本图书馆CIP数据核字（2011）第248107号

总 发 行：华南理工大学出版社（广州五山华南理工大学17号楼，邮编510640）
营销部电话：020-87113487　87111048（传真）
http://hg.cb.scut.edu.cn　　E-mail:scutc13@scut.edu.cn
责任编辑：孟宪忠
印 刷 者：广州小明数码印刷有限公司
开　　本：787mm×1092mm　1/16　**印张**：15.25　**字数**：387千
版　　次：2012年1月第2版　2025年8月第13次印刷
定　　价：28.00元

21世纪高职高专汽车技术系列教材·汽车技术服务与营销类

编　委　会

总 序

中国是全球最具潜力的汽车大市场，世界汽车制造业巨头无一例外地抢滩中国市场。在中国汽车产销量迅速扩大的同时，中国汽车后市场的业务领域也迅速扩充。新的营销理念和新的营销手段在冲击和震撼着中国的汽车销售和售后服务领域，表现出：一方面是汽车销售及售后服务对人才的大量需求，另一方面是能适应现代汽车销售市场的人才匮乏。为了适应新的形势，近年来，国内的大专院校，尤其是职业技术类院校的汽车技术服务与营销专业迅速扩大，早出人才、快出人才、出实用型人才成为学校和业界的共同愿望。

华南理工大学出版社根据我国汽车营销类专业的发展情况，结合市场实际需要，组织了高职高专院校的一线教师、专家、学者以及具有丰富实践经验的汽车企业技术人员共同编写了“21世纪高职高专汽车技术系列教材·汽车技术服务与营销类”。该系列教材贯彻了教育部关于“高职高专”的教育思想和方针，从体系到内容都充分体现了理论与实践相结合的原则，其具体体现为：以“应用”为主旨，基础理论以“必需、够用”为度；以就业为导向，以全面的素质培养为基础；以能力为本位，把提高学生的职业能力放在突出位置，集中培养学生的“汽车技术运用”、“整车及配件营销”、“汽车贸易与销售”、“二手车鉴定评估”、“汽车保险与理赔”和“汽车信贷与租赁业务”等能力；力求满足职业岗位群的实际需要，力争把学生培养成具有分析和解决汽车技术运用领域以及汽车整车及配件营销领域工作实际问题的复合型应用人才。

因此，本系列教材按照汽车营销的职业特点和职业技能要求，务求探索和创新，具有以下突出特点：

（1）拓宽汽车技术领域的视野，在汽车技术知识方面不求纵向的深入，而求横向的宽泛，突出汽车技术、构造、配置上的差异所带来的车辆性能、车辆特点和使用状况的差异性对比，并追踪汽车新技术的运用，以适应学生作为汽车销售顾问的技术性要求。

（2）追踪和吸收前沿的营销理论和营销方法，运用适量的背景资料透视国内外汽车营销行业的发展变化，了解汽车市场的运行状况和走势。

（3）汇集汽车营销领域的经典案例和国内汽车企业的典型案例，选用贴近现实、贴近中国消费者汽车生活的汽车营销实例，近距离认识汽车营销。

（4）注重业务过程的实务性训练。引入汽车营销企业的现实做法，业务流程、业务规范均来自企业实际，与企业的业务实际零距离对接。

(5) 强化技能和技法的训练，部分相关教材每章除了复习性的思考题外，还安排了用于实际操作训练的实践练习项目，训练学生的实际动手能力。

(6) 以汽车技术服务与营销专业的知识体系为需求目标，涵盖了该专业的主体内容，每种教材之间既进行了科学合理的分工，又基本上保证了每种教材自身结构的完整性与系统性，便于不同读者群和不同学校教学使用。

(7) 紧扣高职高专教育的目标定位，力求实现“有新意”——内容新、结构新、格式新；“有特色”——背景资料和典型案例；“有亮点”——企业实务和实践项目。

作为跨越营销管理与汽车技术两大领域的汽车营销类复合型人才，目前在国内更是异常匮乏，国家劳动和社会保障部等六部委已经将其列为市场紧缺人才之一。希望这套教材能满足更多的高职高专院校的需要，为早出人才、快出人才、出好人才出一份力。

宋润生

2006 年 1 月

第二版　前　言

据统计，2010年我国生产汽车1826.47万辆，销售1806.19万辆，产销量双双超过1800万辆，超越了美国2000年创造的最高历史纪录——1740万辆，再创新高，稳居全球“第一”，中国成为真正意义上的汽车大国。汽车产业的发展见证了中国经济的发展，也推动了中国全面步入工业文明时代。汽车产业的高速发展带来了激烈的竞争，如何应对如此快速的市场变化，如何扩大品牌的市场占有率，如何提高客户的满意度和忠诚度，就成了各个汽车厂商面临的最现实问题，而这一切都有赖于专业的销售人才来实现。目前，国内80%的汽车企业缺乏高素质的销售人才，这无疑成了现今各汽车经销企业面临的最严峻的挑战。

本教材正是结合汽车销售企业在新的竞争格局中对人才的需求，充分吸取最先进的销售理念和销售技法，并结合企业的实战经验来加以编写的。在编写中，充分考虑了高职高专学生的接受能力，做到理论结合实战，通俗易懂，力求使学生获得好的学习效果，自2007年8月出版以来，受到相关院校的好评。

随着汽车产业近年来的高速发展，市场竞争不断加剧，国内汽车消费者也日益成熟，使得汽车销售企业对汽车销售人才的素质和能力越来越重视；另一方面，汽车销售行业的一线人员及他们的管理者在长期的汽车销售工作中积累了丰富的实战经验，不少汽车销售方面的专家学者也对这些实战经验进行总结分析，使销售理论与实践的研究得到了空前发展。作为高等院校汽车营销专业的教材，为紧跟汽车销售行业的发展和变化，结合业内积累的经验，本次修订对部分章节增加了一些内容，同时在原来教材每一章理论讲解的后面，增加了大量的对应实战案例分析及有实际意义的实践习题，修订后实战的销售技巧将贯穿于整个教材之中。

本书分为十二章，内容包括：汽车销售概论、售前准备、寻找与开发潜在客户、销售接待及沟通技巧、顾客需求分析、车辆展示与产品介绍、试乘试驾、顾客异议处理、报价与成交、交车及交车仪式、售后维系、销售人员的自我管理。本教材的编写既有长期从事销售研究的学者，也有来自汽车销售一线的销售精英。相信通过本课程的学习，能使读者全面掌握汽车销售的理念、流程和实战技巧，快速提升个人的基本素质，全面提升自身的销售能力。相信汽车营销专业学生和销售人员通过本课程的学习和自身的领悟并努力工作，会成为一名汽车销售专家。

编　者

2011 年 12 月

前　言

据统计，2005年全国生产汽车570.77万辆，销售575.82万辆，中国汽车消费市场已位居世界第二，产量则居世界第三。汽车产业的发展见证了中国经济的发展，也推动了中国全面步入工业文明时代。专家预计在未来十年中，全球汽车市场增长的50%将来自中国。同中国快速发展的经济一样，中国汽车工业的高速发展也同样令世界瞩目。世界知名的汽车企业都将目光投向了中国，中国汽车市场已成了最大的投资热土。仅2006年中国汽车市场推出的新车型就超过了100种，平均每3天就有一款新车上市，2006年全年产销量双双超过700万辆，分别达到727.97万辆和721.60万辆。汽车产业的高速发展也带来了更加激烈的竞争，如何应对如此快速的市场变化，如何销售更新如此快速的汽车产品，如何扩大品牌的市场占有率，如何提高顾客的满意度和忠诚度，就成了各个汽车厂商面临的最现实问题，而这一切都有赖于专业的销售人才来实现。销售人才的严重匮乏无疑成了现今各汽车厂商的心头之痛。

国内汽车销售行业，作为一个独立行业出现，严格地说是始于20世纪80年代末期的物资流通体制改革之后，成长于90年代。而进入21世纪，特别是在中国加入WTO，世界知名汽车品牌纷纷进入中国市场之后，汽车销售行业才得到真正的快速发展，形成真正意义上的销售行业。由于长期计划经济的影响，加上大专院校对汽车销售专业的教育严重滞后，因而导致了人才断档；而汽车业近年来的高增长又导致了汽车销售人才需求迅速扩大，以上几方面因素交织在一起，必然导致汽车销售人才稀缺。人才稀缺又引发了各企业激烈的人才争夺战，引起人才不规范流动等问题。这势必会影响汽车销售行业健康发展，可以说汽车销售人才匮乏已成制约我国汽车业自主发展的瓶颈。

2006年2月，东风日产与CCTV-2《绝对挑战》栏目组联合举办《巅峰营销》大型电视真人秀节目，以百万年薪招聘市场营销总监。全国5 000多名白领报名参与了这次“绝对挑战”，在通过销售、市场、促销等商业案例的测试后，又经历了8轮不同侧面的考量，来自辽宁的葆旭东最终成为这次应聘中“笑到最后的人”。在央视的镜头前，葆旭东的成功应聘无疑是汽车销售行业人才招聘的最大新闻，而东风日产也因为将招聘选秀与新车发布巧妙结合，获得行业内外的广泛关注，成为眼球经济的最大赢家。有专家指出，百万年薪虽然不排除企业有炒作目的，但解决汽车销售行业人才的匮乏问题已经到了刻不容缓的地步。

中国汽车人才研究会副理事长兼秘书长朱明荣更是大声疾呼："我们不缺土地和资金，缺的是人才，尤其是缺围绕汽车产业发展的人才！"

本教材正是结合汽车销售企业在新的竞争格局中对人才的需求，充分吸取最先进的销售理念和销售技法，并结合企业的实战经验来编写的。在教材的编写中，我们也充分考虑到高职高专学生的接受能力，力求做到理论结合实战，通俗易懂，以提高学生的学习效果。本教材共分为十二章，内容包括：汽车销售概论、汽车销售的售前准备、提高集客能力、沟通的技巧、销售接待的技巧、顾客需求分析、商品说明、试乘试驾、报价及签约、交车及交车仪式、顾客的售后维系、销售人员的自我管理。参加本教材编写的既有长期从事销售研究的学者，也有来自汽车销售一线的销售精英。相信汽车营销专业学生和销售人员通过本课程的学习和自身的领悟并努力工作，能全面掌握汽车销售的理念、流程和实战技巧，快速提升个人的基本素质，全面提升自身的销售能力，成为一名合格的专业汽车销售人员。

编　者

2007年3月

目 录

第一章　汽车销售概论

销售，是人们熟悉的社会商业活动。当人类社会开始商品生产和商品交换时，销售就应运而生了。可以说，销售是伴随着商品的产生而产生，伴随着商品的发展而发展。

汽车销售作为一种高价值商品的销售，与一般商品的销售相比较具有其独特的内涵和方法。下面这个购车故事可以帮助人们体会汽车销售工作。这是汽车销售培训师米高真实的购车经历。

在米高的家乡阿尔伯克基市，某品牌汽车的日均销量为6～8台，而且，在第一次接触的顾客中有72%的人会再次光顾。要知道，其他品牌汽车商的回头客只有8%左右！如此骄人的销售业绩在当时衰退的汽车市场令人好奇而不解。

当米高第一次走进土星汽车销售公司时，员工们与他素不相识，却向他详细地介绍了他们的价格策略，每种车型的利润率以及员工的收入。他们甚至打开员工培训手册供米高阅读，还说如果需要更多的信息，欢迎明天再来。米高欣然接受了邀请。

星期天，米高和妻子简像往常一样散步。简轻轻牵起米高的手说："不知道你记不记得今天是我康复五周年的日子。"五年前，简被确诊患乳腺癌并接受了手术。米高一时间无言以对，感到尴尬，猛然意识到，他似乎把所有的时间都用来赚钱谋生，却不曾用赚来的钱好好享受生活。

翌日，简去学校教书了，米高仍满脑子想着如何为简庆祝的事。终于，米高作出了购买一辆土星牌汽车送给简的决定。米高到土星汽车销售公司付了订金，但没有确定车型和颜色，而是约好周三把妻子带来由她挑选。米高把买车的缘由告诉销售员并嘱咐保守秘密，好给妻子一个惊喜。

星期二早上，米高忽然想起简一直向往拥有一辆白色的汽车，便赶紧打电话给销售员询问是否有白颜色的车。回答说只剩一辆了，不过不能保证周三还有，因为车卖得很快。米高说不妨碰碰运气，让销售员把车放进展厅。

因为有个亲属意外地住进医院，结果直到周六下午米高才把简"骗"出了家门直奔土星公司。简一进土星公司就被五颜六色的汽车的海洋吸引住了。她一眼瞅见展厅里有辆白色的双人小汽车，径直走过去，坐进车里兴奋地说："多漂亮的小汽车啊！我能买辆新车吗?"米高故意摇头道："不行，等儿子大学毕业再说吧。"简恳求说："我实在厌倦开那辆旧车了，想要辆新车。"米高仍然坚持："还有三个学期儿子就毕业了。我答应你，到时候一定给你买。"

简怏怏地绕到了汽车前面，猛地，她发出了一声足以令人血液凝固的尖叫！原来，汽车销售员订制了一大条横幅挂在汽车的引擎盖上。横幅上印有一行醒目的大字："简，祝贺您康复五周年！这辆车属于您！让我们一起庆祝生活吧！——您的爱人及土星公司全体员工敬上！"后面是所有员工的签名。

惊喜令简尖叫着倒进米高怀里放声大哭起来。米高热泪盈眶环顾四周，发现此时店内竟空无一人。销售员工统统暂离展厅好让他们独享激动人心的时刻。新光临的顾客都被员工拦住，引到一旁解释发生的情况。很多人都站在展厅的玻璃窗外向内张望，全都鼓起掌来，有的还感动得掉了眼泪。

这几年，米高在美国、澳大利亚等地演讲时，经常把这个真实的故事引为传奇式服务的典范。旧金山的一位女士听了米高的演讲后，竟不远万里给土星公司打长途电话订购了一辆新车！正像土星公司曾宣称的那样："在激烈的市场竞争中，只有杰出的服务才能使我们的产品与众不同!"

这个小故事让人在感动的同时也对汽车销售工作有了更深的理解。汽车销售与日用消费品的销售有很大的不同，汽车销售要深入顾客的生活，深入顾客的心灵。

第一节　销售的概念

什么是销售呢？我们可以下一个很单纯的定义。销售就是在了解顾客需求的基础上，通过有针对性地进行商品介绍，以满足顾客特定需求的过程。商品当然包括有形的商品及服务；满足顾客特定的需求是指顾客特定的欲望被满足，或者顾客特定的问题被解决。能够满足顾客这种特定需求的，惟有靠商品提供的特殊利益。例如，顾客购车有的是为了开拓业务，彰显自己尊贵的身份；有的是为了突出个性，体现自身独特的品位；有的是为了代步，考虑经济实用。由于每个人的需求不同，所以我们在介绍汽车的过程中，必须有针对性。例如，一辆红色的跑车，是不能满足想彰显身份和希望经济实用这类顾客的利益诉求和特殊需要的。因此，销售的定义对我们而言是非常简单的。也就是说，能够找出商品所能提供的特殊利益，满足顾客的特殊需求。

从以上的定义中还可以看出，销售不是一股脑儿地解说商品的功能，而是要深入地了解顾客的需求，进行有针对性的介绍，注重结果。在与顾客沟通过程中，不要试图说服顾客，要让顾客感觉到被尊重，要由顾客自己来做决定，要让顾客发自内心地认同。销售不是炫耀自己的专业，而是要注意倾听，让顾客说出他的想法，因此销售员要谦虚，要让顾客感觉到轻松和愉悦。销售不只是销售商品，最关键的是要赢得顾客的理解和信任。真诚是销售员最有力的武器。

【案例 1－1】

真诚销售

在一个炎热的午后，有位穿着汗衫、满身汗味的老农夫，伸手推开厚重的汽车展示中心玻璃门，他一进门，迎面立刻走来一位笑容可掬的柜台小姐，很客气地询问老农夫："大爷，我能为您做什么吗?"老农夫有点腼腆地说："不用，只是外面天气热，我刚好路过这里，想进来吹吹冷气，马上就走了。"小姐听完后亲切地说："就是啊，今天实在很热，气象局说有32摄氏度呢，您一定热坏了，让我帮您倒杯水吧。"接着便请老农夫坐在柔软豪华的沙发上休息。

"可是，我们种田人衣服不太干净，怕会弄脏你们的沙发。"

小姐边倒水边笑着说："有什么关系，沙发就是给客人坐的，否则，公司买它干什么？”

喝完冰凉的茶水，老农夫闲着没事便走向展示中心内的新货车东瞧瞧，西看看。

这时，那位柜台小姐又走了过来：“大爷，这款车很有力哦，要不要我帮您介绍一下？”

“不要！不要！”老农夫连忙说，“你不要误会了，我可没有钱买，种田人也用不到这种车。”

“不买没关系，以后有机会您还是可以帮我们宣传啊。”然后小姐便详细耐心地将货车的性能逐一解说给老农夫听。

听完后，老农夫突然从口袋中拿出一张皱巴巴的白纸，交给这位柜台小姐，并说：“这些是我要订的车型和数量，请你帮我处理一下。”

小姐有点诧异地接过来一看，这位老农夫一次要订8台货车，连忙紧张地说：“大爷，您一下订这么多车，我们经理不在，我必须找他回来和您谈，同时也要安排您先试车……”

老农夫这时语气平和地说：“小姐，你不用找你们经理了，我本来是种田的，由于与别人共同投资了货运生意，需要买一批货车，但我对汽车外行，买车简单，最担心的是车子的售后服务及维修，因此我儿子教我用这个笨方法来试探每一家汽车公司。这几天我走了好几家，每当我穿着同样的旧汗衫，进到汽车销售公司，同时表明我没有钱买车时，常常会受到冷落，让我有点难过……而只有你们公司，只有你们公司知道我不是你们的顾客，还那么热心地接待我，为我服务，对于一个不是你们顾客的人尚且如此，更何况你们的顾客……”

这个案例具有很大的启示作用：销售的成功，不仅体现在汽车商品的介绍上，而且要求销售人员要有良好的专业素养和一颗真诚的心。

第二节 我国汽车销售行业的发展与展望

我国汽车销售作为一个独立的行业出现，严格地说是起源于20世纪80年代末的物流计划体制改革之后，成长于90年代。而进入21世纪，特别是在中国加入WTO之后，汽车分销行业才得以快速发展。

进入21世纪，中国汽车消费市场已从公务和商务购车为主转为以私人购车为主，这标志着国内汽车销售市场的初步形成。特别是近两年，世界知名的汽车企业纷纷进入中国市场，一时间中国成了全球最大的一块投资热土，国产的老三样逐渐被国外知名品牌所取代，汽车市场正演绎着新一轮的行业变革，而汽车销售的变革首当其冲。具体表现在以下四个方面。

一、从粗放型销售向组合型销售转变

2006年国内汽车市场有近100款新车上市，有新车上市就有旧款车降价，新车上市加价销售，用不了三五个月，又开始降价销售，似乎很少有按厂家指导价销售的情况，价格仍是销售商应对市场的最主要手段。从这一点也可以看出，现行国内汽车销售，仍然走

的是粗放型销售的路子。单纯的价格战和广告仍然是厂商最热衷的销售手段。从国内许多大众媒体纷纷开设《汽车专版》，到电视台汽车类广告突然增多，以及各家厂商不断举出降价大旗，都集中表明了当今汽车销售仍处于“初级阶段”。

价格下降固然是汽车行业的大势所趋，但是一方面任何产品都会有一个成本底线，这决定了价格战的有限性；另一方面，价格与价值是有着本质区别的，单纯的价格并不一定是所有顾客最关心的唯一要素，顾客关心的是商品的价值，而如何体现产品的价值，这不是降价就能解决的问题，必须依靠广告宣传、口碑宣传、销售渠道、市场定位、定价策略、公关活动、销售技巧等综合行销手段，进行立体式作战。因此，组合式营销已经越来越受到重视，也成为汽车销售的必然趋势。

二、从营业员式销售向顾问式销售转变

在20世纪90年代初期，很多汽车销售店或汽车市场的销售人员实际上只是一个营业员，他的主要工作就是等客人上门，然后向客人介绍产品特性。营业员式的销售，不可克服的一个缺陷是：属于被动式的坐商，缺乏对顾客群的主动研究和细分、定位；同时，在车辆销售之后也没有售后的维系，无法与顾客保持长期联系，可能会失去老顾客增购和介绍新客户购买的机会。而顾问式销售显然可以很好地弥补这一缺陷，通过一对一顾问式销售，可以把售前咨询、售中服务、售后维系有机结合起来，形成面向顾客群的全程销售模式，减少来自不同环节潜在顾客的流失。因此，顾问式销售是一种变被动销售为主动销售的方式。它能有效地提高顾客的满意度，能最大限度地满足顾客的精神需求，同时也最大限度地创造了销售机会。最伟大的汽车销售大师乔治·吉拉德曾经在一年的时间里销售了1425辆汽车，正是通过顾问式的销售，以顾客关系的维系来带动销售业绩的提升。在美国，汽车销售员大部分是学历很高、受过专业培训的汽车销售工程师；销售员不仅负责开拓新顾客，同时也负责老顾客的再开发。

随着国内汽车销售的竞争日益加剧，各个汽车销售商都要求自己的销售员达到销售顾问的水平，很多销售店在印名片时，都把销售员改成了销售顾问，甚至是资深销售顾问，但是在实际的销售过程中，我们仍然能感受到销售服务虽然有改观，但还是停留在很初级的水平，真正人性化、贴心的服务还太少。随着国内汽车市场竞争的进一步升级，对汽车销售顾问的重视程度将逐步提高，而这必将对销售行业从业人员整体素质提出更高的要求，相信会有更多高学历和高素质人才加入到这一行业中来。

三、从“卖产品”向综合服务转变

在4S店销售模式推行之前，汽车的销售和售后服务是分离的，销售人员只负责卖车，售后服务是由厂家另外指定特约维修站来负责。这种分工负责的方式，给顾客带来很多不便，同时也无法向顾客提供全面的服务。随着4S店的兴起，从售前、售中到售后全程服务的方式越来越受到顾客的欢迎，一站式服务也就成了汽车销售的标准化模式。销售顾问除了销售汽车产品以外，还要对顾客提供诸如按揭、保险、事故处理、维修保养、二手车交易、车友会活动等综合性的服务，使顾客在一个经销店就能解决所有关于车辆使用的全部问题；并且通过解决问题的过程使顾客与经销店的销售顾问建立长期的联系，逐渐形成对品牌、对销售店、对销售顾问的忠诚度，从而形成企业经营的价值链，在全面提高服务

水平的同时，也提高公司的收益，将新车销售的收益、保险、上牌以及按揭贷款的代理费收益、维修的收益、二手车销售的收益等都纳入了公司的整体收益之中。

四、从以新车销售为主向新车、二手车销售并重转变

目前我国汽车销售还是以新车销售为主，二手车的交易量仅为新车交易量的30%左右，而且很大一部分的二手车交易是由车主自行完成的，这一现状就使得现在的汽车销售商对二手车的交易缺乏足够的重视，重新车销售、轻二手车销售的现象普遍存在。在发达国家，二手车的交易量要远远大于新车的销售量，美国二手车的交易量约为新车交易量的2.6倍，日本二手车的交易量是新车交易量的1.5倍，二手车的销售已经成为汽车销售商的主要利润来源。目前，国内合资的汽车企业，如丰田、通用、大众等公司都在积极开展二手车的业务，取得了很好的效果：一方面通过二手车置换业务，有力地促进了新车的销售；另一方面，通过二手车的销售，提高了经销商的利润。随着二手车业务的不断开展，对销售人员的要求也就越来越高，除了要熟悉新车的销售知识，还要了解二手车销售的知识，现在已经有很多销售人员都考取了二手车评估师的资格；汽车经销商对于二手车销售的重视程度也会越来越高，这是一个必然的趋势。

中国汽车工业高速发展，汽车销售又面临巨大的转变，汽车销售人才的缺乏也就成为汽车销售行业发展的巨大瓶颈。2006年中国汽车的销售量达到了721万辆，比2005年增长了25%，预计到2010年，中国的汽车销售量将达到1 000万辆，如此高速的发展是非常罕见的。汽车业的高速发展急需大量的专业人才，而目前中国的现状却是汽车销售人才严重短缺，主要表现在以下几个方面。

（一）从业人员的素质普遍较低

在我国，很多汽车销售员文化程度不高，大多是高中毕业，大学生特别是本科以上学历的人往往不考虑从事汽车销售工作。人们对汽车销售的理解还是停留在推销员的层面上，认为做销售是没有能力的体现，很多文化程度较高的人会认为没有面子，让人瞧不起。因而，在现今的从业者中，80%以上的销售员只有高中或以下文化程度，而与之相对应的顾客，却都是社会的精英，都具有较高的素质和文化修养，这就造成了一种矛盾，致使汽车销售行业的整体服务素质低下。我们甚至在很多装修豪华的展示厅里却无法享受到像小餐馆那样的热情和温馨，买一辆几十万元的汽车，却得不到像吃一顿饭那样的贴心服务，这与从业者对汽车销售行业的认识，以及从业人员的素质都有直接关系，这也成为汽车销售行业发展的最大障碍。

（二）专业化程度不高

在很多汽车销售行业的专场招聘会上，我们发现用人单位在招聘销售员时，问得最多的一句话就是“会不会开车？”这真实地反映出汽车销售企业对销售人员专业的要求非常低，反映了汽车销售行业人才缺乏的现状，也体现出汽车销售企业在面对这一现状时的无奈。在中国有一个很有趣的现象，很多优秀的销售顾问由于业绩出色，往往会被提拔担任主管或经理，但是，一名销售顾问和一名销售经理所需要具备的能力和条件是完全不同的，能当好一名销售顾问往往难以胜任管理工作，所以很多优秀的销售顾问沦为拙劣的管理者而最终被淘汰，由于碍于面子，他们再也不会回头做销售顾问了。在我国，我们很少看到干了5年的销售顾问，却经常看到他们从业两三年就当上销售经理。这一现象也就直

接导致了销售顾问缺乏足够的经验积累，对专业的理解不深，所以在中国，能称得上专业的销售顾问少之又少。而在美国和日本，干了 20 年还在干销售顾问的却大有人在。在国外，汽车销售顾问的收入甚至比总经理的收入还高，当他有了足够的经验积累，有了足够的顾客积累，他们就会将销售工作当作一件可以终生为之奋斗的事业来做。想象一下从业 20 年甚至 30 年的销售顾问，他们的从业经验该是多么丰富啊！销售顾问急功近利的思想严重影响了从业者的心态，作为一名优秀的销售顾问，应该有长期为之奋斗的信念，以及不断提高和充实自己的决心，这也是汽车销售行业能够得以发展的动力。

（三）人员的流动性大

在现今社会，销售工作还未得到足够的理解和重视，很多人在求职时，往往在找不到合适的工作时，为了生计，勉强从事销售工作，一旦有好的机会便一走了之。销售工作在人们的印象中是辛苦、低声下气、没能力的代名词，我们很多的销售顾问连自己的亲戚、朋友都不知道他是销售什么产品的，只要别人不问起，一般不会主动介绍自己的职业。销售工作的压力确实很大，经常面对拒绝和挫折，必须具有很强的自信心。很多销售顾问心理承受能力较弱，无法适应，这与我国家庭教育有着很大的关系，孩子从小就较少受到挫折锻炼，普遍存在娇气、脆弱的性格特征，而在国外，挫折锻炼是孩子成长的必修课，甚至比文化课更为重要。销售人员无法承受来自各方面的压力，这是人员流动性大的内因。人才流动性大还受到外因的影响，那就是现阶段优秀的销售顾问是稀缺资源，成为各汽车销售企业争夺的对象，人才竞争已日益白热化。从目前的情况来看，人才开始出现聚集效应，优秀的汽车品牌和汽车销售企业，依靠优秀的汽车产品和企业文化来吸引人才的加盟，而一些经营不善的企业却出现了人才大量外流。这一现象表明，销售人才的聚集和流失，反映出企业的发展和衰败，由此也可以看出人才对于汽车销售企业来说是何等的重要。

很多企业的总经理都深刻体会到，现在企业的核心竞争力更多体现在人才这个层面上。可以说，汽车销售人才是当今社会紧缺的人才，汽车销售行业蕴藏着巨大的机遇和发展空间，虽然汽车工业的发展已经超过了 100 年，但仍然是一个全球最庞大的工业领域，具有很强的生命力。中国是当今世界汽车市场发展最快的地区，投身到汽车销售行业将会有广阔的前景和优厚的回报。

第三节　汽车销售的内容与特点

一、汽车销售的主要内容

汽车销售工作的内容非常广泛。主要内容包括售前准备、顾客开发、沟通技巧、销售接待技巧、顾客需求分析、车辆展示与介绍、试乘试驾、顾客异议处理、成交策略与技法、交车及交车仪式、售后维系、销售员自我管理等。这些内容将在以后章节中一一详细阐述。

汽车销售的基本流程可归纳为以下几个步骤：

（1）售前准备（presale preparation）。销售人员在销售前应对汽车行业、所代理的汽车制造厂以及所在的经销公司、经销的产品、竞争对手和顾客情况等都非常熟悉。销售人员准备得越充分，销售成功的可能性就越大。

（2）寻找潜在顾客（prospecting）。销售人员必须主动利用各种销售机会，寻找潜在的顾客。有效的顾客资源是销售人员开展销售工作的基础。

（3）接近顾客（approach）。销售人员与顾客第一次见面，有些人称之为销售中最重要的30秒钟。销售人员必须吸引顾客的注意力和兴趣。良好的第一印象是成功销售的开始。

（4）识别问题（problem recognition）。在介绍产品之前，销售人员应利用良好的沟通能力，确认顾客的需求和问题所在，这样才能有针对性地开展商品介绍和说明，做到有的放矢。

（5）产品介绍及演示（presentation）。销售人员要擅长解释和生动地描述相关产品的特征和优点，利用各种有效的商谈话术和技巧，使顾客对产品和服务有一个全面、准确的了解。

（6）异议处理（handling objections）。销售人员要有处理顾客异议的能力。

（7）成交（closing）。销售人员在确保顾客愿意购买的前提下，签署合同。

（8）建立联系（building relationship）。过去，这一过程仅仅等同于售后服务；如今，这一过程提升为销售人员与顾客之间建立长期的售后维系。

在实际销售中，汽车各品牌都根据自己产品的特点制定了相应的汽车销售流程。在本教材中，我们以目前主流的销售模式——4S专卖店的销售业务流程为主线，在内容上，将中国汽车市场上各大品牌的销售业务标准与汽车销售的专业理论相结合；在陈述方式上，将理论与实际案例相结合，力求通俗易懂、生动活泼，既能学习理论又能用学到的理论指导实践。

二、汽车销售的特点

汽车与房子一样属于高档耐用消费品，与普通商品的销售相比具有很大的不同，具体体现在以下几个方面。

（一）面向高消费人群

汽车是高价格的商品，从几万元到几百万元，甚至上千万元；同时，汽车也是高价值的商品，汽车所能赋予人们的不仅仅是代步的工具，而且还充分体现人的身份、地位、品位、爱好、生活方式、审美等多方面信息。随着国家经济的快速发展，汽车逐渐进入了家庭，但是汽车并不是生活的必需品，而是人们在解决了温饱之后，提高生活品质、创造新的生活方式的一种选择。目前汽车的销售对象大多是社会的精英人群，具有较高的收入或是稳定的职业，这是一个特定的高消费人群。

（二）技术先进，结构复杂

汽车是民用产品中最为复杂、技术含量最高的商品，同时，也是技术更新最快的产品。2006年平均每三天就有一款新车型上市，每一款新车上市都会带来技术的提升和改善，因此，可以说汽车销售工作是在销售行业中最复杂、科技含量最高的工作，销售人员必须对汽车有深入的了解，全面掌握商品知识和汽车原理，熟悉汽车的基本构造和结构，这就意味着汽车销售顾问要具有丰富的专业知识，而且，要随着汽车工业的发展和汽车技术的创新，不间断地持续学习。一个优秀的销售顾问需要长时间的培训和锻炼，通过长时间的实践和积累才能得到成长。

（三）商品体现生活方式

汽车对于顾客来说不仅仅是一件商品，而且是一种新的生活方式的开始。顾客在使用汽车的过程中会遇到各种各样的问题，销售顾问要随时给予帮助，使顾客真正体会到拥有汽车之后，生活变得更加轻松、便捷、愉悦，在提高了生活质量的同时，对汽车产生依赖感。由于对生活的满足感得到增强，顾客也会对经销店和销售顾问产生信赖，从而提高顾客的忠诚度。

（四）销售的相关业务广泛

随着汽车销售行业的不断发展，与汽车销售相关的业务也得到了长足的发展，如汽车按揭业务、汽车保险业务、汽车改装、汽车美容、汽车保养、二手车置换、汽车俱乐部等业务。由于业务所涉及的项目多，因此，对销售顾问提出了更高的要求，要求销售顾问熟悉这些业务，能够协助顾客办理相关的业务，这也是在其他产品销售中所没有的。可以说，汽车销售顾问不仅仅要了解汽车本身，还要了解汽车以外的、与汽车相关的所有知识，有时，相关业务知识比商品知识本身还重要。

（五）体现终身服务

汽车销售是一种终身销售和服务，在日本和美国，由于汽车拥有量已趋于饱和，因此二手车的销售量比新车的销售量还要大，而且新车的销售中 90% 是换车。从这一点也可以看出，未来汽车销售是一种终身的销售和服务。通过良好的售前、售中、售后服务，使顾客产生信赖感，从而获得老顾客介绍、换购、增购的销售机会。能否建立顾客的“品牌忠诚度”，取决于销售顾问的终身服务意识和良好的专业素质。

（六）主动销售才有出路

目前，我国的汽车销售才刚刚起步，“井喷”一样的需求使销售商喜上眉梢，但是汽车销售市场会像所有的行业一样，很快变成买方市场。目前，我们国内的汽车销售行业正处于黄金季节，销售顾问守在展厅就能有很好的销售业绩，但这样的时光很快就会过去，看看现在的日本和美国，也就能看到我们不远的将来。在日本，销售人员平均每天要登门拜访 10 名以上的顾客，每拜访 30 名顾客才有可能成交 1 辆车。在美国，最令人躲闪不及的人是保险、汽车和房地产的销售员，而在国内汽车销售的竞争还远未达到这种程度，但在不远的将来我们也会步入这种竞争的环境，只有主动出击才是唯一的出路。

（七）销售周期较长

不同于一般商品的购买，购买一辆汽车对顾客来说是一笔不小的开支，顾客不会不假思索就花这笔钱，很少有顾客在买车前不进行品牌间的比较。在决定购买之前，顾客们常常会花上数星期甚至数月时间反复衡量，并且在购车的过程中往往会涉及家庭其他成员的参与，整个决策的过程出现反复和变化。因此，销售人员在与顾客接触的过程中，不能急于求成，要有耐心，要有打持久战的思想准备，不能因为顾客没有决定购买而气馁。在目前的销售实际中，被顾客拒绝一次，10 个销售员有 5 个会从此放弃；被拒绝第二次，5 个人中又有 2 个会放弃；被拒绝第三次，就只剩下一个人会做第四次努力，这时他已经没有竞争对手了。成功贵在坚持，这一点对于汽车销售顾问来说更为重要。

第四节　汽车销售人员的角色与素质要求

一、汽车销售人员的多元角色

通常，汽车销售企业中销售汽车的人员（汽车销售人员），也称为销售顾问。

汽车销售顾问是指为客户提供顾问式的专业汽车消费咨询和导购服务的汽车销售服务人员。其工作范围实际上也就是从事汽车销售的工作，但其立足点是以客户的需求和利益为出发点，向客户提供符合客户需求和利益的产品销售服务。其具体工作包含：客户开发、客户跟踪、销售导购、销售洽谈、销售成交等基本过程，还可能涉及汽车保险、上牌、理赔、年检等业务的介绍和代办。在4S店内，其工作范围一般主要定位于销售领域，其他业务领域可与其他相应的业务部门进行衔接。

销售顾问作为销售汽车产品的业务员，并不等同于普通产品销售的业务员。因为在目前汽车种类繁多、技术日新月异、相关手续复杂的消费环境下，给予潜在客户客观、公正、合理的购买建议并不是普通业务员能够承担的。相反，销售顾问需要凭借自身对汽车以及汽车市场的了解，给予进店客户周到、细致、客观、公正、合理的意见，即顾问式服务，从而赢得客户的信任并达成交易。而要做到这些，销售顾问首先应成为了解汽车基本特性和功能、汽车发展历史、竞争车型、汽车技术发展趋势、汽车维修保养和保险理赔等一揽子事项的产品专家；其次，要了解消费者的需求，满足他的需求，引导需求，并要做到超前一步。

另外，销售顾问在汽车销售企业中，除了承担销售汽车的顾问角色外，还承担着多个角色：

销售顾问是厂商与客户沟通的桥梁。销售顾问要在客户晋升为车主后，继续充当好客户和厂商沟通的桥梁，及时将厂商的相关政策通知客户，并向厂商反馈客户提出的各种产品与服务方面的问题和要求，甚至必要时与制造企业沟通协商，力求使产品和服务更加完善，力争使汽车厂家、经销商与客户之间达到多方共赢的局面。

销售顾问要为汽车企业寻求最大利润。汽车销售顾问虽然要站在客户的角度考虑问题，但归根结底还是汽车厂商的工作人员，因此在整个销售过程中要始终考虑厂商的利益，在确保厂商利益的基础上满足客户的需要，在维护厂商利润的基础上让客户愉悦地购车。同时也不忘在厂商利益最大化的同时开拓客户良好的口碑与后续市场的营利能力，要让客户意识到厂商是随时把客户放在重要的位置上。

二、如何成为专业的汽车销售员

专业的销售人员所谓的“专业”，其实最重要的就是“准备”。有一句话：“没有准备就是准备失败。”这句话不无道理，因为成功总是降临到那些有准备的人身上。世界上最顶尖的销售员在做任何事情之前，都会做非常充足的准备，对所有业务当中遇到的和可能遇到的问题，都进行事先的研究和准备，确保对每一个问题都给出最合理的解释和应对。

业务的准备包括专业形象的准备、销售心态的准备、商品知识的准备、顾客可能提到的问题的应对准备、销售工具的准备、专业知识的准备等。总之，不管顾客遇到什么情况或是提出任何的问题，销售人员都有事先准备好的解释和应对方案，从而给顾客一个专业销售员的印象。

（一）专业形象的准备

卡耐基说："合宜得体的打扮最能反映出推销员的本质，所以着装方面，一定要精心谨慎。任何场合都穿着得体，正如任何问题都晓得正确答案一样，这才会让人服气。"外在的形象关系到别人的第一印象，尤其是汽车销售员，当你开口说话之前，你的形象就已进入顾客的意识中了。

由于汽车是高档商品，用户总是希望能在专业的销售店进行购买，并能享受专业的售后服务，而销售人员最能体现这种专业性，销售人员如果能以专业的形象示人，必将大大提高顾客的信赖程度，从而放心享受公司提供的商品和服务。

（二）专业知识的准备

专业知识的积累是销售顾问体现专业性的核心内容，由于汽车这一特殊商品非常复杂，技术含量非常高，因此，专业知识的学习需要一定的时间。学习专业知识最好的方式就是向维修车间的高级技术人员学习，全面掌握汽车的构造、各部件的作用和机械原理，了解每一款车的技术特点。销售顾问除了对自己销售的车辆要熟悉，还要对竞争对手的车型有深入的了解。除了车本身，还要掌握与车相关的业务知识，如保险的险种及保险理赔知识、汽车按揭知识、二手车的评估知识、汽车维修保养常识、安全驾驶的知识等，专业知识越丰富，在商品介绍中就越能被顾客所接受，越容易说服顾客，这也是一个专业销售顾问所应具备的基本条件。

（三）商谈话术的准备

掌握了汽车的专业知识，还不足以成为优秀的销售顾问，这些商品知识如何运用，以何种方式进行表达，也是非常关键的问题。销售顾问必须总结用户经常问到的一些问题，然后对商品知识进行分类和提炼，总结出有针对性的应对话术，并与其他销售顾问进行讨论和研究，互相取长补短进行完善。这样就能确保以一种最佳的方式向顾客传递商品的知识，让顾客对其销售的汽车有一个全面的了解。商谈话术的准备关键是四个步骤：一是收集顾客常问的问题；二是组织讨论研究应对话术；三是形成文字并背诵练习；四是在工作中不断改善和提高。

（四）销售心态的准备

销售的过程是一个不断经历挫折的过程，被顾客拒绝不仅在所难免，而且是经常遇到的事情。面对这些，许多人会轻易放弃；而成功的推销员则有着良好的心态，他们怀着被拒绝的心理准备，又拥有征服顾客拒绝的自信。因此，专业的销售顾问必须有良好的心态来应对挑战，要做到不论遇到什么挫折都能以一种积极的心态来应对。

一条路，要花很长时间才能找到；一个希望，要走很远才能触及。恒心和毅力是每个人通往成功之路必备的品质，每个人都应该平静地接受考验。销售更像是马拉松长跑，它是一种毅力的博弈，所有的成功与失败，所有的泪水与汗水，都在考验着销售人员的"坚持"。卡耐基曾说过，一次的失败并不重要，重要的是永不放弃的念头，只要坚持永不放弃，就一定可以成功。从某种意义上来说，没有离开的顾客，只有离开的销售员；没有失败的销售，只有销售员的失败。

（五）熟练掌握业务流程

业务流程是确保销售业务工作正常开展的基本保证，也是整个销售工作的关键。销售人员只有熟练掌握销售业务流程，才能确保与业务相关部门的衔接和配合，才能为顾客提供最佳的服务，才能更有效率地开展工作。一个企业的业务流程，体现了企业的经营理念和服务意识，对业务流程的理解也就是对企业经营理念和服务意识的理解，因此，熟练掌握销售业务流程是对一名专业销售顾问的基本要求。由于汽车销售一般都采取品牌销售的方式，每一个品牌都有其特有的销售业务流程，销售人员重在理解而不是简单地执行，只有真正理解了业务流程设计的思想和它所包含的经营理念，在实际工作中才会有创新，才能够为顾客提供高效率的服务。这一点往往是被一般销售人员所忽视的问题。

（六）培养服务意识

汽车销售与其他服务行业一样，良好的服务意识能改变销售人员的销售行为。服务的根本目的，就是让顾客满意。顾客是上帝，是销售员及企业的衣食父母，销售员只有最大限度地使顾客满意，才能获得成功。让顾客满意是销售行业及销售员必须遵循的法则。任何影响顾客满意度的行为都具有危害性。

优质服务的力量是宏大的，成功的销售员绝不会漠视服务对自己事业发展的重要意义。因此，他们会尽力做好每一项服务工作，甚至在这方面付出的时间和精力远远超过向顾客的直接销售，因为服务是最好的销售。在竞争越来越激烈的环境下，要想在竞争中获胜，服务已成为一个至关重要的因素。更多更好的服务，除了会增加用户对产品的信心外，还会吸引用户的第二次消费和主动推荐。作为一名专业的销售顾问，要想创造好的销售业绩，就必须培养自己的服务意识，不断提高顾客的满意度。

三、汽车销售员必备的专业素质

汽车销售与其他销售行业相比，对销售员的专业知识、素质、品格的要求更高，要求销售人员必须经过长期的专业训练和培养，同时还必须具备智慧、勇气、诚实、勤奋的特质。因此，要成为一名专业的销售人员就必须具备较全面的专业素质。

有一位市场营销的本科大学毕业生，通过应聘来到某汽车销售店从事销售工作，他具有专业的营销知识，同时也花了很大的精力去学习汽车的专业知识，但是在实际工作中，却总是无法取得好的业绩，甚至还不如一些高中毕业的销售顾问，这使他很苦恼。有一次，他接待了一位顾客，由于顾客对车并不了解，所以提出了很多很业余的问题，顾客的很多观点是不正确的。这位销售员由于专业知识非常到位，针对顾客的问题进行滔滔不绝的讲解，全面纠正了顾客的观点，生怕客人不知道他的专业水平高，还不时冒出一些专业的术语，最后顾客随便看了一下车就告辞了。从此这个顾客就再也没有回来，而是到了别的销售店去购车。

通过以上事例可以看出，仅仅拥有专业知识是远远不够的，销售顾问还需要全面的专业素质。美国一家公司对近50万名销售顾问进行了调查，研究表明，优秀的销售顾问都毫无例外地具备以下一些素质。

（一）有坚定的信念

卡耐基曾经说过，任何一位获得成功的人，内心都存有一个坚定不移的信念。克服横在路上的障碍、困难以及战胜其他对手的动力，都来源于信念。一个成功的销售员，应该时时刻刻都鼓励自己、鞭策自己，以激发内心的动力，这就需要一个更好的心态和坚定的信念。销售员每天都会遇到各种困难和挫折，最优秀的销售员的成交率也只能达到 20%，也就是说经历 80 次的失败才能换来 20 次的成功，如果没有坚定的信念，销售人员会难以承受失败的打击而选择放弃。每个人都知道决心和信心对成功的重要意义，对于销售员来说，信心尤为重要，世界上没有什么不可能，关键是你是否坚信成功的存在。

（二）有持续的热情

热情是每一个销售人员取得成功的基本条件，但是在实际工作中，我们发现一个有趣的现象：在销售人员刚从事销售工作时，由于业务知识不足，往往在销售中表现出强烈的热情，而随着销售人员业务能力的提高，专业知识的丰富，销售的那股热情却逐渐消退了，原来具有优秀潜质的销售员最终却归于平庸。

没有热情就没有长久的销售。所谓热情，是指一种精神状态，一种对工作、对事业、对顾客的炽热情感。爱默生曾经说："缺乏热情，就无法成就任何一件大事。"热情是一种振奋剂，它可以使销售员更加乐观、勤奋、向上，对工作充满希望和自豪；热情是一种精神状态，可以鼓励销售员更好、更愉快地完成工作，保持旺盛的精力；热情能够感染顾客，使销售员赢得更多的朋友，获得顾客的信任，创造更大的业绩。

作为一名专业的销售顾问，应该把热情变成一种习惯，而不只是一时的热情。一时的热情容易做到，养成习惯却需要训练和时间。拥有热情的人，无论处于什么环境都会有所作为。

（三）站在顾客的立场思考

站在顾客的立场进行思考，简单地说就是换位思考。在解决顾客问题的时候，要设身处地地为顾客着想，问一问自己，如果是我我会怎样？换位思考就是要求销售人员最大限度地理解顾客的需求和想法。换位思考要求销售人员在顾客需要帮助的时候，一方面理解顾客的心情，另一方面理解顾客的要求。而理解顾客的要求就需要销售人员在解决顾客的具体问题时，充分考虑顾客的需要，维护顾客的利益，这样才会得到顾客的认同和赞赏，从而大大提高顾客满意度。如果我们在销售过程中，无法让顾客感觉到我们在替他们考虑，顾客就会觉得销售人员不关心、不尊重他，我们就无法获得顾客的信任。

（四）耐心和恒心并存

汽车销售员很辛苦，每天要拜访很多的顾客，还要填写很多的报表，有人说：销售工作的一半是用脚跑出来的，一半是动脑子得来的。销售工作不可能一蹴而就，会遇到很多困难，要不断地去拜访顾客，去协调顾客，去跟踪维系顾客；有些顾客可能要跟踪 1 年甚至 2 年才能成交，因此，要求我们销售人员不能急功近利，要有解决问题的耐心，要有百折不挠的精神，要有坚强的意志力。我们要正确认识销售工作中的挫折和失败，我们要坚信所有的失败都是为你以后的成功做准备。这个世界有一千条路，但却只有一条能到达终点。如果顺利，你可能走第一条就成功了，但如果不顺利，你可能要尝试很多次，但要记住：你每走错一条路，离成功就近了一步。谁能笑到最后，谁就是赢家。为什么这个世上有成功者也有失败者，原因很简单：成功者比失败者坚持多走了一步。有志者事竟成，这一名句我们销售员应该时时想起，坚持到底才能有所收获。

（五）谦虚诚实，信守承诺

有些销售员怕顾客说自己不专业，因此在商品介绍过程中往往将自己表现成一个行家，大吹特吹所销售的产品，卖弄各种专业术语，不能容忍顾客有不同的认识和见解，不容许顾客发表不同的意见，刻意地与顾客发生激烈的争论。这样，即使你占了上风，赢得了胜利，把顾客驳得哑口无言、无地自容，你快活了、高兴了，表现了你的专业水平，但你得到的是什么呢？是失去了顾客、丢掉了生意。因此，在顾客面前，作为销售员的你，一定要谦虚，要客观地评价自己的产品，这样才能赢得顾客的信任。

诚实是销售人员的基本美德，销售人员在介绍商品的过程中必须做到客观，不夸大其词，不去恶意地贬低竞争对手，不能为了促成交易而欺骗顾客。近几年汽车消费投诉直线上升，除了产品质量的投诉之外，服务投诉也日益增多，其中很多投诉都是由于销售人员不诚实造成的。销售人员的不诚实，直接造成顾客对经销商的不信任，进而对品牌产生不信任，从而影响企业的长期发展。

信誉是成功的保证，世界上的成功者都是信守承诺的人。一时的损失将来可以赚回来，但损失了信誉就什么事情也做不成了。言必信，行必果，是一个人基本的处事原则，也是基本的销售准则。在销售中，守信是居于举足轻重地位的。守信就是要求销售人员在销售活动中讲究信用。在当今竞争日益激烈的市场条件下，信誉已成为竞争的一种重要手段。信誉是指信用和声誉，它是在长时间的销售过程中积累形成的一种信赖关系。在当今的竞争中，谁赢得了信誉，谁就会在竞争中立于不败之地；谁损害了自己的信誉，谁就终将被市场所淘汰。

（六）勤于思考，善于总结

销售是一项实践性很强的工作，销售人员在工作中需要掌握丰富的知识和技巧。销售人员要想在最短的时间里掌握如此丰富的业务知识，要想最大限度地扩大顾客群，要想提高成交率，要想做好所有顾客的跟踪和维系工作，就必须勤奋工作、勤于思考、善于总结，要做到脑勤、手勤、眼勤、嘴勤、腿勤。

脑勤就是要求销售人员要善于学习，勤于思考，经常总结和反思工作中的得失；手勤就是要将工作中的体会和经验进行文字总结，将学习到的知识运用到工作当中去，亲自去体验和感受；眼勤就是要善于观察，了解顾客的真实需求，同时观察优秀销售员的工作方法，通过细致的观察来提高自己的工作能力，也提高自己销售的敏锐感；嘴勤就是指销售人员要练习语言表达能力，通过长时间的练习做到清晰表达自己的观点和思想，同时也使自己的表达更具有感染力和鼓动力；腿勤就是指销售人员要不断地开拓新的业务，要走出展厅去寻找更多的销售机会，将在展厅的坐商变为主动出击的走商。销售人员只要能做到这五勤，离成功就不远了。

“PDCA 循环工作法”是销售人员值得学习的方法，图 1－1 为“PDCA 循环工作法”示意图。

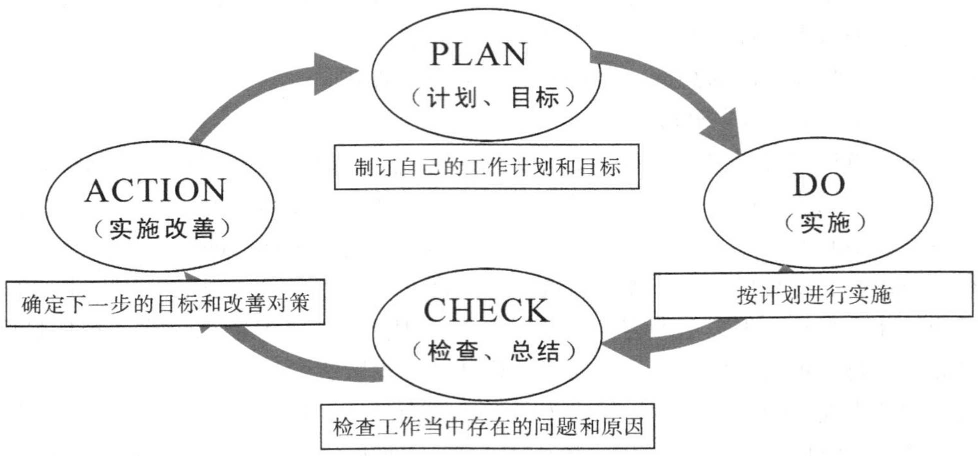

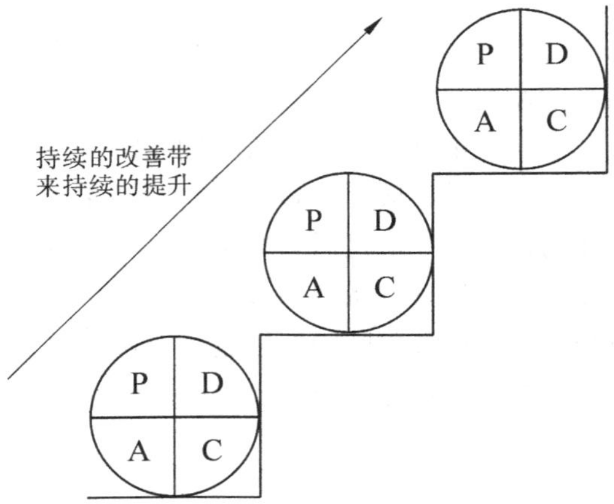

PDCA 不断循环带来业务能力的不断提升

图 1－1　“PDCA 循环工作法”示意图

顾客的期望永远是随着行业服务水平和市场环境的变化而不断提升的，“PDCA 循环工作法”要求销售人员必须制订工作的计划和目标，并在每天的工作中进行落实和执行，在工作结束后进行自我反省和检查，找到工作中存在的问题及其产生的原因，并提出改善的方案，同时制订下一阶段新的计划和目标。通过这种持续循环不断完善的工作法，销售人员的能力和服务水平也会得到持续的提升。

四、汽车销售人员的能力结构

汽车销售是一个复杂的销售过程，是所有商品销售中难度最大的。对于一个完全没有从业经验的人来说，如何才能成为一名专业的汽车销售人员，专业汽车销售员必须具备哪些能力呢？通过 4 年时间对近百名优秀销售顾问的调查和研究，我们发现优秀的销售顾问都具备以下 6 个方面的能力。

（一）学习能力

杰克·特劳特在《营销战》中说：“今天的市场营销的本质并非为顾客服务，而是在同竞争对手的对垒过程中，以智取胜，以巧取胜，以强取胜。”智、巧、强从何而来？它来自于学习，通过学习日积月累，厚积薄发。

学习什么呢？从大的方面谈，应该学习国家的大政方针、相关的经济法规、国家的宏观与微观经济政策，从战略的高度武装自己。从小的方面讲，销售员应该了解行业环境、市场形势、未来趋势、商品知识等，通过不断地向书本学习、向实践学习、向经验学习、向对手学习，做到知己知彼，百战不殆。除此之外，销售员针对自身还应该以空杯归零的心态系统地学习经营管理学、营销学、心理学、公关学等知识，通过不断完善自己的知识结构，达到从专才、通才向复合型人才的转变，从而适应日益复杂的市场形势变化的需要，实现从蛹到蝶的巨大转变。

（二）总结分析能力

总结分析的能力也就是对销售工作中经验积累的能力。一个销售员如果在工作中不去分析成功失败的原因，不去寻找自身存在的差距，不对每一天工作的得失进行总结，不把经验整理记录下来，不把教训总结出来并寻找到防止再犯的对策，那么就无法得到提高，也就等于放弃了从经验和实践中学习的机会。这也正是很多销售人员只会纸上谈兵，一到实际销售过程中往往不知从何下手的原因。工作了一两年，回过头来看，自己的能力却没有明显的提高，不是找不到销售的感觉，就是缺乏总结和分析的能力。因此，销售员在日常工作中要不断总结经验，并注意对经验的积累，最好能形成文字，经常拿出来整理。随着经验的增多，慢慢地就会形成自己的销售风格。

（三）与人沟通的能力

销售的过程实际上就是一个与人沟通的过程，从跟顾客接触开始，销售人员就通过各种方式与顾客进行沟通。销售人员的沟通能力是最重要的能力，沟通能力直接影响到销售过程中顾客对产品和服务的了解。很多人认为销售员只要能说会道就行了，其实不然，销售人员的沟通能力除了语言表达能力之外，还包括倾听、文字表达、电话交谈、投诉应对等内容。沟通与平时的交谈是有着本质区别的，与顾客沟通不仅仅是聊天，其沟通的特点是：有明确的目的性，注重沟通的效果。

（四）计划和执行能力

“凡事预则立，不预则废”，说的就是工作要有计划性。竞争日益激烈，如何应对？唯一的办法就是比别人更有效率地工作。要想提高工作效率就必须提高工作的计划性。销售人员每天要接触很多新顾客，又要维系老顾客，还要进行工作的总结和填写各种报表，每月还要对销售业绩进行分析，对顾客进行分类管理，等等，工作非常繁杂。如果缺乏计划性，销售人员在顾客维系方面就容易出现漏洞，从而降低顾客的满意度。因此，计划性决定了销售人员工作的效率。

销售是一种实践性的工作，要取得良好的销售业绩，光靠在家里或办公室中想着如何开拓顾客、如何说服他们、如何成交是没有用的，这无异于白日做梦；要想成功，必须采取行动。销售人员每天的工作目标和工作计划必须不折不扣地执行，才能一步一步迈向成功。

（五）自我管理能力

一名专业的汽车销售员的成长往往需要长期经验的累积，需要掌握多学科的知识，因此，对于一名刚从事汽车销售工作的新人来说，制订合理的事业规划和人生规划就显得尤为重要。一方面我们要找到自身存在的差距，另一方面要明确我们的发展目标，在心目中树立理想的榜样。而一般情况是，我们很多销售人员制定了明确的目标，有一个令人振奋的理想，但在工作中却完全是另一种表现，说一套做一套，领导在与领导不在两个样，说到底就是缺乏自我管理的能力。销售工作是完全体现自身工作意愿的一项工作，用心和不用心、积极还是消极只有销售员自己清楚，因此，自我管理实际上就是自我约束、自我调整、自我激励。这也是销售员快速成长的关键因素。

（六）团队协作能力

销售工作虽然体现的是个人的能力，但是也离不开集体的配合和支持。在汽车销售的过程中会与企业的各个部门和各个岗位的同事进行工作的衔接和配合。作为销售员，在整个销售业务流程中要主动协调与各个部门和各个岗位的关系，如前台接待、财务部、售后服务部、顾客服务部、行政部、市场部、保险部、精品部、零件部等的关系。如果没有这些部门的配合和协作，就会影响销售业务的开展，也会影响顾客的满意度，从而使顾客对销售员丧失信心。因此说，销售人员的协作能力也是非常重要的。

【案例1－2】

流程性销售技能＋软性销售素质

这是美国中部一家比较知名的车行，车行展厅内有6辆不同类型的越野车。这天下午，阳光明媚，展厅看起来格外明亮，店中的7个销售人员都在各自忙着自己的事情。

一对夫妻带着两个孩子走进了车行。凭着做了10年汽车销售的直觉，乔治·吉拉德（本案例中简称乔治）认为这对夫妻是真实的买家。乔治热情地上前打招呼——汽车销售的第一个步骤。他用目光与包括两个孩子在内的人交流，同时作了自我介绍，并与夫妻两人分别握手。顾客不经意地抱怨天空逐渐积累起来的云层可能带来的雨雪天气，自言自语地说也许周末的郊游计划要泡汤了。这显然是很自然地转向了顾客需要引导到的话题，乔治诚恳地问：“两位需要什么帮助？”——消除陌生感，拉近与陌生人之间距离的能力。

这对夫妇说现在开的是福特金牛，考虑再买一辆新车，顾客对越野车非常感兴趣。乔治开始了汽车销售流程中的第二个步骤——收集顾客需求的信息。乔治耐心、友好地询问：什么时候要用车？谁开这辆新车？主要用它来解决什么困难？在彼此沟通之后，乔治开始了汽车销售的第三个步骤——满足顾客需求，从而确保顾客将来再回到自己车行的可能性得到提高。顾客开始解释说，周末要去外省看望一个亲戚，非常希望能有一辆宽敞的四轮驱动的汽车，可以安全以及更稳妥地到达目的地。交谈中乔治发现了这对夫妻的业余爱好是钓鱼。这种顾客信息为销售人员留下了绝佳的下一次联系的由头。

销售不是一个容易学习和掌握的流程性的工作，它不像体育运动只要按照事先规定的动作去做，执行到位就可以取得比一般人好的成绩，而在销售工作中即使有流程性的内容，也要非常灵活地依靠某种非规则性的技巧。比如，掌握顾客业余爱好就是被多数销售人员所忽视的。在优秀的销售人员中，一直认为自然界中“变色龙”的技能对销售过程最为有用。顾客由此感知到的将是一种来自销售人员的绝对真诚、个性化的投入和关切。在这种感知下，顾客会非常放心地与销售人员交往。由此，乔治展现出自己也对钓鱼感兴趣，至少可以获得一个与顾客有共同兴趣的话题，从而建立起与顾客在汽车采购以外的谈资。

乔治非常认真地倾听来自顾客的所有信息，在确认自己能够完全理解顾客对越野车的准确需求之后，慎重而缓慢地说："车行现在的确有几款车可以推荐给你们。"乔治开始了销售流程中的第四个步骤——产品展示。乔治随口又问："计划月付多少车款?"此时，顾客表达出先别急着讨论付款方式，先要知道所推荐的都是什么车，到底有哪些地方可以满足需要。

乔治首先推荐了"探险者"，并尝试着谈论配件选取的不同作用。乔治邀请了两个孩子到车的座位上去感觉一下，因为两个孩子好像没有什么事情干，开始调皮，这样一来，父母对乔治的安排表示赞赏。

这对夫妻看来对汽车非常内行。乔治讲的许多新技术，顾客都非常熟悉，由此可见，这对夫妻在来之前一定收集了各种汽车方面的资讯。目前，这种顾客在来采购之前尽量多地收集信息的现象是越来越普遍了。40%的汽车消费者在采购汽车之前都通过互联网搜索了足够的相关信息来了解汽车。这些顾客多数都是高收入，高学历，而且多数倾向购买较高档次的汽车（如越野车），从而也将为车行带来更高的利润。其实，顾客对汽车越是了解，对汽车的销售人员就越有帮助，但是，现在有许多销售人员都认为这样的顾客不好对付，太内行了，也就没有任何销售利润了。乔治却认为，越是了解汽车的顾客，越是没有那些一窍不通的顾客所持的小心、谨慎、怀疑的态度。

这对夫妻看来对"探险者"非常感兴趣，但是，乔治也展示了"远征者"——一个较大型的越野车，因为，后者的利润会多一些。这对夫妻看了一眼展厅内标有价格的招牌，叹了口气说，超过我们的预算了。这时，乔治开了一个玩笑："这样吧，我先把这辆车留下来，等你们预算够了的时候再来。"这对夫妻哈哈大笑。

乔治此刻建议这对夫妇到销售办公室来详细谈谈。这也就是汽车销售流程中的第五个步骤——协商。协商通常都是价格协商。在通往办公室的路上，乔治顺手从促销广告上摘了两个气球下来，给看起来无所事事的两个孩子玩，为自己与顾客能够专心协商创造了更好的条件。

销售人员的办公桌一般都是两个倒班的销售人员共同使用的，但是，尽管如此，乔治还是在桌上放了自己以及家人的相片，"这其实是另外一个与顾客有可能谈到的共同话题"。乔治首先写下夫妻俩的名字和联系方式（通常采购汽车的潜在顾客都不会是第一次来就决定购买），以便将来有机会在顾客到其他的车行都调查过以后再联系顾客，这样做成功性会高许多。

乔治再一次尝试着先问顾客的预算是多少，但顾客真的非常老练，反问道："这款车的报价是多少?"乔治断定该顾客一定已经通过多种渠道了解了该车的价格情况，因此，给了一个比市场上通常的报价要低一点的价格，但是，顾客似乎更加精明，开出了一个更低的价格。面对顾客的开价，乔治实际只能挣到65美元，因为这个价格仅比车行的进价高1%。乔治表示无法接受，于是，乔治说："如果按照你们的开价，恐怕一些配置就没有了。"接着，乔治又给了一个比进价高6%的报价。经过再次协商，双方最终达成了比进价高4%的价格。对于乔治来说，这个价格利润很低，不过还算可以了，毕竟顾客第一次来就能够到达这个步骤已经不错了，而这个价格则意味着车行可以挣到1 000美元，乔治的提成是250美元。

乔治非常有效率地准备好了相关的文件，因为需要经理签字，只好让顾客稍等片刻。当乔治带回经理签了字的合同，顾客却说还需要再考虑一下。此时，乔治完全可以使用另外一个销售中的技巧，那就是压力签约，运用压力迫使顾客现在就签约，但是乔治没有这样做，宁愿让顾客自由地离开。这其实也是这个车行的自我约束规则，这个规则要求，如果期望顾客再回来，那么不应使用压力，应该让顾客在放松的气氛下自由地选择（受过较高的教育的顾客绝对不喜欢压力销售的方式）。乔治非常自信这个顾客肯定会回来，乔治给了顾客名片，欢迎顾客随时联系。

两天以后，顾客终于打来电话，表示去看了其他车行的车，但是自己不喜欢，决定向乔治购买喜欢的车，虽然价格还是高了一点。顾客询问何时可以提车？令人高兴的是，车行里有现车，所以乔治邀请顾客下午来。

下午顾客来了，接受了乔治推荐的延长保修期的建议，安排了下一次维护的时间，并且介绍了售后服务的专门人员——汽车销售流程的最后一个步骤：售后服务的安排。并由专门的维护人员确定了90天后回来更换发动机滤清器的日期。这个介绍实际上是要确定该顾客这辆车以后的维护、保养都会回到车行，而不是去路边廉价的小维修店。

复习思考题

1. 汽车销售行业的发展变革体现在哪几个方面？
2. 中国汽车销售行业发展的瓶颈是什么？有哪些具体的表现？
3. 汽车销售的基本流程包括哪几个步骤？
4. 汽车销售有什么特点？
5. 如何理解汽车销售的概念？
6. 如何成为一名专业的销售顾问？
7. 汽车销售顾问应具备哪些专业素质？
8. 从事汽车销售工作应具备哪些能力？

第二章　售前准备

汽车是复杂的商品，销售人员要想赢得顾客的信任，除了需具有过硬的专业素质和能力外，销售前的一系列准备也很重要。美国著名销售人员乔治·吉拉德曾经说过："在大多数情况下，一次销售是否成功，早在销售开始之前就已经决定了！"

顾客在购买的过程中需要大量的信息，如果销售人员能及时向顾客提供相关信息或建议，回答顾客的问题，使顾客消除疑虑，就能牢固地树立顾客对销售人员的信心。作为一个优秀销售人员，必须了解自己的企业，熟悉所销售的产品情况和将要面对的竞争者，有充分的售前准备和心理承受力去面对一切情况。信息掌握得越多，售前准备越充分，就越能提高自信，销售的成功率就越高。售前准备主要包括销售员仪容仪表的准备、熟悉产品、产品介绍准备、搜集竞争信息、竞争品牌对比分析、行业状况分析、销售现场准备等。

第一节　销售员仪容仪表的准备

面对顾客的人，就是企业最重要的人，因为此时此刻在顾客的心目中，他就是企业的代言人。在一个企业中，与顾客接触最多的人就是销售员，所以销售人员的形象就体现了企业的形象。汽车产品的销售不同于其他的产品，更讲求专业的商务礼仪，总的要求是销售人员的外部形象与所销售的汽车产品相对应。

礼仪是仪容、举止、表情、服饰、谈吐、待人接物等方面约定俗成的行为规范。礼仪原则有：敬人的原则、自律的原则与适度的原则。礼仪的特征是规范性、可操作性、民族性和时代性。

在汽车销售过程中，销售礼仪是销售过程中很重要的一部分，它不仅关系到汽车的销量，并将直接影响到销售人员形象的建立、经销商企业形象的建立，乃至于所代理的汽车品牌形象的建立。

销售礼仪涵盖在销售过程中的各个环节，每个小细节都将影响顾客对销售人员的印象。

一、仪容

仪容是指一个人的容貌仪表。在人际交往中，为了维护自我形象，有必要对仪表和仪容进行修饰。

（1）头发　专业的汽车销售人员要求头发洁净、整齐，无头皮屑，不做奇异的发型。对于男性销售人员，发型款式大方，不怪异，长短适中，头发干净整洁，染发无太大反差，无汗味；不抹过多的发胶把头发弄得像刺一样硬，发脚要修剪干净，不宜留长发和光头。对于女性销售人员，要求不留长过肩部的披肩发，如果平时留长发的女性，工作时应将长发盘在脑后显出职业化；同时，女性也不宜用华丽头饰。从专业的角度看，头发的处理要遵循：前发不附额，侧发不掩耳，后发不及领。

（2）眼睛　眼睛是心灵的窗户，人的心理活动通过眼睛可以得到清晰的表达。专业的销售人员应该做到眼睛无眼屎，无睡意，不充血，不斜视，如果佩戴眼镜，应端正、洁净明亮，不允许在工作场所佩戴墨镜或有色眼镜。

（3）耳朵　经常清洗耳朵，做到内外干净，无耳屎。一般情况下，女性销售人员不戴耳环更容易体现其专业性；男性销售人员切勿为了新潮而穿耳孔、戴耳环，这将会有损自身的专业形象。

（4）鼻子　鼻孔干净，不流鼻涕，鼻毛不外露。

（5）嘴与口腔　往往有些汽车销售人员不太注重口腔卫生，一开口就让顾客面露难色。因而，要注意保证牙齿整齐洁白，常保持口气清新，防止口腔异味，嘴角无泡沫，与顾客洽谈时不允许嚼口香糖等。对于有吸烟嗜好的男性销售人员，更应该注意牙齿的保健，及时清除牙斑和沉着的色素。

（6）胡子　男性销售人员要注意经常将自己的胡子刮干净或修整齐。留长胡子、八字胡或其他奇形怪状的胡子，将会对自己的专业形象产生极大的损害。

（7）脸　不论是男性销售人员还是女性销售人员，均要求脸面洁净、无明显粉刺。为了表示对顾客的尊重，女性销售人员还须适度化妆，但施粉要适度，不留痕迹。女性销售人员在妆容方面应该选择一种趋于自然的美，通过恰当的淡妆来实现，给人以大方、悦目、清新的感觉；不宜描眉、涂眼影、上较夸张的粉底和颜色鲜艳的指甲油；应清淡自然，似有若无，切忌浓妆艳抹。男性销售人员应适当涂些护肤膏，不要让脸上皮肤太干涩或油光光的。

（8）脖子　不论是否打领带，专业的销售人员在工作时间内都不应戴项链或其他饰物。

（9）手　在销售中经常会与顾客进行手的接触（如握手），因而要求随时保持手的洁净，指甲应经常修理，保持整齐，不留长指甲。擦一些护手霜，保持手的湿润与柔软。对于女性销售人员，不涂指甲油，不戴除结婚戒指以外的其他戒指。

总之，作为一名销售人员，她（他）是品牌形象的延伸。通过照镜子，不仅可以发现自己妆容是否整齐，而且镜子中的你也是顾客眼中的你。

二、仪表

（1）着装　销售人员应该注重仪表的协调。所有销售人员应当穿着衬衫，打领带，外套制服，仪表整洁，并佩戴工作牌。女性如果没有统一的着装，则穿套装以及深色皮鞋配肤色的丝袜最为合适。皮鞋、袜子、公文包的色彩宜为深色，并以黑色为常见。这能体现出销售人员的庄重、亲和、敬业。反之，过于花哨时髦的服装则令人感觉轻浮，不稳重。应避免佩戴过于夸张或发出响声的饰物。同样，男性销售人员也应穿深色西装，浅色衬衫，打色彩协调的领带，穿深色袜子，袜子不能过短，鞋面光亮整洁，给人以庄重和可信任感。

现在各品牌汽车销售与服务的4S店都要求销售人员统一着装。一般都是以深色西装为主，这对于轿车的销售而论，能够与产品相呼应，融为一体。但是，如果是卡车销售人员，也统一要求穿着西装，就显然不适宜，因为卡车销售要求销售人员上上下下，甚至要爬到汽车底盘下面。此时，销售人员如果穿的是工装，反而容易与汽车产品协调一致，也容易与顾客拉近距离。

（2）领带　领带虽小，但却透出一个销售人员的品位，因而要求领带必须端正整洁，不歪不皱，质地、款式与颜色应与服饰匹配，符合自己的年龄、身份和公司的个性；不宜过分华丽和耀眼，一般不提倡佩带印有公司标记的领带，更不应该打真皮或珍珠领带。

（3）鞋袜　专业的汽车销售人员讲求所穿鞋袜搭配得当，如果穿有带的皮鞋，应系好鞋带，并随时保持鞋面洁净亮泽，无尘土和污物，不宜钉铁掌，鞋跟不宜过高、过厚和怪异。袜子必须干净无异味，不能露出腿毛。男性销售人员不应该穿白色的袜子，以免影响顾客的注意力；女性销售人员应穿肉色短袜或长筒袜，袜子不要褪落和脱丝；不允许穿凉鞋和不穿袜子进入工作场所。

第二节　熟悉产品

作为汽车销售人员，没有比熟悉产品情况更为重要的了。据一项调查显示，汽车消费者在完整的汽车采购过程中大致会问到 48 个问题，这些问题归纳起来涉及商务、技术和利益三大方面。假如连产品情况都不熟悉，那就不可能成为一名合格的汽车销售人员。

当然，也有销售人员发出这样的感叹：“假如我能像修车师傅那样了解汽车，我的销售业绩就会有很大的提高。”事实果真如此吗？当然不是。即使是素质很好的汽车维修人员，其销售汽车的能力也远远比不上专业的汽车销售人员。因为在购买者面前，维修人员的职能就是维修汽车，而销售人员的专业职能则是根据顾客的切实需求，推荐符合购买者需求的汽车。

顾客在采购过程中会问到许多问题，但无论是商务问题或者是技术问题，其实质还是利益问题。因此，对产品知识的了解，并不需要像维修人员那样事无巨细，专业到一个螺丝钉那样的小物件都得烂熟于心。

汽车销售人员熟悉产品情况主要侧重于以下 7 个方面。

一、熟悉品牌历史

熟悉汽车品牌的发展历史，可以获得许多有价值的资料和信息，其中相当一部分可以用来在顾客中树立自己企业的形象，传播企业的文化。这些资料主要包括：企业创立的时间与地点；早期的生产规模和产品种类；早期的销售情况；新车型的上市日期和发明过程；企业名称或商标的出处，如出自哪位著名的设计师等。例如，如果我们经销斯柯达品牌汽车，就要熟悉斯柯达是世界上少数几个具有百年历史的汽车品牌之一，现在是大众旗下的一个优质品牌。目前斯柯达在国内销售的轿车全是原装进口，其最显著的特点就是“三简”和“三用”：三简，即简约、简捷和简便；三用，即实用、耐用和好用。如果我们经销奇瑞品牌汽车，就要知道奇瑞公司在 2005 年获得三个第一，即销售增量第一、出口量第一、产量增量第一。

二、熟悉产品的设计理念和技术特点

每一款汽车产品都有其独特的设计理念，也有各汽车品牌所独有的技术特点。这正是汽车产品之间的差异所在，也就是我们所谓的卖点。当然作为专业的销售员，仅仅了解产品的特性是不够的，还要将这些特性与顾客的利益结合起来。所谓产品的特性，是指产品自身所具有的内在性能和外在特点；产品的利益则是指通过占有和使用产品，顾客能够获得的好处。两者显然是不同的。但它们之间也有联系，产品之所以能够给顾客带来利益，是因为产品具有能够满足顾客需要的内在性能及外在特点。如果销售人员只了解产品的特性，而不能把产品的特性与产品的利益结合起来，则销售就很难取得成效。

任何一种产品都具有多方面的特征，能够使顾客获得的好处也不止一个。应该说，产品的利益越多，激发顾客购买欲望的可能性就越大。但是，并非每个利益对顾客都同等重要。大部分顾客只重视主要利益，决定购买与否也是能否获得主要利益。例如，对一位注重安全性的购买者来说，人性化设计可能并不重要，顾客可能更关心在某种情况下，自己是否会更安全些。因此，销售人员要善于区分产品的主要利益和次要利益，把说服工作的重点放在说明主要利益上。

三、熟悉产品的技术参数和性能

产品的技术参数和性能是销售过程中用户常常问到的一个问题，销售人员必须做到对答如流、准确无误。比如，用户问销售人员："威驰的行李箱容积有多大?"作为销售员就必须准确地说出："威驰的行李箱很大，足足有430升呢!"这样，顾客对销售人员的专业水平才会产生信赖，如果销售人员没有记住这些繁杂的技术参数，在实际工作中就可能出现错误或概念模糊的现象。比如上面的问题，如果销售员的回答是："威驰的行李箱容积很大，有400多升吧。"这样的回答在顾客的心目中就会对销售员的专业性打一个大大的折扣。因此，熟练掌握产品的技术参数和基本性能是销售人员的基本功，必须花时间来记忆并对照实车逐项亲自体验。

四、熟悉厂家的产品定位

产品定位是指厂家在设计产品之前针对选定的顾客群体所关心的一些重要的属性来对此产品做出定义的方式（即产品在消费者心目中相对于竞争产品的地位），这是厂家市场营销的重要步骤。了解产品定位，能够使销售顾问配合厂家总体的品牌车型营销策略，在销售终端实施对应的销售方案。

国内外各大汽车公司都十分注重产品定位，精心地为其企业及每一种汽车产品赋予鲜明的个性，并将其准确地传达给消费者。例如，大众汽车公司"为民造车"，其产品以真正"大众化"著称；奔驰汽车公司"制作精湛"，其产品以"优质豪华"、"高档名贵"著称；沃尔沃汽车公司强调"设计生命"，其产品以"绝对安全"等企业形象和产品形象著称于世。销售顾问在与顾客洽谈当中，应当突出和强调这些区别于竞争对手的关键点。表2－1是一些品牌车型在产品上的定位。

表2-1 一汽-大众宝来、高尔夫、捷达车型的定位

	宝来	高尔夫	捷达
车型概念	三厢A级轿车	两厢A级轿车	三厢A级轿车
品牌形象	动感、时尚、个性化	成功、时尚、休闲	值得信赖、高安全性、质量上乘
目标顾客群	成功人士、高级白领、爱好运动者	白领、思想开放、自信者	理性、务实消费者

五、熟悉产品各配置的卖点

在同一系列的车辆上，各个分系统和零部件的有无、大小、功能强弱、质量差别等，被称为“配置”。汽车销售人员要熟悉掌握汽车的各种配置，因为一个系列的汽车，往往包括配置不同的很多型号，它们可能外形没有很大区别，但配置却相差很多，各种零部件数量、汽车质量及功能、汽车价格都不尽相同。汽车销售人员只有在熟悉掌握了汽车的各种配置以后才能给顾客做恰当的推介。例如，捷达轿车包括：

（1）JettaCi：经济型2气门电喷捷达；

（2）JettaGi：豪华型2气门电喷捷达；

（3）JettaCiX：捷达前卫；

（4）JettaGiX：捷达前卫豪华型；

（5）JettaGTX：豪华型5气门改型捷达王（新捷达王）；

（6）JettaAT：装备自动变速箱新捷达王（都市先锋）。

通常情况下，汽车的款式都有一个基本型，也被称为“基本配置”。在此基础上，会根据市场要求增加许多功能，在销售中有些被称为“选装配置”，即应顾客要求才安装的配置。所有功能全部安装的车，被称为“全配”。

汽车的配置分为主要配置和次要配置两部分。

（一）主要配置

车辆的主要配置与基本性能关系密切，它具体包括：

（1）发动机的排气量不同。例如，羚羊7101和羚羊7130外形一样，但配置了1.0升和1.3升不同的发动机。

（2）发动机功能不同。例如，捷达Ci和捷达GTX，排气量一样，但一个是每气缸2气门，另一个是每气缸5气门。

（3）变速箱不同。可分为自动挡和手动挡，其中手动挡可分为4速和5速，即是4个前进挡还是5个前进挡。自动挡又可分为无级变速和自动变速等。

此外，主要配置还包括是否有空调装置、防抱死装置（ABS）、安全气囊（SRS）等。

（二）次要配置

次要配置是指与车辆基本性能无关，但涉及车辆舒适、豪华、便利的配置，包括CD音响、铝合金轮毂、金属漆、动力转向、防撞侧杆、电动倒车镜、电动门窗、天窗、防盗设施以及水杯托架、储物箱等。

掌握配置后，还要掌握厂家产品的卖点。例如，新东方之子产品独特卖点为更大气、

更安全、更经济、更稳重与更强劲。又如，东风日产的天籁的竞争优势突出在采用了NISSAN著名的VQ引擎，该款引擎连续十年荣获美国权威杂志Ward's Auto World颁发的“十大最佳引擎”奖，其输出的马力及扭力、NVH值均赢过其他品牌，强大动力无人能及，成为其他品牌模仿的对象。

通常在新产品上市的半年之前，汽车制造厂的市场营销部门会组织各地经销商的销售人员进行产品知识方面的培训。许多汽车品牌经销商每当新品上市前都会组织销售人员进行新产品绕车介绍大赛，这些方式都有助于销售人员熟悉产品情况。

六、熟悉产品的销售政策

由于市场瞬息万变，因此，企业的销售政策也经常发生改变。作为销售人员必须及时熟悉公司每一款车型的销售价格、优惠促销的方式、赠送礼品的种类和截止时间等政策信息，并要充分了解每一次促销活动所要达到的目的。每次促销活动后要将实际工作中遇到的问题及时反馈给公司的领导层，以作为评价每一次销售政策调整效果的依据。每一次销售政策的调整都带有明显的销售导向性，销售人员只有对销售政策深刻理解，才能有正确的销售行为，才能与企业的目标相一致。

七、了解用户使用产品的感受

产品销售出去以后，要及时了解用户的使用情况和在使用过程当中的感受。其目的有两个：一个是了解顾客的使用情况，以便于帮助顾客解决实际的困难；另一个则是将用户使用情况进行汇总和整理，编辑成事例，然后将这些事例以故事的形式向新顾客讲述，从而增强商品介绍的真实性和感染力。

第三节　产品介绍准备

熟悉产品情况是产品介绍的基础，但如何使产品介绍简练、生动、通俗易懂，就需要有充分的准备，并在实践中不断总结提高。

每辆车有一万多个零件，又有许多新技术、新配置，车辆介绍应侧重于五个方面，即外形、动力与操控、舒适性、安全性、先进科技。

一、外形

人们可以凭外形判断一部汽车的品牌、价值和品位，可以透过汽车外形的特征判断车主的个性与气质。汽车的外形设计是整个汽车设计的重点，也是汽车营销上一个相当重要的因素和汽车的一大卖点。成功的汽车制造企业没有一个会放弃在汽车外形上的创新与改进，没有一个会减少在这方面的投入。

欣赏法拉利跑车的消费者除了欣赏它那无与伦比的性能以外，更为它的外形动情。法拉利车的外形可谓风情万种，由于发动机置于车后，整个车体呈前低后高的楔形，透露出咄咄逼人的动感。尤其是侧面车身，整体的线条在前轮、车门、后轮三处各有几次变形，但却连接得天衣无缝、浑然一体，堪称是现代空气动力学与设计艺术的完美结合。每一款法拉利车都以红色作为自己的基本色调，给人以无法抗拒的诱惑与冲击。

国产皇冠轿车的外形与日本版的皇冠一样，外观线条流畅现代，内饰注重豪华舒适，在设计上增添了很多现代化元素，除了始终如一的皇冠标志外，其他几乎都是崭新的设计。氙气前大灯炯炯有神，亮度是普通车的两倍，双曲率的灯罩与翼子板严丝合缝，倒梯形的进气格栅让整车感觉都呼吸顺畅。车身侧面设计上，则取意书法飘逸的风格，俊朗之中又灵动自如。

大多数女性对车的第一印象的好坏一般都来源于车的外形和内部设施是否满足自己的审美需求。可以这么讲，汽车的外形是汽车产品所有元素中最具有魅力、最体现汽车制造商水平的元素之一，也是汽车产品最直观的卖点。因此，我们可以结合自己所关注的车型去寻找消费者最感兴趣并与他们的需求利益相一致的卖点，并把这些卖点与他们的利益建立一种必然的联系，强化他们对该品牌汽车产品的认同，最终影响他们的购买倾向。

二、动力和操控

“动力性”是汽车产品的一个重要考核指标，也是消费者购买汽车产品时考虑的一个重要因素。除此之外，“操控性能”是评价一部汽车价值的另一项重要指标。操控性能的好坏直接影响消费者对该车型的评价和认可程度。要做好销售工作，就必须熟悉和掌握自己销售的汽车产品在这方面的表现能力与水平，了解相关的竞争产品和非竞争产品的情况，从而为自己的汽车产品进行准确定位。

汽车的动力性和操控性主要体现在：发动机性能、变速器性能、驱动方式、转向系统、悬架系统等。

本田发动机的 TEC 系统（可变气门正时和升程电子控制系统），随着发动机转速、负荷、水温等运行参数的变化，适当地调整配气正时和气门升程，使发动机低速运转时，取得高的燃烧效率和低油耗，而在高速运转时获得高功率输出。这是本田汽车发动机的一项重要技术。

三、舒适性

随着汽车生产技术与研发能力的不断提高，汽车驾乘的舒适性已成为衡量汽车档次与价值的一个重要指标。越是高档的汽车，其在舒适性方面投资所占的比重越大，形成了各具特色的卖点。

舒适性配备目前体现在隔音系统、车内空间设计、电子减震系统、空调控制系统、坐椅调整系统、影音系统、导航系统、倒车诱导显示系统等方面。

宝马 WM5 的高保真分体式高级音响系统以高保真专业级的数字信号处理器 DSP 系统为平台，装备一个 14 声道放大器和 290W 总功率输出，还有 4×25W 超低音扬声器、4×25W 低音扬声器、6×15W 中/高音扬声器。每个 DSP 放大器声道的音量和频率都可以调节到最佳状态。前门底部装有一个由超低音扬声器/低音扬声器和高音扬声器组成的双向同轴组合式扬声器系统，每个扬声器都采用高质量的纤维 B 加强型高科技振膜。后窗台板左右侧也装有相同的扬声器。还有两个低音扬声器安装在杂物隔板内通风格栅下的双盘形散热管内。这两个低音扬声器直径为 215mm，采用一种特殊的蜂窝状结构，六边锥形振膜的刚性极高，结构紧凑。这一设计能使你身坐车内有如亲临音乐会现场的感受。

四、安全性

汽车的安全性不仅是保障乘员安全的一项重要指标，而且是衡量汽车档次与价值的重要因素。目前汽车安全性占整车投资成本的比重不断在加大，衡量的因素已经不再是单纯加装一个 ABS 系统或 ABS + EBD，而更多地是安全新技术的应用，原来一些配在高档汽车上的安全装置，随着制造成本的下降也被放到中低档经济型汽车上。

在汽车安全方面，主要分为车身安全（指防盗能力与水平）的保障和人身安全的保障，而人身安全在汽车设计上又分为主动安全设计和被动安全设计两个方面。目前在安全性方面的配置主要包括：空气囊、安全车身设计、碰撞缓冲器、电控车辆稳定行驶系统、弯道制动控制系统、夜视辅助系统、自动防炫目系统、灯光控制系统、防盗报警系统以及风冷盘式制动器等。

君威配备的自适应式前照明系统，在夜间行车或视野不佳时，自适应型大灯控制系统让驾驶者获得更高的安全性。日产的风度前大灯能够根据汽车转向角度和行驶速度进行自动向左或向右调整照射角度。

速腾配备的电控车辆稳定行驶系统（ESP）的作用是在车轮开始打滑时恢复车辆行驶稳定，它根据横摆速度传感器、车轮转速传感器等多个传感器发出的信号，及时启动相关车轮上的制动装置，以修正转向过度或不足的倾向。

五、先进科技

当今时代是科学技术迅速发展的时代，汽车产品上的高新技术亮点更是汽车制造商和销售商们提高销量和在竞争中获胜的重要的法宝。新技术的应用也让消费者有了选择品牌的更多理由，这就是科技卖点给汽车产品销售带来的实际意义。

随着消费者对汽车动态性能和安全性能要求的不断提高，较多品牌已经开始在车身轻量化设计方面做出努力。奥迪 A8 是一个典型，配备了全铝车身 ASF。该车型通过采用高强度铝镁合金材料，全铝车身（与相同体积的钢板车身相比重量减轻 30% ~40%），带来了更大的灵活性、安全性和平稳性。由于车身采用了许多综合功能及较高节点刚度的大铸件、液压成形的型材等，使车身和外部形成更加完美的动态感。此外，过去在座椅、脚坑及方向盘处存在不可避免的振动，在新一代的全铝车身框架（ASF）中几乎觉察不到。

销售人员要对商品知识进行系统的归类和整理，以备介绍时用；但也应注意，并不是所有顾客都有耐心听销售人员逐一介绍。销售人员应灵活地应变，侧重地介绍，根据顾客提的问题中隐含的想法进行介绍。例如，如果顾客问到“这辆车有几个安全气囊?”“刹车系统有无 ABS”等问题时，则表明顾客关心安全性，那么，销售人员就要先从安全方面来进行详细的陈述。销售人员可以说：“安全方面，既可以分为主动安全性，以及被动安全性，又可以分为行驶安全和财产安全。例如，这台车有 ABS 系统，它属于行驶安全，同时也是一种主动安全的设备；有安全气囊虽然属于行驶安全，却是被动安全设备；有防盗电子锁，是属于财产安全的设备。有了这些设备，在汽车行驶以及停放的时候，都将给您带来足够的安全感。”

第四节 竞争品牌对比分析

大多数汽车销售公司都有一系列产品和服务，以满足不同的顾客需要。因此，对自己公司产品的详细了解与对自己行业情况的了解一样重要。当竞争对手提供的产品几乎相同时，对购买者来讲，公司的情况比产品情况更重要。顾客也许会倾向于购买有良好的声望以及较好服务的公司的产品。

在今天的市场上，销售人员仅仅了解顾客和自己的企业是远远不够的，因为竞争者随时都可能夺去原有的顾客。而我们要占领竞争对手的市场，仅仅通过日常接触、广告、顾客的只言片语了解竞争对手，是不可能全面把握竞争对手情况的。销售人员及汽车企业应该经常将产品、价格、分销渠道和促销活动等与竞争者进行比较，只有这样，才能清楚自己的优势和劣势，才能在激烈的市场竞争中取胜，同时在受到竞争对手攻击时也能进行有效的防御。

销售人员可以对竞争者进行两个层次的分析，即竞争企业分析、竞争产品分析。企业分析是指对竞争企业整体情况的把握；产品分析是指竞争企业产品优缺点的确认。

对于汽车销售企业来说，不同汽车品牌的经销商是竞争者，同品牌的其他经销商也是竞争者，只是竞争的内容不同。不同品牌之间的竞争主要是产品和服务的竞争，同品牌之间的竞争是企业管理能力的竞争。

一、竞争企业分析

竞争企业分析首先是通过对对方业务经营状况、市场形象与地位、竞争策略等情况的分析来了解对手的竞争实力。

1．业务经营情况分析

销售人员通过对竞争者业务经营情况的分析，对双方企业在竞争中的实力与地位可以有一个总体印象。了解竞争对手的业务经营状况，必须搜集有关生产能力、销售额、市场分布、市场占有率等方面的资料，这些资料是估计竞争者总体优势与劣势的主要依据。

2．市场形象与地位分析

竞争者的市场形象与地位，实质是顾客对竞争者的评估。企业及其产品的市场形象与地位可以通过多种方法来衡量，可以请顾客对产品质量、价格水平、售后服务逐项进行评估；也可以进行定量化的市场占有率、心理占有率、情感占有率的分析。市场占有率反映企业在市场上实际占有的销售份额；心理占有率反映顾客中喜欢购买该企业产品者所占的比重。

3．竞争策略分析

竞争企业分析的另一项重要内容是竞争策略分析。竞争策略是通过一系列的个别策略体现出来的。因此，要了解竞争对手的策略，必须了解竞争者的经营范围、质量目标、技术先进水平、市场区域、价格方针、广告策略，还要了解竞争者的顾客服务方针、采购政策、产品开发政策等方面的情况。

二、竞争产品分析

产品的特征包括款式、设计、质量、颜色、配置，等等。了解、分析竞争者产品的特征将有助于销售人员把自己销售的产品和竞争对手的产品进行对比。因为，在销售过程中，绝大多数顾客都会出于特定目的要求销售人员比较其产品与竞争产品的不同特征。即使顾客没有这种要求，为了更好地说明产品的优点，销售人员也常常要把自己的产品与竞争者的产品作对比。如果不了解竞争者的产品，就无法进行有利的比较。

以下以东风日产天籁为例，了解天籁与相关竞争车型的对比（相关数据为2004年以前的数据）。表2－2～表2－5是天籁V6的竞争车型与蒙迪欧等其他五款旗舰车型的动力性、舒适性、安全性、操控性对比。

表2－2　天籁与其他五款旗舰车型动力性参数表

参数＼车型	蒙迪欧 2.5旗舰版	索纳塔 2.7旗舰版	帕萨特 2.8旗舰版	新雅阁 3.0旗舰版	君威 3.0旗舰版	天籁 3.5
排量（L）	2.5	2.7	2.8	3.0	3.0	3.5
发动机型式	Duratec DOHCV6 24气门	V6 24气门 DOHC	V6 四冲程 5气门	V6 24气门 SODH VTEC 可变气门正时	V6 SFI 顺序多点燃油喷射	V6 24气门 DOCH CVTC 连续可变气门正时控制
发动机材料	全铝	全铝	全铝	部分铝制	铸铁	全铝合金
最大功率(kW)	127/6100	131/6000	140/6000	177/6250	126/5200	180/5600
最大扭矩(N·m)	225/4100	247/4000	260/3200	288/5000	256/4400	318/2800
最高车速(km/h)	200	>202	202	200	200	210
整车质量(kg)	1565	1465	1550	1562	1579	1585
变速箱型式	手自一体	手自一体	手自一体	自动	自动	4AT
轮胎类型与规格	205/55R16	205/60R16	205/55R16	205/65R16	225/60R16	215/55VR17

天籁的竞争优势：采用了NISSAN著名的VQ引擎，该款引擎连续十年荣获美国权威杂志Ward's Auto World颁发的“十大最佳引擎”奖，其输出的马力及扭力、NVH值均赢过其他品牌，成为其他品牌模仿的对象。

表2－3　天籁与其他五款旗舰车型舒适性参数表

参数＼车型	蒙迪欧 2.5旗舰版	索纳塔 2.7旗舰版	帕萨特 2.8旗舰版	新雅阁 3.0旗舰版	君威 3.0旗舰版	天籁 3.5
电动天窗	有	有	有	有	有	有

续上表

车型 参数	蒙迪欧 2.5 旗舰版	索纳塔 2.7 旗舰版	帕萨特 2.8 旗舰版	新雅阁 3.0 旗舰版	君威 3.0 旗舰版	天籁 3.5
便捷车载电话免提系统	有	有	有	无	有	无
智能语音提示系统	无	有	无	无	无	无
可升降前后头枕	有	有	前座有	有	有	有
影音系统	DVD 后排双屏	VCD	无	无	DVD 前后三屏	无
CD	7 声道 6 碟	6 声道 8 碟	8 声道 6 碟	6 声道 6 碟	6 声道 6 碟	6 声道 6 碟
控制面板装饰	铝合金	桃木	桃木	木纹	无装饰	核桃木
方向盘质地	镁铝合金	桃木	桃木	无	桃木	真皮 + 木纹
真皮座椅	有	有	有	有	有	有
座椅加热器	无	有	有	无	无	有
前后排中央扶手	有	有	后排有	有	后座有	后座有
不锈钢迎宾踏板	有	有	无	无	无	有
后座独立空调音响控制	空调无音响有	无	无	无	有	有
HUD 超视距抬头显示	无	无	无	无	有	无

舒适性君威略胜对手：五款旗舰车型舒适性配置的水准有较大差距，帕萨特和新雅阁主要在常规舒适度上下工夫，配置比较简单，缺少 VCD 或 DVD 影音系统，新雅阁甚至连车载免提系统也没有。索纳塔基本配置均有，较实用。蒙迪欧、君威的影音系统升级为三屏 DVD。特别值得一提的是君威，其独有的 HUD 超视距抬头显示，驾驶员可以不用低头，就能看见诸多行车的相关信息；君威的后座还有空调和音响独立控制装置。

舒适性天籁的竞争优势：①前后排座椅全部配备了四点式医学穴位按摩及电加热功能，可有效促进人体血液循环及提供冬天的保暖性，最大限度地减少了长时间乘车与驾驶的疲劳感；②空调全自动左右独立控制温度调节系统，可让驾乘人员轻松自如地根据个人的需要调节车内环境的温度；③精心设计的大型集中控制中央扶手，具有内藏的控制台，设有独立音响、座椅加热、按摩及后电动遮阳帘开关，便于后排乘客自主操控，使乘坐者更为舒适，同时沿袭尊贵典雅的内饰风格，与全车木纹饰板相呼应，为爱车增添一份家居的温馨感。

表 2-4　天籁与其他五款旗舰车型安全性参数表

参数＼车型	蒙迪欧 2.5 旗舰版	索纳塔 2.7 旗舰版	帕萨特 2.8 旗舰版	新雅阁 3.0 旗舰版	君威 3.0 旗舰版	天籁 3.5
双安全气囊	有	有	有	有	有	有
前座椅侧气囊	有	有	有	有	无	有
ABS + EBD	有	有	有	有	无 EBD	有
EBA 紧急刹车辅助系统	有	无	无	无	无	无
TCS 牵引力控制系统	无	有	无	有	有	无
ESP 电子稳定程序	无	无	有	无	无	无
前后盘式制动	有	有	有	有	有	有
倒车雷达	有	有	倒车报警	无	有	倒车影像监视系统

安全性天籁的竞争优势：安全装置配备齐全，如可调式前氙气头灯、后中央独立雾灯、车速感应式车门自动上锁装置、冲击感应式车门自动开锁装置、行李箱应急开启系统等，都充分体现了天籁优越的安全性能。在安全性方面天籁相对其他车型采用了 6 个安全气囊和主动式安全头枕及预张紧式安全带，能有效地保护驾乘人员生命安全，其配备的 VDC 动态稳定控制系统，即使在湿滑的路面上高速转弯也能保持车子的平稳，使驾驶员操控自如。在五款车中大多数都配备了倒车雷达，而天籁的倒车装置中带彩色影像显示功能，这也是天籁超越同级车的优势所在。这些都充分体现了天籁安全的系统性。

安全性打分主要侧重安全配置，从结果来看，君威配置最低，没有前侧气囊和 EBD；新雅阁稍好，但无倒车雷达。而另三款排量相对较小的旗舰款车型安全配置较多。当然，一部车的安全性并不完全取决于配置，还包括车身设计等多方面因素，安全配置只是其中一项重要参考指标。

表 2-5　天籁与其他五款旗舰车型操控性参数表

参数＼车型	蒙迪欧 2.5 旗舰版	索纳塔 2.7 旗舰版	帕萨特 2.8 旗舰版	新雅阁 3.0 旗舰版	君威 3.0 旗舰版	天籁 3.5
巡航定速	有	有	有	有	有	有
方向盘换挡控制	有	无	无	无	无	无
方向盘音响控制	有	无	无	有	有	有
智能行车电脑	有	有	有	无	无	有
电动可折叠加热外后视镜	有	有	有	有	无加热	有
驾驶员座椅记忆功能	有	无	有	无	无	有
驾驶员座椅 8 向电动调节	有	有	有	有	有	有
感应式雨刷器	无	有	有	无	无	有
自动恒温空调	有	智能自动	全自动	自动	有	有

操控性蒙迪欧后来居上：五款旗舰车型中蒙迪欧上市最晚，也最懂后发制人。其绝无仅有的方向盘换挡控制功能和部分车型拥有的方向盘音响、定速巡航控制功能等，将方向盘升级为“中央控制器”，大大提高了操控的便捷性；并且有驾驶员座椅记忆功能。新雅阁和君威没有驾驶员座椅记忆功能，对一款旗舰车来说不能不说是一大遗憾。帕萨特、索纳塔虽没有在方向盘上做文章，但主要操控配置较为实用。

如前所述，顾客感兴趣的不是产品本身，而是产品能够为其带来哪些利益，因此，销售人员不仅要了解竞争双方产品的内在功能和外在特点，还要善于通过比较使顾客了解自己企业的产品能够在哪些方面为其带来更多的利益。

第五节　行业状况分析

对行业的深入了解将使销售人员洞察消费者的需求及偏好的变化。成功的销售人员注意这种潮流变化，并抓住一切有利时机；不成功的销售人员往往把精力花在以前的目标市场上，而忽略了新兴市场，从而陷入失败的困境。随着新车保有量的增加，购车人群中会有越来越多的置换者。据统计，2003 年全国二手车交易量约 158 万辆，销售额达 600 亿元人民币，增长率超过 30%。进入 2004 年，全国二手车交易继续增长，以上海市为例，2004 年 1—8 月份的二手车交易量超过 10 万辆，同比增长 10%。依据国外汽车产业发展趋势，二手车的销量至少是新车的 2 倍。目前中国的二手车市场正在逐步放大交易量，存在巨大的潜力，其背后意味着巨大的商机，作为汽车销售人员就要重视这一潮流变化，挖掘商机。例如，当一位顾客驾车带着朋友来看车时，作为销售人员应该留意该车的车牌号码，心里估算车龄，在接待过程中试探顾客的置换打算。

一、行业状况分析的主要内容

（一）汽车市场行情的分析

销售人员不但要会卖车，同时也要学会进行市场调查，利用销售的空余时间对本地的汽车销售市场进行调查，了解近期各大品牌的销售量、销售价格的涨跌、优惠促销方案，整体的走势等。根据市场行情的变化，不断调整自己的销售策略，从而抢占先机，在市场开始变化之前就完成销售策略的调整。

（二）新车发布的信息收集

目前新车的发布对整个市场的影响是巨大的，每一款新车都是一个新的竞争对手，作为销售员要在第一时间了解新车的基本情况，收集新车的技术参数，了解其性能，通过专业的汽车杂志和网络等途径，了解新车的测评和试驾报告，有针对性地做出竞争车型的对比分析。销售员要在顾客提出问题之前完成这些工作，才能在顾客的心目中留下专业的形象，使顾客愿意接受销售员的建议。

（三）各车型价格变动及优惠促销政策

降价促销是目前汽车企业普遍采用的方式，也是最为有效的方式之一。汽车产品的降价促销往往容易产生连锁反应。目前汽车产品的竞争车型种类多、产品差异化少、价格较为接近，因此，往往是一种车型降价促销会对同级别的其他竞争车型带来直接的冲击，在短时间内造成业绩的大幅下滑，等到意识到事态的严重再调整销售策略，就为时已晚了。

因此，销售员要有很强的职业敏感性，时刻关注竞争车型的价格变化，及时做出价格调整。

（四）对市场的预测和分析

销售人员应该每月根据自己的销售情况以及市场状况做出下一个月的预测和分析；根据对市场的判断，制订工作方针和目标，调整销售的策略，并策划相应的促销活动。

二、相关行业状况的分析

相关行业的发展趋势也与销售人员的业务息息相关。例如，考虑这样一些问题：变动的利率会影响汽车销售行业吗？国家的购车贷款政策会影响汽车销售行业吗？新车交强险会影响汽车销售的行为吗？油价上涨……当然会。很多与汽车相关行业的政策都会对汽车市场产生重大的影响，因此，汽车销售人员要重视对相关行业信息的收集和分析。尤其是以下几方面的情况会影响汽车销售行业的发展。

（1）股票、证券业发展状况；

（2）银行信贷业务的开展情况；

（3）汽车保险；

（4）交通设施及政府政策；

（5）油价的上涨等。

第六节　搜集竞争信息的渠道

销售人员可以从非常广泛的渠道获取公司内外部各种信息。下面介绍的是常用的一些信息搜集渠道。

一、公司内部的信息渠道

从公司内部获取信息是一个方便、快捷的途径。销售人员可以从下述几个方面取得。

（一）公司销售培训方案

许多公司都举办销售培训班，这些培训可能是几天，也可能是几个月，依具体情况而定。公司的行政管理人员、销售经理、有经验的销售人员、公司技师和工程师、外面的专家都有可能参与培训，其中讲演、听录音、看幻灯片、角色练习、自由讨论、阅读材料、到车间参观等，都可能是培训所采用的方法。销售培训方案涵盖了公司的历史与组织状况、产业情况、消费者、产品信息、销售技巧以及其他有意义的内容。

除了培训新的销售人员外，大多数公司也对老销售人员进行培训。通过培训，公司让老销售人员了解新产品、公司政策的变化等信息，掌握新的促销方案和技巧。另外，在公司的销售例会上也可以获取有关信息。

（二）公司文献记录

一般公司都保存有各种各样的业务文献，如每周工作总结、销售手册、产品目录、培训教案、年度报告、广告宣传资料等。这些资料销售人员都可以得到，许多有价值的东西都是通过这些文献资料获得的。新车型的公告和产品手册详细描述了产品构造、优势、功能、维修、保修方面的信息以及开发研究过程，认真阅读这些材料是很有必要的，因为这样可以使销售人员较好地回答顾客提出的技术方面的问题。

（三）销售主管和其他销售人员

从销售主管和其他有经验的销售人员那里获取信息是良好途径。他们可能在这个领域中工作了很长时间，积累了丰富的经验，和这些人在一起时，要多问问题，仔细聆听他们的发言，充分学习他们的经验和业务知识。现在，很多公司销售部的早会制，为新人提供了与老员工交流互动的机会。

二、公司外部的信息渠道

除了从公司内部获取信息以外，销售人员还可以从企业外部获取许多信息。有一些信息在公司内部是无法获得的，只能通过外部渠道搜集。通过外部渠道获得的信息也许更具有客观性。

（一）顾客

顾客可以教会销售人员许多东西，顾客对产品的意见、好恶以及对产品提出的改进建议都非常有价值。由于这些顾客可能曾与销售人员的竞争对手会过面，用过或者正在使用销售人员竞争对手的产品，因此，顾客对销售人员的竞争对手的产品也非常了解。所以要认真倾听顾客谈话，并向顾客请教有关问题。

（二）竞争对手

通过很多途径可以了解关于竞争对手的情况：①观看竞争对手的广告；②试用竞争对手的产品，了解它们的优缺点；③阅读竞争对手的年度报告与发布的信息；④可能的话，还可以查看竞争对手的车型目录与价格表。

（三）出版物及网络

销售人员可以通过出版物获取信息。许多期刊和报纸都有很多关于经济和各种主要产业的文章；有一些出版物专门提供销售信息。另外，还有一些特定行业的杂志和报纸，如《汽车杂志》、《汽车导报》、《轿车情报》等包含很多有价值的信息。一个优秀的销售人员必须熟悉自己行业的各种出版物。

网络给顾客提供了大量的信息，在购车过程中，很多顾客都在网上查询自己关心的问题。作为汽车销售人员更要通过网络获取多于顾客的信息为自己的销售服务。

销售人员还可以去公共图书馆查阅资料获取信息，或是购买专业的书籍阅读来获取信息。

（四）行业组织

很多行业都有协会，这些协会可以搜集自己行业的信息并传达给每一位会员，所以销售人员必须熟悉自己的行业协会以及它们的出版物和提供的各项服务。各地的汽车经销商协会是汽车销售人员搜集汽车信息的一个主要渠道。

（五）汽车展览会

汽车展览属于商业展览，各大汽车公司都会展示自己最新的车型和实力。汽车展览会带来更多的概念车型、新车型、汽车文化，让人们感受到世界汽车工业跳动的脉搏。汽车展览是汽车制造商们展示新产品的舞台，大多数汽车制造商或经销商每年都举办全国性和地区性的展览，这为销售人员获取竞争对手的产品信息提供了很好的机会。作为销售人员，每年应该参加一个或更多的汽车展览会，从而观察对手的产品，获取产品情报。

第七节　销售现场的准备

销售现场的准备是售前准备工作的重中之重。在顾客走近销售现场之前，销售人员必须一切准备就绪。准备工作重点有以下几个方面。

一、营造销售展厅氛围

展厅氛围的营造非常重要，舒适、温馨的展厅能使顾客心情舒畅，有助于提高顾客的满意度，增加成交机会。展厅氛围的营造主要是从视觉、听觉和感觉三个方面来体现。

（一）视觉

现在汽车展示厅一般都装修豪华，而且面积较大，有些展示厅甚至超过 1 000 平方米。因此，在展厅的布置上一定要体现层次感和功能区分。车辆展示区、洽谈区、休息区要有不同的布置；在色彩的选择上要与季节、展车的颜色、展厅装修的主色调相结合，达到和谐而丰富；对于一些较高的展厅要布置一些屋顶的挂画或悬垂物，这样增加整个展厅的空间感；展厅的布置要体现专业感，要以车作为主线来构思，但不一定是车的图片，可以是一些有车一族的生活场景，比如越野车的布置可以放一些大石头和大树桩，体现其越野的性能。由于汽车是高价值商品，因此，在展厅布置上所用的材质，要体现高品质感，这也能体现公司的实力。当然在视觉营造方面最关键的是美感，也就是各种装饰物料摆放要协调合理，色彩搭配要清新亮丽，可以在展厅摆放一些绿叶的植物和鲜花来点缀。展厅的布置固然重要，但干净、整洁是关键，展厅在视觉上要给人以美丽、高雅、洁净的感觉。

（二）听觉

在听觉方面一定要有背景音乐，并且最好是轻音乐，音量要控制在能听见但不会影响到交谈和接听电话，尽量不要播放流行歌曲。在展厅工作的员工要控制说话的声音，不能影响到其他客人的谈话；播放宣传片时，一定要调到合适的音量，不能影响到其他的客人。

（三）感觉

顾客对销售人员和经销店的信任往往是源于对经销店有一个良好的感觉。感觉包括：①温度。展厅的温度，夏天空调要足够凉，冬天要提前开暖气，使展厅有一个舒适的温度。②灯光。展厅的灯光要明亮而柔和，对于主展区的车辆可以使用一些射灯，突出重点。③服务。最少提供四种饮料供顾客选择，其中要包括冷饮和热饮；洽谈桌上还应该放置一些糖果和小点心（这些常常受到小朋友的喜爱）；提供休息区，配置舒服的沙发，可以让顾客安心地等候；报刊、杂志和上网服务能使顾客有一个很好的消遣，使顾客能更长时间地呆在展厅；下雨天可以给顾客提供免费的雨具，在门口铺上吸水垫。这些都能让顾客感觉到人性化的服务。当然，最能感动顾客的还是销售人员亲切的问候、灿烂的笑容。

【小知识】

展厅展示的摆放标准——客户视线以内的标准

外观	展示车辆的油漆要保持高清洁度，做到三无：无手纹、无水痕、无划痕，车漆的颜色要均匀、协调、平整、光滑。另外，还要注意擦干净车辆夹缝里的水迹，发动机盖打开后不能存有灰尘
车辆行路架的摆放	行路架要统一摆放，整个展厅要保持协调性、一致性
轮胎导水槽	清洁、无异物，尤其要清除掉卡在水槽里的石子、沙子等异物
品牌标识 LOGO	车辆轮毂中间的 LOGO 要与地面成水平状态

车辆内的标准

前排座椅	距离要适当，侧看必须是一致的，而且座位与转向盘也有一个适当的距离
后座椅的安全带	拆好并用橡皮筋扎起来塞进后座位中间的缝隙里，并留一半在外面
细节设施	调整好倒车镜、后视镜的角度，转向盘也要摆正并调到最高位置，注意拿掉新车出厂时转向盘、倒车镜、遮阳板上的塑料套。查看车辆内饰件色差是否一致、是否有松动的情况。检查各功能的开关位置是否适合，检查空调能否出风，确认收音机的频道、音量
后备箱	后备箱应整洁有序、无杂物，安全警示牌应放在后备箱的正中间
脚垫	准备好带有品牌 LOGO 的脚垫，并摆正位置，注意保持整洁
轮胎美容	最好用亮光剂喷亮，并在下面置放垫板

性能展示中所涉及的内容

汽车底盘号	打开发动机盖让客户检查汽车底盘号，注意与合格证上的标注相一致，不要涂改和遮挡编号
发动机的速度	启动发动机，让客户在原地感受汽车的怠速、低速、中速以及高速的运转状况；引导客户观察轮胎的转动状况，并注意是否有异响。测量冷却液温度是否正常、是否有漏油、漏水、漏气和漏电的现象
发动机的加速情况	让客户踩下加速踏板，感受发动机加速情况的连续性，要确保无断火、回火、无突爆声和放炮等现象。加大节气门开度，发动机转速应急速上升，不能有滞后现象；改变发动机转速时，要提醒客户注意仪表板，观察指针是否反应灵敏、平稳，无明显波动
车后排气管的废气	排气管要排气通畅，不要出现放炮等现象，废气应该是无烟的。将手放在排气管口，观察是否有油迹，并闻一闻气味
试热车启动	通常情况下，在正常工作温度下，发动机应在 5 秒内一次启动成功

二、销售工具夹的准备

销售员从上班开始就会随身携带一本销售工具夹，这是一个非常有效的销售工具。销售人员在销售的过程中使用销售工具夹会让顾客感觉更专业，同时在进行相关事项说明时，可以让销售员的讲解更全面、更直观、更可信。

销售工具夹中的内容非常丰富，涵盖了销售业务中的几乎所有内容，主要包括：

（1）订单；

（2）合同；

（3）商谈备忘录（memo）；

（4）车型技术参数和配置表；

（5）各种车型的试驾报告；

（6）报纸、杂志上的正面报道；

（7）保险报价表；

（8）精品报价表；

（9）按揭审批条件及还款计算表；

（10）计算器；

（11）竞争车型的对比资料；

（12）上牌的程序；

（13）保险的理赔程序；

（14）便笺纸；

（15）笔；

（16）名片。

销售工具夹中的内容不是一成不变的，而是要不断地更新，要及时把最新的信息补充进去，否则就容易出现差错。例如，银行利率已经调整了，但是销售工具夹中的还款计算表未能及时更新，这样计算的数据就会出现差错，就会损害公司或顾客的利益，影响顾客的满意度。

复习思考题

1. 销售人员的仪表仪容对销售工作有何促进作用？
2. 对产品知识的了解应从哪几方面入手？
3. 对产品知识可归纳出哪几个侧重点？
4. 如何进行产品的对比分析？
5. 如何收集销售信息？
6. 销售现场的准备重点在哪里？

第三章　寻找与开发潜在顾客

顾客，即销售对象，是销售活动的三要素之一。在销售活动的三要素中，顾客处于一种特殊的地位。他是接受商品的主体，他对商品接受与否的态度，决定了销售的成败。随着汽车市场的发展，供求关系的改变，我国今天的汽车销售市场已彻底进入买方市场。买方市场中的汽车销售手段与卖方市场相比，最大的区别是不能“等客上门”而应主动出击。在日本，汽车销售商平均要家访30次才能卖出一辆汽车。在美国，最能纠缠用户的依次是保险销售人员、汽车销售人员和房地产经纪人。

在竞争激烈的现代汽车市场，顾客是销售人员的上帝。销售人员拥有的顾客越多，销售的业绩就越好。但是，顾客又不是轻易就能获得和保持的。在一定区域的目标市场里，总有众多竞争者在争夺顾客。今天是这个商家的顾客，明天就可能成为另一商家的主顾。而多年的老顾客，亦会因人事变动、生老病死、住址变动等原因而流失。在商品社会里，顾客越来越精明，越来越懂得如何更好地满足自己的需要和维护自己的利益，顾客总是在不停地评价商家，并不停地作出选择，所以，要保持和发展自己的销售业务，就要不断地发展顾客。顾问式销售程序的第一个步骤就是寻找顾客，在汽车销售中也称为集客。本章所要讨论的就是有关寻找顾客的意义和具体的方法。

第一节　寻找顾客

销售人员的主要职责就是销售商品。销售是一种带有主动性的行为，主动的销售，必然要求主动地去寻找顾客。如果销售人员缺乏这种主动性，而希望顾客能自己找上门，或者只希望保持与老顾客的交易，满足现状的话，是难以取得好的销售业绩的。所以，作为销售人员，首先应该明确寻找顾客的重要性。

一、寻找顾客的重要性

在整个销售活动中，寻找顾客是一项最具挑战性、开拓性和艰巨性的工作。有许多销售人员不喜欢去主动寻找新的顾客，往往满足于同老顾客的业务往来，或者等待顾客自己找上门来。这样的结果是，销售业务难以拓展，销售业绩不断下降。寻找顾客是销售人员扩大社交圈子、创造更多销售机会的过程，销售员认识的人越多，目标顾客群就越大，销售的机会就越多，销售业绩也就越好。因此，寻找顾客对于销售人员来讲是至关重要的，其重要性体现在以下三个方面。

1．是保持稳定销售量的基础

销售员要想保持稳定的销售量就必须拥有足够的顾客积累。在实际销售过程中，由于顾客购买行为的完成或顾客流失，导致销售员的顾客数量不断减少，如果没有新的顾客资源补充，那么销售员的销售机会就会越来越少，这就会造成销售量的持续减少。因此，销售人员即使只希望自己的业务维持现状，也需要去寻找新顾客进行补充，保证基本顾客队伍的稳定。如果销售人员希望发展自己的业务，不断提高销售业绩，就更需要不断地、更多地去寻找顾客。积极寻找新的顾客资源是保持稳定销售量的前提条件和基本保障。

2. 能保持销售员良好的销售状态

当销售员有足够的顾客积累时，就能够非常充实地投入到顾客的维系和管理中去，就能保持良好的销售业绩；反之，销售员就会显得无所事事，情绪低落。因此，寻找顾客也是销售人员保持良好的销售状态的需要。

3. 能增强从业的决心

顾客的积累能确保销售员良好的销售业绩，使销售人员有成就感，从而坚定从事销售工作的决心。这也是销售人员能够长期为之奋斗的必要条件。

二、潜在顾客开发的目标

通常销售人员的顾客信息当中，真正有购买意向的顾客可能只占到30%，而这30%当中真正成交的可能只占到40%。比如说销售人员有100个意向顾客信息，真正有意向并能再次商谈的顾客可能只有30个，最后能成交的，可能只有12个，也就是成交率为12%。当然上面所提到的比例数只是一个假设，可能会因销售人员的经验与能力的不同而有所不同，但是每个销售员都要对自己的商谈率和成交率进行分析，并且根据自己的销售目标和成交率来制定顾客开发的目标。例如，某销售员8月份的销售目标设定为10辆车，目前其手中已有的顾客数为30个，其近期的成交率为10%，则该销售员8月份的顾客开发目标为：$10 \div 10\% - 30 = 70$（个）。

第二节　寻找顾客的观念与方法

一、寻找顾客的观念

寻找顾客是整个销售活动的开始，每一个销售人员在这一阶段，都会施展自己的才能，运用自己的各种关系，采用自己认为有效的方法，可谓是八仙过海，各显神通。其最终的目标是共同的，即不断扩展自己的顾客网络。

销售人员要正确掌握寻找顾客的方法，树立“把周围人都视为顾客”的观念。美国著名心理学家曼菲认为，如果在潜意识中不断灌输积极的想法，成功的机会将会大幅度提高。相反，如果是灌输消极的想法，则成功将会与你擦肩而过。

销售人员常常询问自己：究竟在哪里才可以找到准顾客？答案是从普通的日常生活中就能找到准顾客。作为一名销售人员，每天要做的工作就是寻找准顾客。人们总是对那些成功的销售人员的销售技巧称赞不已，实际上我们更应该学习他们看问题的角度。他们从不会认为每一个与之攀谈的人会拒绝成交，而是从一开始就认定对方是自己的顾客；即使遭遇拒绝，他也能说服对方与自己做成生意。正是这种积极的心态，使他们所向披靡，做成了一笔又一笔生意。

【案例3-1】

将身边每个人都视为自己的顾客

台湾有位保险界奇人，他的核心理念就是把身边的每个人都视为自己的顾客。

他家距离火车站非常近，他每天都会来到火车站售票厅排队，他也不知道自己会去哪里，他的旅程取决于排在他前面的人。他会想方设法与前面的人聊天交谈。在排队的过程中，他就会同前面的人熟悉起来。临到他前面的人买票说“高雄”（或其他地方）时，还没等前面的人说完，他马上说“两张”。于是，他就随着前面的人去了高雄。一起买的票，座位自然在一起。台北到高雄的一段时间，就成了他销售保险的时间。下车时，他已顺利做成了一笔保单。回家时，他又重复上面的做法，在高雄到台北的回程中又做成了一笔保单。

正是由于他把每一个人都认定是他的顾客，因而他的销售业务几乎从未受到过挫折，销售业绩总是处于顶尖的地位。所以，销售人员应当养成随时发现潜在顾客的习惯，因为在市场经济社会里，任何一个企业、一个单位、一个家庭和一个人，都有可能是某种商品的购买者或某项服务的接受者。

在中国，汽车这一高价值的商品刚刚开始走进家庭，很多人是第一次购车。据调查，目前中国的汽车购买者在购车前95%以上会向周围的朋友咨询，听取别人的意见，特别是向有车一族请教购车心得。因此，很多人可能自己不买车，但会影响别人的购车决定。因此，优秀的销售人员会及时把握机会，绝不会让机会白白地溜走。记住，要处处留心，抓住每一次机会接触准顾客。

销售人员要有一种“认定对方就是我的顾客”的积极心态，把遇到的每一个人都认定是自己的顾客，使自己形成一种条件反射积极地去销售，从而增大成功率。

销售之神乔治·吉拉德说：“不管你所遇见的是怎样的人，你都必须将他们视为真的想向你购买商品的顾客。这样一种积极的心态，是你销售成功的一大前提。我初见一个客人时，我就不会认定他是来随便看看或寻开心的。我都认定他是我的顾客，会购买我销售的汽车。通常情况下，他们大部分都成了我名副其实的顾客。”

【案例3-2】

努力争取每一位潜在的顾客

初春的一个傍晚，汽车销售员李杰像往常一样从公司坐车回家。忙碌了一天，李杰感觉有点累，希望早点回到家好好休息一下。李杰看着窗外，这个城市在初春嫩绿的装扮下，显得格外的美丽。突然，李杰发现窗外有一辆老皇冠车抛锚在路边。当时，李杰的脑海里立即闪出一个想法，他是丰田的顾客，我有义务帮助他解决问题。当公交车驶入下一站台时，李杰立即下车往回走。来到皇冠车边，车主正焦急地发愁，搞不清楚车子出了什么问题。李杰首先介绍了自己是丰田公司的销售顾问，希望能为他提供帮助。询问了一些情况后，李杰判断是车子的电路出了故障。在给车主说明了情况后，李杰马上拨通了公司的救援抢修电话，请他们尽快过来修理。在接下来的等待时间里，李杰和车主龚先生聊了起来，龚先生非常感谢李杰帮助他解决困难。李杰说这是我应该做的，不论您的车是在什么时间、什么地方买的，您始终是丰田的顾客，也就是我的顾客。

15分钟后，救援人员到了，通过检查、排障，龚先生车的故障排除了。临行前，龚先生对丰田公司的服务和维修技术都称赞不已，向李杰竖起了大拇指，并说要到公司拜访。送走了龚先生，已经将近晚上9点了，李杰又饿又累。

5天以后，李杰在公司见到了一张熟悉的面孔——龚先生。他表示准备给太太买一辆车，向李杰预订了一辆锐志。

一个成功的销售人员，不能坐等顾客上门，要做生活的有心人，随时会有潜在的顾客等着你！

二、分析目标顾客群

准备购买汽车的人是不会在自己脸上写上“我想购买汽车”的。既然不会，那么作为汽车销售人员就必须设法发现潜在顾客，明确目标顾客群。

明确目标顾客群将使销售人员花费最少的时间找到潜在顾客。明确目标顾客群需要进行细致的顾客界定分析。顾客分析可以从顾客的收入、年龄、职业、家庭、文化、地域、社会阶层等方面入手。

（一）收入特征

在界定顾客的诸多特征中，收入是最为明显的一个特征。对于中国普通的老百姓来说，汽车同房子一样是一件大宗消费品。衣服、食品或者日常用品，用完了或者不喜欢了可以再换一件；而汽车就不同了，有的人一辈子可能只购买一辆汽车，甚至连一辆汽车都买不起或者不敢买。也就是说，购车与否、购什么车与口袋里的钱以及银行的存款数额有关，很少人愿意打肿脸充胖子，即使去银行贷款也需要先衡量一下自己的月薪，以免背负太多的压力。

此外，不同收入水平的顾客对汽车的选择是完全不一样的。一般情况下，有着上千万家产的顾客是不会去选择一辆几万或者十几万元的诸如桑塔纳、捷达之类的国产车，而普通的工薪阶层通常也买不起四五十万元一辆的奥迪。反过来说，不同档次汽车的销售所面对的顾客群体是不一样的。中高档轿车面对的是高收入群体，经济型家庭轿车面对的是“小康”一族。

作为汽车销售人员，应该根据所销售的汽车档次、价格定位，分析目标顾客群的收入特征，并进一步分析这部分人群的社会阶层、兴趣爱好以及购车心态等。

（二）年龄特征

年龄结构是消费结构的一个重要方面。从生活习惯和对生活享受的要求来看，每一个年龄段的人都可能会有其特定时代的烙印，也就是有一定的共性。

在销售人员的定向思维中，买车人一般是30岁以上年龄段，要么看起来大腹便便，要么看起来很精干，因为他们在社会上打拼了一段时间后有了资本，也有了欲望，买车可以彰显一个人的身份和地位。其实，这种认识是有所偏颇的。在中国经济高速发展的今天，很多青年人士甚至老年人都具有购车的潜力。根据最新的一项调查资料显示，新青年已经成为未来购车的主力军，计划在5年内购车的潜在消费者主要集中在30岁以下年龄段。随着年龄增长，购车潜在消费者比例不断下降，和现有私家车主集中在30～49岁年龄段相比，潜在消费者年龄段已经下降到30岁以下，购车一族年轻化趋势十分明显。

从消费心理上研究，购车年轻化的现象是可以理解的。这是因为“新青年”大多数在市场经济的背景下成长，物质享受的观念越来越强烈，根本不同于他们的祖辈和父辈的消费理念。他们没有太多的家庭负担，正处于购买力和消费需求同样旺盛的时期，购买汽车的意愿比较强烈。对于他们而言，汽车的作用不只是商务应酬、上下班这么简单的用途，汽车更是休闲娱乐的重要工具，象征着更高的生活品质。即使手头上的资金不够，他们也会向银行贷款以尽情地享受流光溢彩的都市生活；他们敢用明天的钱圆今天的梦。同时，车价的大幅降低以及汽车消费贷款的普及，使得购车门槛越来越低，更是给了他们足够的购车条件。可以这么说，生活方式和消费方式的改变催促着年轻人尽早享受汽车生活，他们即将成为汽车消费的主力军。

此外，顾客年龄的不同，对汽车属性（如外观、功能、安全性等）的要求也有所不同。比如，对汽车颜色的要求，28岁的人可能喜欢绚丽的色彩，40岁的人可能喜欢凝重的色彩。

（三）学历特征

学历的高低也是影响购车的因素之一。根据一项对潜在消费者的调查显示，汽车潜在消费者以受过高等教育者居多。学历之所以会影响购车，主要是由于在现在这个社会中，学历的高低在一定程度上决定着收入水平的高低。改革开放初期，很多没有学历的“土老板”通过贸易等方式迅速积累财富；但随着改革的逐步深入，市场经济体系越来越完善，即使有“一夜暴富”的机会，也多是集中在那些受过高等教育、掌握高科技的高学历人士手中。随着社会发展，接受教育水平高的年轻人进入社会的起点相对更高，高起点、高收入也让他们更早积累一定的经济实力，更早实现购车愿望。

和年龄层次的消费心态类似，高学历者对于汽车的认知度较高，接受新事物的兴趣和能力都很高。他们和时代进步的步调基本一致，在中国进入汽车消费时期的同时，他们也通过各种渠道了解汽车和汽车文化，并且开始接受这种新的生活方式。他们讲究生活质量，也对自己的前途充满信心，敢于通过贷款的方式购买大宗消费品。对于汽车经销商来说，真正具备购买能力、对汽车认知度较高、具有较高学历的年轻人，将会是他们下一阶段的目标人群。这些受过高等教育的年轻人，在5年内买车并不只是美好的愿望，他们收入起点较高，而且，随着事业的发展，大多数人收入会持续增长。基于此，他们的购车计划是在对自己的收入有着合理估算之后，得出的可行方案。

（四）职业特征

职业特征是影响消费者购车的一个重要因素。职业不同，不仅会影响收入，而且会影响消费观念。职业一般可分为企业老板、职业经理人、一般商人、政府高级官员、一般公务员、会计师、律师、医生、教师、普通职员，等等。

从职业特征来描述顾客特征，首先必须将职业与收入有效地结合起来。企业老板、职业经理人、政府高级官员一般都属于高收入群体，其购车意向基本指向中高档汽车；而一般商人、会计师、律师、医生等职业人士，多属于区域范围内的中产阶级（如北京和西安，其中产阶级的收入特征等是有很大区别的），他们的购车意向大多为中低档轿车；而普通职员、一般公务员等，由于收入的限制，多数购买的是经济型家庭轿车。

职业的分布总体上来说是比较分散的，因为随着生产力的高速发展，社会的分工越来越细，每一个行业都有潜在顾客，对于汽车销售人员来讲，要逐一地对顾客的职业做详细的调查是一件很不容易的事情。

潜在顾客的职业层次变化传递的信息是，汽车消费的国民时代正在到来，买车不再是一个遥不可及的梦想，汽车正在从少数人拥有的奢侈品成为更多普通家庭的一般交通工具。不同行业的人，都有计划、有能力在近5年内购车，说明是否有能力消费汽车与职业并没有必然联系，行业差异带来的薪资、收入差异对于是否能买车并没有决定性的影响。这也预示汽车的普及时代将不会太远，因为汽车消费门槛不断降低，更多人将可以拥有自己的私家车。

汽车销售人员在寻找潜在顾客的时候要注意对以上所涉及的各种人群进行系统的辨别和研究，做好平时的资料收集工作，以便提高自己的判断力，积累工作经验。这对以后工作的开展也是一种很有效的帮助。

三、评估潜在顾客

在销售人员搜集的潜在顾客名单中，有相当一部分人并不是真正的潜在顾客，他们只是在表面上符合销售中对潜在顾客一般分布情况的假想而已。作为销售人员，要有效地利用时间和精力，以求在最短时间内获得最多的销售量。为此，必须练就能准确辨别真正的潜在顾客的本领，在寻找顾客的同时注意对他们的情况进行分析评价，从中找出真正有潜力的顾客，以免盲目访问，浪费大量的时间、精力以及财力。在实际工作中，评估潜在顾客的方法主要是MAN法则。MAN即英文money（收入）、authority（决策权）、need（购买需求）的简称。

（一）经济收入

评估潜在顾客的第一个要素是金钱（money），即顾客的经济收入。目标顾客必须对销售品具有支付能力。也就是说，销售人员需要考察该顾客是否有购买力，是否具有消费此产品的经济能力。

但人的潜在需求并不等于市场需求，更不等于现实的购买行为。任何潜在的购买需求，只有在具备了支付能力之后，才能成为现实的需求，才能构成实际的购买行为。如果销售人员不进行深入的市场调查，不掌握各类顾客的支付能力，不对顾客的资信进行了解，那么他便可能付出许多无效的劳动，降低销售工作的效率，甚至还会遭受财物的重大损失。所以，对顾客支付能力进行审查，可以提高销售工作的效率。

有些时候，汽车销售人员会发现，某一位顾客非常信任汽车销售人员，对汽车销售人员所推销的汽车也十分满意，但就是无法成交，为什么？就是因为这位顾客根本就没有能力去购买如此大宗的消费品。但问题是，在销售过程中要想准确判断一个人是否有足够的资金来购买汽车并不是一件容易的事情。

评估顾客的经济收入实质上是对顾客（包括企业和个人）支付能力的审查。对企业，主要调查其经营情况和财务状况，考察其购买力是一件相对比较简单的事情。因为对于企业的财务状况，销售人员除了可以根据企业规模、生产条件、经营状况等方面进行评估外，还可以通过其上级单位或有关知情人士得到一些真实的情况。但对于个人，要想了解其家庭财务状况确实比较困难。因为多数人都不愿意让外人知道自己的实际积蓄，而银行又需要为储户保密，是不可能给销售人员提供任何与储户相关的信息的。在这种情况下，除了通过交谈获取一些信息外，销售人员还需要通过顾客及其家人的居住条件、职业状况、供职企业的薪资水平等进行分析判断。比如，如果顾客的居住条件很差，一家三代五口人只是居住在边远地方的一个小三房甚至两房内，那么他就很难还有闲钱去购买诸如汽车这样的高档消费品，相信大多数人会选择先改善居住环境。当然，如果是对于那些年轻的、崇尚享受生活的“新新人类”来说，那就要另当别论了。

对于作为销售对象的组织或企业而言，由于交易的规模较大，钱货的交付又存在着时间上的差异，所以对其支付能力的审查就显得尤为重要。它不仅仅关系到工作效率，还关系到货款的回收，这是至关重要的问题。所以，支付能力的审查，主要是就组织或企业而言的。

在汽车销售中，当潜在顾客具备相应的经济能力时，销售人员的销售策略应是引导需求；当潜在顾客不具备相应的经济能力时，销售人员的销售策略应是鼓励其贷款消费。

在我国，由于个人消费信贷的范围还比较小，大多数个人或家庭的购买行为都属于现金交易，所以，对其支付能力的审查，主要是了解销售的车型是否与其需求层次相符，以避免盲目的销售。

（二）决策权

评估潜在顾客的第二个要素是权力（authority），即“顾客购买决策权”。目标顾客必须具有购买决策权。也就是说，销售人员所极力说服的对象是否有购买决定权。

在销售过程中，能否准确地了解真正的购买决策人是销售成功与否的关键。例如，有一对年轻夫妻前来看车，他们有不菲的收入，也有心购买一部比较高级的家庭轿车，然而在最后的时候却对望一眼，很抱歉地对汽车销售人员说：“真不好意思，我们要回去跟老头子商量一下。”可见，他们的一家之主仍然是老当益壮的老先生，这两口子虽然有强烈的购车欲望，却没有决策权，还是不能成交。汽车销售人员先前那些精彩的介绍全都白费了，虽然最终还有那么一线渺茫的希望。好钢要用在刃上，如果那位老先生在场的话也许这笔生意就做成了。有的时候碰到这种情况确实很令人泄气，明明看到了希望的影子，却一下子又重新跌入到万丈深渊。为了避免此类事件的发生，因而有必要先对购车人是否拥有决策权进行摸底。毕竟，找不到关键人士，销售只会是事倍功半。

在汽车消费者市场中，消费一般以家庭为单位，但决策者往往只是其中的一两个成员。在销售活动中，要准确地判断谁是购买决策者不是一件容易的事。在不同的文化背景，不同经济发展水平的社会，以及对于不同类型的消费品，家庭决策的权威中心点是不同的。我国目前大多数家庭购买力相对集中，主要掌握在一家之长的手中。不过，这种状况随着经济的发展和社会的进步，也在逐渐发生着变化。

关于家庭购车的决策权，有一项调查统计提供如下数据，可以供销售人员参考。

家庭购车决策权大部分掌握在男人手里。在已婚家庭中，女人一般拥有三分之一的决定权。也就是说，在中国现阶段，由于汽车市场尚处于导入期，汽车刚刚进入家庭，女性的决策地位只有男人的一半。当然，随着经济的发展和汽车产品的普及，女性将逐渐成为推动市场增长的主力，中国女性参与购车的比重逐渐增大将成为必然，女性决策权的未来走势将会看好。

单身与已婚家庭对购车决策的差异较大。已婚家庭是私人购车的主要力量，只有22%的购车人是单身。单身族购车，在决策时自己做主的占74%；而已婚者无论男性还是女性，在购车时都必须和配偶商量。已婚家庭中，男性自己做主的占到63%，女性被访者声称自己做主的占到52%。

对于组织与企业的购买决策而言，由于每一用户的职能机构及管理权限的分配各不相同，判断购买决策权在谁手中，更不是一件容易的事。所以，销售人员还要了解用户的组织机构和人事关系，以做出正确的判断。

（三）购买需求

评估顾客的第三个要素是需要（need），即顾客的购买需求。目标顾客必须对产品有真实需求，即存在于人们内心的对某种目标的渴求或欲望，它由内在的或外在的、精神的或物质的刺激所引发。

影响需求的因素很多，关键是销售人员所售汽车的用途和特性是否符合顾客的需求。人们的需求是多种多样的，又是千变万化的。例如，人们在等公交车的时候，等了很久就是等不到，或者车上已经挤满了人，再也挤不上去，看着公交车绝尘而去，不得不继续陷入等下一班车的尴尬中，此时就会不由自主地想，要是自己有辆小车多好；而当马路拥堵的时候，看到那些汽车动弹不得，自己却能凭借身体不占多大空间的优势，穿梭在车流的缝隙，这时候可能会想，还是走路、骑自行车的好。由此可见，需求不是一成不变的。作为优秀的汽车销售人员，必须对需求有正确的认识，需求不仅仅是满足，而且是可以创造的。事实上，普通的汽车销售人员总是去满足需求、适应需求，而优秀的汽车销售人员则是善于创造需求。

必须注意的是，消费需要是顾客购买商品的基本条件，顾客根本不需要的商品，销售是不会成功的。即使销售人员施展各种销售技巧，“吸引”了顾客购买，但从长远看，带有欺骗性的、强加于人的销售，不仅不符合销售人员的职业道德规范，违反了销售的基本原则，而且，最终会堵死自己的销售之路。因此，销售人员必须审查顾客的购买需求，并且经常对顾客的需求进行深入调查，正确判断顾客的真实需求。只有做到这一点，才有利于克服销售的盲目性，提高销售效率。但值得注意的是，顾客的需求表现并不都是明确的、外在的。有些内在的需求，可能连顾客自己都没有认识到。也就是说，有些特定的销售对象现在不使用某种产品，或者自认为不需要，这并不等于他真的不需要或永远不可能成为准顾客。因此，销售人员在进行需求调查时，不仅要了解顾客需求，还要对顾客进行需求与购买的启发、引导、影响、培育与发掘工作，从帮助顾客解决问题的角度出发去创造顾客的需求。这与强加于人的销售是有本质区别的。

了解顾客的购买需求，就需要销售人员眼勤、耳勤、手勤，善于积累和运用资料，善于观察和思考问题，善于接触顾客。

在汽车销售中，如果潜在顾客表现出对汽车有需求，销售人员则应该设法促进其购买欲望，促成交易，以提高销售效率。如果潜在顾客表现出对汽车无需求，销售人员则应该设法引导需求。

任何成功的销售，总是基于找到了适当的目标顾客。一个优秀的销售人员，首先表现为拥有较高的寻找、选择顾客的能力。

在汽车销售中，如果潜在顾客具备相应的决定权，销售人员的销售策略应是鼓励其决策；当潜在顾客不具备相应的决定权时，销售人员的销售策略应是在购买的决策群体中间平衡关系。

如果我们用大写的M、A、N分别代表客户有购买能力、有决策权也有购车的需求；而用小写的m、a、n分别代表没有钱、没有决策权、没有购车需求，我们可以把所有的潜在客户分为八种类型（表3－1）。

表3－1　八种类型的顾客应对策略

类　型	应　对　策　略
M＋A＋N	理想的销售对象，应重点发展
M＋A＋n	有成功的希望，需要销售顾问开发出顾客的需求
M＋a＋N	有希望，销售顾问必须找出具有决策权的人
m＋A＋N	有希望，销售顾问应为其推荐适合其购买能力的车型，并注意不要伤害顾客的自尊心
m＋a＋N	是待发展的潜在客户，销售顾问要长期培养，并找出有决策权的人
m＋A＋n	待发展，需要长期培养并挖掘需求
M＋a＋n	待发展，需要销售顾问放长线、钓大鱼
m＋a＋n	非潜在客户，无需接触

通过表3－1可以看出，对于销售顾问而言，最重要的顾客就是那种既有购买能力又有购车需求而且是掌握决策权的人。销售顾问要根据这三条标准来剔除那些“伪客户”，只留下那些真正的潜在客户。

【案例3－3】

留住目标顾客

刘先生与太太第一次来展厅是6月份，当时开的是一部丰田大霸王，夫妻俩穿着非常朴素，来展厅时也是随便看看各种车型，话语不多，给我的感觉是购车意向不大，但出于尊重与礼貌，我还是热情接待，耐心介绍各种车型。在与刘先生的交谈中，慢慢地让我了解到刘先生是一位非常有文化有品位的人，我们在聊起世界各大名车时，他显得非常专业与内行，真让我自感惭愧。他刚刚买了一台保时捷赛车911，实际上他对路虎车非常了解，这次来是想比较一下新款览胜运动版，当时览胜运动版样车没到，我们互相留下联系方式，以后一直保持联系。

直到9月份会展中心车展时，我邀请他到车展现场，利用当时的气氛，把06款览胜与览胜运动版在性能、操控性、配置等方面做了详细的比较，并与刘先生一起对样车的实际操作、车内装饰与空间进行了体验。刘先生最终对06款览胜表示满意，但他担心路虎在中国的保养与维护不便利，有所顾虑。我给他进一步介绍了我所在公司的实力与口碑，并且是英国路虎授权在中国北方的总代理商，以及其他地区的经销商与服务网点分布情况，解说了路虎目前在中国的销售与服务的成熟情况，最终消除了刘先生的顾虑，达成交易。

四、寻找顾客的方法

寻找顾客的方法很多，国内外成功的销售人员和有识之士都对此有过总结。下面介绍几种常见的寻找顾客的方法。

（一）全户走访法

（1）概念　全户走访法是销售人员通过普遍地、逐一地访问特定地区内的所有住户和单位，从中确定顾客的方法。

这种方法也称为“普访寻找法”、“地毯式访问法”。它是销售人员在寻找顾客时，对某一地区的销售对象不能确定或无法确定的情况下所采取的一种方法。

（2）理论依据　这种方法是依据“平均法则”提出的，即假定在被访问的人当中，总会潜藏着一定数量的顾客，发现这些潜在顾客的数量与被访问的人数成正比例关系。

这种方法的关键在于区间的确定。所以在运用这种方法时，首先要根据销售车型的各种特性和用途，选择一个合适的寻找区间。

（3）评价　这种看似笨拙的方法，曾被美国的销售人员称为无往而不胜的成功方法，被认为是所有寻找顾客的方法中最有成效的方法。它最适用于销售广泛、人人必需的日用品，以及各种服务。

这种方法在我国古代也早有应用。例如，卖药的郎中，就是背着一个大包袱，挨家挨户地销售药品。又如，一些传统小食品经营者，也是走街串巷叫卖的。这种古老的方法在现代销售活动中被赋予新的内涵，依然是寻找顾客的重要方法。

运用全户走访法寻找顾客有以下三个优点：

（1）销售人员寻找顾客的过程，也是销售信息传播的过程。销售人员广泛地接触顾客，广泛地传播有关企业和产品的信息，容易扩大企业的影响，提高产品的知名度。

（2）销售人员寻找顾客的过程，同时也是接受信息反馈的过程。销售人员在接触顾客的过程中，能迅速、真实地获得顾客需求的各种信息。

（3）运用全户走访法寻找顾客的过程，也是销售人员加强锻炼的过程。由于面对众多的消费者，需要销售人员具有坚韧不拔、吃苦耐劳以及经受挫折的精神。同时，还有利于销售人员了解各种类型、各个阶层的顾客，研究他们的消费心理、消费特点，积累丰富的销售经验。

全户走访法也有其不足之处，主要表现在以下两个方面：

（1）有一定的盲目性，成功率相对较低。由于缺乏针对性，大大增加了工作量，浪费了大量的时间和精力。

（2）容易使销售人员和顾客产生心理上的隔阂。顾客因为没有心理上的准备，感觉突然，无所适从，从而对推销人员产生冷漠感和戒备心，由此会使销售人员产生精神负担和心理压力。双方的心理隔阂会影响销售工作的顺利进行。

广义的全户走访法还包括个别偶遇的机会。在电梯里，在公共汽车上，在餐厅里，你有没有尝试和你身边的人交谈？无论是做什么生意，你都会发现和走近你的人进行交谈是一件非常有趣的事情。如何结识你周围的陌生人，这是专业销售人员必须掌握的技巧。

如何有意识地去处理与别人的偶遇呢？首先，我们承认并不是每次机会都会带来销售业绩，即使如此，我们有什么理由不去尝试而让这个机会溜走呢？

当你碰到一个人，他走进了你的五步范围，你应该友好而热情地自我介绍，并询问他们的工作，以及为什么在这个地方出现。善意的对话会使对方做出积极回应。当他们问及你的工作时，你的任务是将名片递给他们。几乎没有人会拒绝你的热情和名片。接下来你会发现对方开始问你的工作和你的产品等一系列问题了，你需要的不正是对方的这些问题吗？这时你可微笑着告诉对方："我猜想，可能某一天有为你或者是你的朋友服务的机会，为此事先致谢。"

准确地将这些话语和你当时的气氛配合起来，会产生良好效果。例如："我猜想"，听起来一切都是自发的、自然而然的；"事先致谢"，说明你为人礼貌；"有可能"显示一种谦逊的态度；"某一天"，使得你的产品或服务不至于被搪塞到遥远的将来；"为你服务"，把潜在的顾客置于重要的（他们觉得自己对你很重要）位置，很可能采取行动帮助你。

通常出现下面三种情况，其中任何一种都对你有利：

（1）他们同意打电话与你进一步讨论；

（2）同意让你打电话给他们，进一步讨论；

（3）他们不感兴趣，但将帮助你向感兴趣的人推荐。

现在你得到了什么？认识了一个你几乎没有可能认识的人，得到一名潜在的顾客并被推荐给别的潜在顾客。

（二）广告拉引法

（1）概念　广告拉引法是指推销人员利用各种广告媒介来寻找顾客的一种方法。

（2）理论依据　广告拉引法所依据的原理是广告学原理。利用大众宣传媒介，把有关产品销售的信息传递给广大的消费者或产品的最终购买者，刺激与诱导消费者的购买欲望。由于广告更符合消费者收集信息的习惯，所以它是销售人员销售商品、寻找顾客的有效手段。

（3）评价　利用广告拉引顾客的关键在于能否正确选择广告媒介，恰到好处地发挥广告效果。这就需要因时、因地、因不同销售品的特点、不同销售对象的特点，采用不同的广告媒介。例如，营养保健品、药品、化妆品等，可采用电视、报纸广告；机器设备、原材料等工业消费品，可采用产品目录、专业杂志等广告手段。

广告拉引法的优点主要表现在下列几个方面：

（1）现代广告载体的信息量大、传递速度快、接触消费者面广，这是其他任何销售手段所无法比拟的。

（2）广告形象生动、逼真，加上广告媒体本身的权威性，这种方法特别适应消费者心理。

（3）能够节省时间和精力，节约销售费用。销售人员无须怀揣商品到处奔波，可以坐等顾客上门，提高工作效率。广告拉引顾客的相对费用较低，可以降低销售成本。

广告的目的就是通过信息传递刺激大多数人的消费欲望，寻找顾客，造就顾客。在推销实践中，利用广告拉引寻找顾客获得成功的例子数不胜数。例如，长安福特在报刊上登出"拥有蒙迪欧，精彩任你游"——推出在指定期间内购买福特蒙迪欧指定车型的，就能随车获赠一段精彩旅程的奖励。

除电视广告、广播广告、报刊广告、招牌广告等形式外，现今国内有越来越多的企业开始应用商业信函广告来寻找顾客、销售产品。它具有费用低、针对性强、寄发面广、收效快等特点。这种方法在目前汽车销售企业中日趋流行。

广告拉引法也有其不足之处。广告属于单向的信息沟通，广告拉引的效果难以控制和测定；又由于竞争的原因，广告费用越来越高，高质量的广告制作更加困难。这些问题需要在广告媒体选择及广告策略中加以注意。

（三）中心开花寻找法

（1）概念　中心开花寻找法是指销售人员在某一特定范围内，首先寻找并争取有较大影响力的中心人物或顾客，通过他来影响该范围内的其他人成为顾客的方法，也称为"名人介绍法"、"中心辐射法"、"权威介绍法"等。

（2）理论依据　中心开花寻找法依据的是社会学中的"顺从原理"，即人们愿意追随在自己心目中享有一定威望的人物。因此，一些中心人物的购买与消费行为，就可能在他的崇拜者心目中形成示范作用与先导效应，从而引发崇拜者的购买及消费行为。所以，销售人员可以通过争取这些具有影响力的特殊顾客来产生连锁效应。如果能正确确定中心人物，取得他们的合作与支持，将会获得更多的顾客。

（3）评价　利用社会各界名人、明星的介绍、示范来提高企业与产品的知名度。例如，凯迪拉克凯雷德 Escalade 在广州做宣传广告时，就引用了电影巨星和美国州长施瓦辛格的钟爱座驾来渲染凯雷德的上市。

任何一款汽车都有其明确的顾客群体，而每个消费群体都有自己的核心代表人物，销售人员可以利用这些核心人物帮助推介产品。利用核心人物的关键是要取得他们的信任。销售人员要想办法和这些权威人物接触，集中精力对核心人物进行攻关，最好能够成为朋友，并让对方感觉到销售人员的工作能够给他本人及其亲朋好友带来利益。

当然，运用中心开花寻找法是有很大难度的，主要在于销售人员很难有机会与核心人物接触。有些时候，可以通过查阅相关资料的方式去寻找核心人物，比如工商企业名录等。

有影响的人物是指那些因其地位、职务、成就、人格而对周围的人有影响的人。他们是人们见解的引导者，他们的影响力就像车轮的辐条一样，辐射至四面八方。接触顾客的关键人物是调查顾客的基础。一般来讲，关键人物是指有需要的、有权决定的、有钱的人。

中心开花寻找法被广泛地运用到销售实践之中。它的优点表现在：

（1）避免了销售人员重复单调地向每一个潜在顾客进行宣传与推销的过程，因而节省了大量的时间和精力。销售人员只需集中精力做好中心人物的推销工作即可。

（2）可以利用中心人物的名望与影响力提高产品的声望与知名度。

由于这种方法把寻找、吸引顾客的希望过多地寄托在中心人物身上，其效果取决于中心人物的正确确定以及中心人物的配合与支持。因而，这种方法是存在一定风险的。

（四）连锁介绍法

（1）概念　连锁介绍法是指销售人员请求现有顾客介绍潜在顾客的方法，也称为介绍寻找法和无限介绍法。其具体介绍的方法有口头介绍、写信介绍、电话介绍、名片介绍等。在推销过程中，一些顾客可以提供与其消费需求相同、购买力相近的新的潜在顾客，使销售人员能发现新的推销目标和对象。

我们每个人的生活圈子都是有限的，如果销售人员能把一般人发展成潜在顾客或者自己的介绍人，那对销售工作是有百利而无一害的。

（2）理论依据　连锁介绍法依据的是事物普遍存在着的相关法则。世界上的一切事物都按一定的联系与其他事物发生交往，因而事物间都存在着相关关系。消费者的需求和购买动机常常是相互影响和有内在联系的。销售人员找到一个顾客后，就可以通过这个顾客找到与他有联系的、可能具有相同需求特点的其他顾客。

有些汽车销售人员认为，汽车作为一件大宗消费品，普通老百姓在短时间内通常只能消费一次，不会重复购买，因此对那些已经购买了汽车的顾客就不再加以重视。其实，随着居民收入和消费水平的不断提高，很多顾客都有能力更换新车甚至是购买第二辆车。并且，即使这些顾客没有能力购买新车或第二辆车，他们也能通过另外一种方式为销售人员增加顾客来源，即可以帮助介绍顾客使销售人员获得更多的顾客。

进行连锁介绍的方法有很多，比如，销售人员可以请现有的顾客代为转送海报等宣传资料及名片等，从而促使现有顾客的朋友转为准意向顾客，并建立一定的联系；还可以尽可能地成为顾客的朋友，融入他们的生活圈，进而赢得更多的顾客。

在房地产业内有句话，“早期业主是楼盘的最佳销售人员”。其实，把这句至理名言放在汽车销售上也完全适用。对于那些并非汽车发烧友的购车者来说，他们对汽车的认识并不多，他们更愿意相信那些已经拥有同类型车的亲朋好友的意见，因为他们认为这些亲朋好友都是已经使用过或正在使用这款车的，为此他们对这款车的各种功能是最有发言权的，也是最客观和公正的，所以他们的话最有说服力和号召力。

（3）评价　运用连锁介绍法的关键，是现有顾客对销售人员的信任程度。这是因为，连锁介绍法是借用现有顾客的社会关系，而他们又不承担介绍的义务。现有的顾客与被介绍者往往有着良好的关系，他们之间或者是同事关系，或者是朋友关系，或者是亲戚关系，所以他们往往团结一致、相互负责，尤其是这种对他们无利可图的事情，他们更不会在不相信销售人员、不相信他的汽车的情况下去轻易为其介绍顾客，因为一旦他所介绍的顾客买了汽车又不满意，就会极大地损害他们之间的关系。明确了这一点，销售人员就必须树立全心全意为顾客服务的意识，急顾客之所急，想顾客之所想，千万不可故意隐瞒或欺骗顾客。“水能载舟，亦能覆舟”，如果顾客一旦发现销售人员在欺骗他，那他不但不会为销售人员介绍新顾客，反而会在他的亲朋好友想购买销售人员的汽车时加以劝阻。只有当现有顾客确实感受到销售品的优点及销售人员的优质服务时，才会乐意介绍自己熟悉的单位、组织与个人给销售人员。

连锁介绍法几乎被销售界认为是最好的顾客寻觅方法，或者说是最根本的方法。其他的寻找法大多是连锁介绍法的发展或具体运用。它的优点主要表现在：

（1）可以避免推销人员寻找顾客的盲目性。由于老顾客介绍的新顾客大多是现有顾客较为熟悉的单位、组织和个人，互相之间存在着某种相关程度较高的联系，有时甚至存在共同的利益，所以提供的信息准确，内容详尽。

（2）可以使销售人员较好地赢得未来顾客的信任。销售人员通过诚恳的推销态度与热情的服务，赢得老顾客的信服和敬重，而老顾客会把这种信赖感告诉给他所熟悉的人。

（3）老顾客的介绍是销售人员接近新顾客的好办法。老顾客的引荐会缩短销售人员与新顾客的距离，获得接近的机会。

但连锁介绍法也有不足之处。它完全依仗现有顾客是否愿意介绍及是否全力介绍，而且无法预料其介绍的情况，因而会使销售人员处于被动地位。

【案例3－4】

超级汽车销售员的连锁介绍法

乔治·吉拉德是世界上销售汽车最多的一位超级汽车销售员，他平均每天要销售了5辆汽车。他是怎么做到的呢？

连锁介绍法是他使用的一个方法，不管什么人介绍顾客向他买车，成交后，他会付给每个介绍人25美元，25美元在当时虽不是一笔庞大的金额，但也足够吸引一些人，因为举手之劳即能赚到25美元。

哪些人能当介绍人呢？当然每一个人都能当介绍人，可是有些人的职位，更容易介绍大量的顾客。乔治·吉拉德指出，银行的贷款员、汽车厂的修理人员、处理汽车赔损的保险公司职员，这些人几乎天天都能接触到有意购买新车的顾客，是得力的介绍人。

每一个人都能使用介绍法，但您要怎么进行介绍才能做得成功呢？乔治·吉拉德说："首先，我要严格规定自己'一定要守信''一定要迅速付钱'。例如，当买车的客人忘了提到介绍人时，只要有人提及'我介绍约翰向您买了部新车，怎么还没收到介绍费呢？'我一定告诉他'很抱歉，约翰没有告诉我，我立刻把钱送给您，您还有我的名片吗？麻烦您记得介绍顾客时，把您的名字写在我的名片上，这样我可立刻把钱寄给您。'有些介绍人，并无意赚取25美元的金额，坚决不收下这笔钱，因为他们认为收了钱心里会觉得不舒服，此时，我会送他们一份礼物或在好的饭店安排一顿免费的大餐。"

（五）资料查阅法

（1）概念　资料查阅法是指销售人员通过查阅各种现有资料来寻找顾客的方法。也称间接市场调查法。

（2）依据　这种方法是利用他人或其他机构内公开发布的可提供线索的资料，可以较快地了解到大致的市场容量及潜在顾客的分布等信息。可查阅的资料如：工商企业名录、企业领导人名片集、产品目录、电话号码簿、各级机关及企事业单位的统计资料等。

（3）评价　资料查阅法的优点是通常可以以较小的代价获得较准确的信息。但可供查阅的资料多为公开发布的资料，故时效性较差，可能因为时间关系而出现错漏。

（六）其他方法

1. 从自己认识的人中发掘顾客

任何一个人的日常活动都不可能在与世隔绝的状态下开展，即使是一个社交活动很少的人，他也有一些朋友、同学和老师，还有家人和亲戚。请记住，所有这些你认识的人都是你的顾客资源，你完全可以利用这些资源去发掘潜在顾客。

在你的熟人圈子中可能就有人需要汽车，或者他们知道谁需要。在寻找的过程中，你的任务就是沟通，让他们知道你、了解你。那么，当你开始踏上汽车销售的道路时，请积极与他们联系吧，告诉他们你已经开始了一项新职业，你希望他们与你分享你的喜悦。如果你连续6个月每天都这么做，他们就会为你高兴，并希望获得关于你的更详细的信息。同时，你将可以利用他们来检验你的讲解与示范技巧。如果你确信你所销售的车辆正是亲友需要的，那么请大胆地尝试向他们推荐你确信的优越车辆，他们会积极地给予回应，并成为你最好的顾客，因为他们相信你，愿意帮你，希望你成功。而且，你和他们的这种“商业往来”可以说是基本上没有时间限制的，即使在非工作时间也可以进行。此外，你要知道，向朋友或亲戚销售，即使不能成功，多半也不会让你有强烈的失败感，而这种失败感正是新手的最大恐惧。

即使你的亲戚朋友不会成为你的顾客，你也要时常与他们联系。寻找潜在顾客的最重要的一条规律就是不要假设某人不能帮助你建立商业关系。他们自己也许不是潜在顾客，但是他们也许认识可能成为你的顾客的人。千万不要害怕要求别人推荐，只要你能够虚心地说上一句“因为我欣赏您的判断力，我希望听听您的观点”，一定会使对方觉得自己重要，并愿意帮助你。

2. 从有车一族中寻找潜在顾客

现有的有车一族是最好的潜在顾客。不要以为他们已经有车了，就不可能再次购车。要知道，这些有车一族通常是高收入群体，他们不一定仅仅满足于拥有一辆车，而可能会想拥有更多的车。此外，车辆是有使用期限的，期限一到，马上要强制报废，二次购车也就付诸行动了。而对于那些有能力购买高档车辆的顾客来说，换车的时间肯定要早于强制报废的时间。为此，你需要及早接触他们。记住，一定要尽早介入。

3. 参加车展

现在，车展日益成为一种销售手段，在北京、上海、广州、深圳等地，每年大大小小的车展有几百个。一般来说，众多的汽车厂商和经销商都会有针对性地派人去参加车展。销售人员完全可以借此机会来拓展自己的顾客源。

去过车展的人都知道，展会现场汽车品牌、型号众多，顾客通常是无暇顾及每一个摊位的，这就需要我们掌握一定的技巧，并保持热情的态度，以给顾客留下一个良好的印象。对于每一位来自己展位咨询的顾客，都应该认真对待，不可以貌取人或敷衍了事，并且尽可能地取得与他们联系的方式，以便日后跟踪联系。对于那些对你的汽车特别感兴趣或购买意向特别强的顾客，你要尽可能地邀请他们去门店参观，做进一步洽谈。

以上介绍了六种常用的寻找顾客的方法。除此以外，还有一些其他的方法，如委托助手寻找法、人际关系开发法、同类顾客推移法等。销售人员可将多种方法结合，灵活运用。

五、交叉合作

每个销售人员都在马不停蹄地与人打交道，从而不断地发现、挖掘新顾客，所以他们拥有一张庞大的人际关系网。

作为汽车行业某家企业某种产品的销售人员，同时又是其他众多行业、众多企业、众多产品的销售人员的顾客。在销售人员的身边，肯定也有很多销售人员，因为销售是这个世界上最庞大的职业群体之一。把其他行业的销售人员也拉入到自己的队伍中来吧！在闲暇的时候，找个合适的时间，和他们共同探讨互相提供线索之事，或要求他们在合适的机会下推荐自己的产品和服务，当然，汽车销售人员也要为对方做同样的服务以作为回报。

不同行业的销售人员不存在业务上的竞争，并且能够更好地进行互补，可以互相提供销售线索和机会，还可以互相交流销售的经验和技巧。虽然面对的顾客稍有差异，但还是同行，有很多触类旁通之处。即使是同行业的销售人员，也会有很多合作机会。比如，如果某汽车销售员有位朋友也是做汽车销售工作的，只是大家不在同一家公司、不是销售同一品牌同一款式的汽车而已，那么，就可以与朋友合作。当朋友接待的某一顾客对他们所销售的汽车不感兴趣时，朋友就可以把这个顾客推荐到自己这里来。朋友可以这样说："您对××车更感兴趣？我有个朋友刚好在卖这款车，您可以去找他，或许对您能有所帮助……"

一位新车销售人员会同意与一位二手车销售人员交换信息，对于那些做二手车买卖的同行们，同样存在着合作的可能性。一些顾客并不是非买二手车不可，只要新车销售人员的汽车符合他们的需求，他们同样会考虑的。当顾客在二手车店找不到合适的车的时候，二手车销售员可以这样说："既然二手车没有合适的，您可以去××店看看××车，它还是挺适合您的，而且我有个朋友在那做销售，他会给您提供力所能及的帮助……"

销售人员也可以与汽车维修站的业务代表交换信息；即使没有信息交换，观察力敏锐的销售人员仍可在其公司采购代理商的办公室会客厅里，从其他正在等待接见的销售人员那里学到很多。无论何时何地，当销售人员遇到无竞争关系的销售人员时，千万不要错失开发潜在顾客的机会。

任何一个行业的销售都是在与人打交道，这种与人交往的热情、精明等特性，是各类销售人员的职业素质。他们更善于把握顾客的心理、个性及其他。所以，只要汽车销售人员多与其他行业的销售人员交流、学习这方面的技巧，就会对业务拓展有帮助。

第三节　管理潜在顾客

在寻找和评估潜在顾客的基础上，管理潜在顾客就成了重要的工作环节。因为要努力将潜在顾客作为实际销售对象，并努力让潜在顾客不流失，需要较高的管理技巧。

一、分级管理潜在顾客

销售人员把潜在顾客作为实际销售对象时，不可能同时拜访或联系众多的顾客，要有先有后，分清轻重缓急。

所谓潜在顾客的分级管理，就是指根据一定的标准把潜在顾客划分为不同的等级，以便有计划、有重点地开展销售活动，取得最佳推销效果。分级管理有助于避免销售工作的盲目性，抓住良好的销售机会。

（一）根据可能成交的时间分类

根据销售人员对顾客的了解以及顾客可能成交的时间间隔的长短可将顾客分成三类。

A类：指一个月内可能成交的顾客；

B类：指三个月内可能成交的顾客；

C类：指超过三个月以后才可能成交的顾客。

对于A类顾客，销售人员可安排短期及高频率的拜访；对于B类或C类顾客，可依情况，计划拜访和电话联系时间。

（二）按照顾客购车意向的程度分类

按照顾客购车意向的程度设为A、B、C、D四个等级。A级是指已交纳购车定金的。B级是指品牌、车型、价格、交货期等主要因素都已确定，只是对诸如颜色等非主要因素还要进行商量和确认的，一般情况下能够在一周内付款、订车的。C级是指品牌、车型、价格、交车期等主要因素中有部分认定，如对购车的价格范围已经确定，但却不知具体购买哪个品牌、哪种型号，还需再了解、再咨询，一般情况下在一个月内可以决定付款、订车的。D级是指已有购车愿望，可能尚在等待一笔钱到账，或者还要对汽车的品牌、车型、价格、颜色、付款方式等问题作调查、咨询和了解，一般情况下需在一个月以上才能够付款订车的。

（三）按照商谈次数进行分类

销售人员可以根据顾客来店的次数进行分类，A类是初次来店的，B类是第二次来店的，C类是第三次来店的，D类是第四次及以上来店的。这种分类销售人员最容易判断，最具有可操作性。但是，来店商谈的次数往往与顾客的购买意向并没有直接的关系，因此，可能会造成一些顾客意向明确，但来店次数少，而未能得到及时的跟踪，从而造成顾客流失。

必须注意，在管理潜在顾客的过程中，很多销售员急功近利，对于短期内不决定购买的顾客会轻易地放弃。优秀的销售员往往是以耐性来赢得潜在顾客的。

【案例3－5】

以耐性来赢得潜在顾客

某汽车公司的销售人员陈小青，自结识了某知名公司的潘科长之后，在销售达成方面一直没有取得进展。原因是潘科长一直在进行车型的比较，同时也是另几家汽车公司重点攻关的对象。大家都明白，如果能把潘科长搞定，不但可以影响到他的朋友还可以影响到他的单位、他的同事、他身边的人。作为潘科长本人来说，各汽车公司所推荐的几款车型虽然各有利弊、对所承诺的售后服务也是各有千秋，而他却无法确认。加上不同汽车公司的销售人员以其销售经验和技巧成功地影响了潘科长的购车观点，想要这个又舍不得放弃那个，使他陷入了左右为难的境地。因此，潘科长一时也拿不定主意究竟买谁家的好。再加上工作繁忙，潘科长决定把购车的事情暂时放一放。

这边几家汽车销售公司的主办人依然在紧盯不放，一来二去就把潘科长给惹烦了，一气之下说道："我不买了！"事情陷入了僵局，怎么办？陈小青认为，在这种情况下登门面谈已不合适，于是决定采取软接触的方法。

陈小青决定给潘科长发送短信。手机短信，内容包罗万象。天气冷热提醒："潘科长，明天有冷空气来临，注意穿着保暖"；驾车经验提醒："潘科长，您在驾车吗？含一颗薄荷糖有助于醒脑"；节假日祝贺："潘科长，祝您节日快乐"；轻松愉快：发送幽默、笑话等；休闲放松：提示潘科长，经常听听音乐，放松一下自己；……

刚开始时，潘科长并不以为然，因为他知道销售人员的用意和目的。但时间一长潘科长不仅渐渐习惯了而且被陈小青的这种方式所感动。到这个时候已经是过去差不多快三个月了，终于有一天陈小青能够与潘科长用电话进行交流了，于是陈小青在电话里说道："潘科长，别老是忙于工作了，身体重要啊，知道您也喜欢钓鱼，下周日我约个好地方一起去钓鱼吧！"潘科长愉快地接受了陈小青的邀请，当然再往下发展，其结果是不用说了，最终还是陈小青赢得了潘科长及其周围顾客的购车订单。

二、建立管理潜在顾客的档案

（一）建立潜在顾客资料卡

找到潜在顾客之后，应该制作潜在顾客资料卡。潜在顾客资料卡应该包括个人、公司或其他重要信息。在打销售电话之前，最好再看一下卡片。当销售人员用名字称呼潜在顾客的配偶或孩子时，或者当销售人员提到很久以前发生的一件事时，想象一下潜在顾客会有什么反应。在这两种情况下，在潜在顾客心目中，销售人员的形象会更加突出。对于顾客的情况，销售人员不能只凭记忆，应该查阅顾客卡中记载的信息。

潜在顾客资料卡是保留最新有效顾客信息的载体，可以帮助销售人员随时查找顾客、联系人以及意向顾客的信息，它比简单的顾客名单包含了更多的信息。它既可以运用计算机系统也可以手工操作。如果经销商已经建立了计算机系统，便可充分使用。例如，有计算机的销售人员，应该使用可以记录潜在顾客信息的应用软件包，把信息储存在文档里。这些应用软件除了保存潜在顾客信息外，还可以拨打电话，每天打印一份需要接触的顾客名单，寄出按每个潜在顾客档案设计的信件。一些软件可以被设定查找潜在顾客的材料，并确认哪些人最有可能购买，以节约销售人员的时间。

（二）潜在顾客资料卡的主要内容

潜在顾客资料卡的主要内容包括：主要联系人的公司名称、姓名和职务、电话和传真号码、地址、需求车辆车型及数量、特殊车型需要、以往联系结果和下次联系时间、以往交易以及其他个人信息（包括家庭信息，兴趣，爱好）。

（三）潜在顾客资料卡使用中应注意的问题

（1）建立了顾客资料卡后不能置之不理，否则就会失去其价值。由于顾客的情况总是在不断地发生变化，所以对顾客的资料也应不断地进行调整。通过调整剔除陈旧的或已经变化的资料，及时补充新的资料，对顾客的变化进行追踪，对顾客的信息进行动态化管理。

（2）应从众多的顾客资料中找出重点顾客。重点顾客不仅要包括现有顾客，而且要包括潜在顾客。这样才可以抓住重点，提高成交率，起到事半功倍的效果。

（3）顾客资料收集管理的目的是为了在销售过程中加以利用，所以，不能将建立的顾客资料束之高阁。顾客资料的管理关键在于资料的使用，只有有效地利用，才能发挥信息的作用，才能提高工作效率。

（4）由于许多顾客资料是不能外流的，只能供内部使用，所以顾客资料管理应有具体的规定和方法，由专人负责管理。

（5）定期发布销售活动日报表，便于销售管理人员与业务人员掌握部门及公司的销售活动情况。

寻找与开发潜在顾客是汽车销售工作的核心内容，没有顾客也就不存在销售。因此，每一个销售员都要把寻找顾客摆在工作的首位，利用一切可以利用的机会来增加自己的顾客数量，同时维护好已有顾客的关系。只有拥有足够的顾客积累，才能保证持续稳定的销售业绩。

复习思考题

1. 寻找顾客的重要性体现在哪些方面？
2. 对目标顾客的分类，一般从哪几个方面入手？
3. 解释顾客评估方法中的 MAN 法则。
4. 寻找顾客的方法主要有哪些？每一种方法都有哪些优缺点？
5. 如何管理潜在顾客？

第四章 销售接待及沟通技巧

任何一个光临汽车经销商展厅的人，都可能是潜在的顾客。汽车制造商与汽车经销商在营销策划中无论是广告、各种促销活动及业务推广，主要目的都是为了吸引顾客进入销售展厅。当颇具特色的营销活动吸引了顾客的注意后，顾客将会步入汽车展厅，此时，作为销售人员必须把握每一个销售机会。当顾客进入汽车展厅时，销售人员就要开始实质性销售工作的第一步，即销售接待。

销售接待及沟通的技巧往往被销售人员所忽视；然而掌握销售接待及沟通的技巧是非常重要的，它对整个产品的销售过程起着承上启下的作用。如果销售接待阶段工作做得好，就可以给顾客留下好印象，并为下一步的销售打下坚实的基础。如果这一阶段未能留住顾客，那么将会影响整个销售过程。所以，销售人员对销售接待应予以充分重视。

销售接待工作的关键集中在四个方面：第一是让顾客首先感到这个公司的迎客氛围——公司的销售人员都在等待着顾客的到来；第二是给顾客一个深刻的印象，即让顾客留下对这个公司具有专业化、高品质服务的感知；第三是增加顾客对产品的信心；第四是销售人员运用与顾客沟通的技巧来获得良好的第一印象。

第一节 做好销售接待的关键

销售接待作为整个销售过程的一个阶段，在与顾客的最初沟通中，接待有其特定的任务和目的。多数情况下，买卖双方在后续实质性洽谈之前要有一个初步了解和熟悉的过程。所谓接待就是指在顾客进展厅的前几分钟内，在实质性洽谈之前，销售人员与顾客进行初步沟通进而相互了解，并初步得到了顾客的认可的过程。接待是后续的实质性洽谈的前奏，也是非常重要的一个步骤。接待的失败意味着销售人员不可能接近顾客，也就是销售过程的中止。因此接待的目的就是建立起顾客对自己所经销的汽车及公司的品牌、车型和销售商的认同感，拉近与顾客的距离，获得顾客在下一步销售流程中的配合。

一、接待顾客的氛围

有两个因素影响到接待顾客的氛围：一是人员因素，二是环境因素。

（一）接待顾客时的人员因素

影响接待顾客氛围的第一个因素是销售人员的问候及欢迎。从问候开始到有目的地给顾客一个良好印象对于销售人员来说是一个挑战。应该做些什么才可以让顾客感到自己是受欢迎的呢？

1. 热情迎接顾客进门

如果公司有保安，迎接顾客入门的工作一般由保安完成。如果没有保安，最好是由销售人员专门负责迎接。销售人员即使碰到再伤心、再生气的事情，只要来到销售现场，就必须面带笑容、语气温和；否则，销售人员干脆不要来上班，以免影响自我及公司的形象。在看到顾客走向公司时，销售人员必须主动帮忙拉开公司的大门，面带微笑，并致欢迎词："您好，欢迎光临！"其实，致欢迎词的目的除了礼貌迎接顾客外，还可起到提醒其他销售人员作用；如果顾客在门外观望，可主动打招呼："您好，请进！"如果是雨雪天气，销售人员的还必须帮助顾客收拾雨具、放置衣帽，等等。如果负责在门口迎接的不是销售人员，而是销售人员的同事，但按照惯例，这个顾客是由销售人员负责接待的，在销售人员的同事致欢迎词时，销售人员就必须起身走向门口迎接顾客，并引导顾客入座："您好，请这边坐！"

走进设在全世界任何一处的奥迪公司，在前3分钟内一定会有销售人员提供顾客喜欢的饮料。在中国的奥迪公司一般是提供袋泡茶；在咖啡流行的国家，如澳大利亚，肯定会有销售人员提供咖啡；在美国，奥迪公司提供免费的可乐。这些行为其实都在告知顾客，您是受欢迎的，如同到了家一样。

【小知识4－1】

●接待客户往往只需要一位销售顾问即可，如果对方人数较多，也可以有两人同时负责，但应注意在接待时要一主一副，切不可超过3人。

●在迎接客户入门时，销售顾问应留意客户是乘坐何种交通工具来店的，是坐公交车、打车还是开车来的，如果是开车来的，还要注意开的是什么车。

2．做好自我介绍

销售人员每一次的自我介绍是否标准，是否有可能给对方留下深刻的印象，说自己的名字的时候是否会解释名字的涵义，这些都能体现出销售人员的素质。大多数的销售人员就是简单地递名片，他们认为，顾客看了名片后就会记住他的名字，但这种可能性是不大的。创造吉尼斯世界记录的汽车销售高手乔治·吉拉德在每一次递名片的时候，他都对自己的名字做一个解释："我叫乔治·吉拉德。这是一个意大利名字，不太好记，叫我乔就可以了。"他的许多顾客在回忆与他交往的时候都会提到，虽然弄丢了他的名片，但是却永远不会忘记这个叫乔的汽车销售人员。作为一名追求卓越业绩的汽车销售人员，要对自己的名字开发出新的介绍方法。自我介绍的方式也体现着销售人员的经验、专业性以及销售人员替顾客考虑的程度。

【小知识4－2】

●递名片是最好的自我介绍，可以起到让客户了解你的姓名、知道你的身份的作用。

●互相交换名片是通行的礼节，当你主动递送名片、自我介绍后，再索要客户的名片或请教其姓名就更容易了。

●在正式开始洽谈前，客户的戒心还较低，更容易同意销售顾问的要求，也利于之后的沟通。

【范例4-1】

●“先生，您好，欢迎光临××汽车4S店，我是销售顾问小夏，这是我的名片。您来到我们店就是我们的客户，买车可是一件大事，要多比较、多衡量。您买不买车都没关系，我们都会努力为您提供让您满意的服务。您看您是自己随便看看先熟悉一下，还是我为您有重点地介绍一下，或者是您到那边休息区喝杯茶我为您拿几份资料介绍一下?”

●“您好，我是××品牌4S店的销售顾问古丽，您可以叫我小古，很高兴为您服务，这是我的名片。”

●“您好，欢迎光临××4S店，我是销售顾问××，这是我的名片。”

（二）接待顾客的环境因素

影响迎接顾客氛围的第二个因素是销售人员与顾客初步接触的环境。展厅的各种环境因素也能给顾客的心理造成影响，因此销售人员应该留意与顾客接触时环境方面的细节。

1. 选择合适的洽谈空间

当汽车销售人员面对来到展厅、有购买欲望的顾客时，要让后续的销售工作获得进展，双方洽谈的环境因素是一个不容忽视的问题。现在的汽车销售4S店都非常注意按照制造商的要求来设计店面，从外观看，的确富丽堂皇。但有的销售商在产品与办公区域的空间安排上，会让顾客有不舒服的感觉。例如，把刚到的各种新款车全部摆到展厅，使太多的汽车产品都集中在展厅内，没有进行合理放置，就会使整个销售空间显得非常局促，让顾客感觉似乎这里的车不好卖；有些销售商把汽车产品摆放得间隔太大，让顾客感受到没有汽车可售，同样不可取。虽然顾客不说，但只要有这种念头在他们脑中闪过，就必将影响他们的决策倾向。对于这一点，销售人员由于每天都工作在这样的环境中，每天都进进出出，已经习以为常，看不出有什么不恰当之处。要解决这样的问题，可行的检测方法是：当任何一位销售人员从外面走进展厅时，特别是每天上班第一次走进展厅时，是否会有一种心旷神怡、身心愉悦的感觉，如果有，这样的购车环境就能够让顾客接受；反之，就要考虑一下是否有购车环境方面的问题。

当汽车销售人员要单独与顾客洽谈有关购车方面的事宜时，最好能够有一个单独的、不受影响的空间，这样可以与顾客心平气和地去讨论有关购车的事项。当然，在这一点上，有很多的汽车销售人员不太注意。例如，站在汽车旁边就与顾客讨论起有关购买的细节，这样很容易影响从旁边经过的顾客；尤其是讨论有关价格和成交方面的细节时，会影响当前这位顾客精力的集中。这样的问题比较容易发生在一些不够专业的汽车销售人员身上。同时，与顾客进行谈判时所在空间不能太大，也不能太小。太大不拢音，容易让顾客分散精力；太小容易压抑，会对顾客产生压力，使顾客有迅速离开的想法。一般情况下，该空间以摆放直径60厘米的圆桌、四周能通过1人为宜。适当的空间选择与安排，将有利于提高销售的效率，有利于促进顾客的最终成交。

2. 选择恰当的洽谈位置

洽谈空间的大小和在展厅中的位置确定后，销售人员与顾客谈判时双方的位置的距离也要适宜。一般情况下，销售人员应该站立或坐在顾客的左边，离顾客的距离不能近过一臂的长度，也不能超过3米。太近容易让顾客产生压力，会回避销售人员的一些建议；太远容易让顾客产生隔阂，不容易拉近双方的心理距离，也就难以进行有效沟通。恰当的距离能够让顾客有一种安全感和信任感。另外，必须注意，不论是正式的还是非正式的洽谈，也不论是站立还是坐着，不能与顾客产生面对面的感觉。因为面对面是一种对立的位置，容易在洽谈中与顾客形成对立，甚至对抗。此外，在安排顾客的座位时，应注意让他们背对门，不要让周围人来人往的情况影响到洽谈。现在一般的汽车销售展厅都采用了玻璃幕墙，里里外外的情况都一目了然，此时，更应该让顾客背对玻璃幕墙，以免外面走动的人群影响他们的注意力。

3．注意会谈房间的采光

与顾客洽谈的地方忌光线太暗，更忌光线太强。太暗会诱导顾客昏昏欲睡，提不起精神；太强又会让顾客产生不安，这样的情况在南方的夏天尤其明显。最好是把顾客带到一间光线柔和的房间，在这样的环境中，一方面会让顾客心态平和，另一方面不容易出现顾客对销售人员的抗拒。

4．注意洽谈房间的通风

不论在什么样的环境下与顾客洽谈，室内都必须有良好的通风，保证空气清新，但要注意不能有穿堂风，否则秋冬时节容易导致顾客发生疾病。如果空气流通不畅，对于嗅觉灵敏的顾客，很容易造成他们的不悦。如果在销售中，销售人员发现顾客走到某一个特定的环境时心情发生变化，就要注意这个地方是否空气流通不畅。

5．注意洽谈空间的色彩搭配

从现有各制造商要求的4S店的设计情况看，采用最多的颜色是蓝色。但从颜色的效果看，蓝色是一种冷色调，当人们的视觉集中在这种颜色上时，会产生安定、镇静的效果。从销售的角度讲，需要在一定程度上刺激顾客的大脑，尤其是成交阶段，只有当顾客的大脑处在一种兴奋状态时，才会降低大脑中理性的成分对其产生的影响，使顾客在销售人员的诱导之下作出购买的决定。所以，如果有条件的话，应把顾客安排在四周墙体都是白色的或淡淡的粉色调的洽谈空间中。在丰田品牌的4S店中有一个跃层是带有咖啡色彩的会谈空间，在这样的环境中容易放松顾客紧张的心情，有利于顾客接受销售人员的产品推荐。

二、增强销售效果的相关准备

一次成功的销售洽谈与沟通，需要借助很多的工具、资料和样品。销售人员讲得再好，不如顾客亲眼所见。因此，在洽谈中，顾客常常会向销售人员索取与汽车产品相关的证明资料，如产品获奖的情况、顾客的信息反馈、专家的评述、竞争产品的比较、顾客所关注的汽车说明与介绍等。这些都必须在销售中随要随取，不能当顾客提出一个要求时，销售人员却告诉顾客："实在对不起，请您稍等片刻，我立即去取，马上就回来。"不要期待顾客会有耐心等待销售人员这样做，惟一会出现的结果是：当销售人员兴冲冲地回来时，顾客已经踪迹全无，特别是在顾客还没有完全建立起对该品牌、车型和销售商认同的情况下。只有一种条件会让顾客等下去，那就是该汽车产品非常紧俏，又是独家经营，顾客没有办法只好忍耐，否则没有哪个顾客有耐心这样等下去。

除此之外，在汽车销售中还有许多细节需要注意，这些内容将会在后续的章节中分别介绍。专业的汽车销售就是完善销售的每一个环节，要做到提供的所有服务，都让顾客无可挑剔，心甘情愿地掏空自己的钱袋而不留下任何的遗憾。例如，展厅内有和谐的音乐和销售人员热情的服务；顾客进门的一刹那，就感觉受到所有人的真心欢迎，感到受尊重；每辆展车处于最佳状态；有销售人员专业的现场展示与说明；销售人员对车辆的介绍有专业水平，等等。

不规范的管理将给顾客带来负面的影响。例如，展厅里没有和谐的音乐，只有销售人员聚在一起聊天、吃东西；顾客进来，销售人员爱理不理；展示车上有灰尘和杂物；销售人员对展示汽车的说明不够专业等。这些将潜移默化地影响顾客对产品、公司和销售人员的信心。

第二节　销售接待礼仪

汽车产品的销售不同于其他的产品，更讲求专业的商务礼仪，要求销售人员的外部形象、行为和语言等与所销售的汽车产品相得益彰。

礼仪是仪容、举止、表情、服饰、谈吐、待人接物等方面约定俗成的行为规范。礼仪具有规范性、可操作性、民族性和时代性等特征。

在汽车销售过程中，销售礼仪是销售过程中很重要的一部分，它不仅关系到汽车的销量，并直接影响到销售人员的形象建立、经销商的形象建立，乃至于所代理的汽车品牌形象的建立。

销售礼仪贯穿在销售过程中的各个环节，每个小细节都将影响顾客对销售人员的印象。

一、身体语言的含义与作用

礼仪往往通过人的身体语言表现出来。通过人的肢体、器官的动作和表情来表现思想感情的语言符号，称为身体语言。

身体语言是一种非文字语言，包括人的体态姿势、动作和表情。人们在交往中不用口头语言，而只用一个眼神，一个表情，一个微小的手势和体态，就可以传递出非常丰富的内心世界，真可谓“此时无声胜有声”。

身体语言由眼神、面部表情、身体姿态和动作、手势、身体距离、身体接触等构成。身体语言的表达效果有时比有声的口头语言会更丰富、更生动，更容易表达出真实、诚恳的心态；身体语言所发出的信息比起口头语言具有含蓄、模糊的特点，给人以朦胧的感官享受。身体语言的作用是美妙的，其作用如下：

（1）交流情感。一个人用一个眼神、一个动作，所表达的意思，对方已心领神会；对方用一个眼神、一个动作，所表达的意思，另一个人也已心领神会。

（2）提示与指令。例如，你当着对方收拾公文包，你这是在提示对方：“我要下班了，你应该走了。”又如，你去找经理，而经理正在与厂商谈生意，经理给你一个手势，是在指令你：“你先干别的去，等我忙完了再来找我。”

（3）联想。身体语言所发出的信息，由于有其含蓄性和朦胧感，因而在许多情况下要进行猜测和联想。例如，上面讲的你当着对方收拾公文包，对方会对你想干什么进行猜测和联想。

顾客除了从你身体语言所发出的信息理解出你的原意外，还可能会联想出许多其他想法：他是在催我走；不愿和我交谈了；我有些地方惹他生气了；我有些地方得罪了他；下次还会不会约我再谈，等等。

二、身体语言解读

（一）眼睛和目光

眼睛被人们称为心灵的窗户。这是因为心灵深处的奥秘都会自觉或不自觉地从眼神中流露出来。一双炯炯有神的眼睛，给人以精力充沛、生气勃发的感觉；目光呆滞麻木，则使人产生疲惫厌倦的印象。目光接触是最有效力的身体语言技巧之一。在与顾客交谈时要适当运用目光接触，因为它可以让顾客知道销售人员正在饶有兴趣地、聚精会神地听他说话，也愿意接受他的看法。目光接触可以使我们不仅能听到顾客所说的话，还可以了解他的感受。在运用中，把目光的焦点柔和地落在顾客的脸上。比如，顾客走近你，不管你在做什么，你要立即目不转睛地看着他的脸，同他进行目光接触。当谈话继续时，应该不时地移开目光，避免给人一种你正盯着他的印象。不论是初次见面的人，还是熟人，见面时首先要把眼睛睁大，以闪烁着光芒的目光与他接触，并面带微笑，以显示出喜悦、热情。如果对方长时间回避你的目光而左顾右盼，是对方不感兴趣的表示，则交谈应当尽快结束。

关于眼睛和目光，由于运用的细节不同，所表达的意思也有很大差别。例如，睁大眼睛，表示吃惊；瞪大眼睛，表示气愤；偷看相觑，表示窘迫；目光乜斜，表示鄙夷。目光也可能表达过度，如用锐利的目光盯着对方，使人不敢正视，令人感到紧张和不安。另外，如果顾客走近你，而你却低着头伏案工作，不与顾客进行目光接触，顾客可能理解为你不愿意和他打交道。

（二）微笑

人的“喜、怒、哀、乐”都能在脸部表露出来。面部表情是人的内心情感在脸部的表现，你的面部表情能让你周围的人知道你是在高兴还是难过。

在人际交往中，“微笑”有着非常重要的作用。微笑是处理好人际关系的一种重要手段，面对不同场合、不同情况，如果你能用微笑来接纳对方，以诚相待，可以反映出你良好的职业素质和修养。微笑是调节出融洽的交往氛围的有效手段，微笑所表现出的温馨、亲切的情感，能有效地缩短双方的距离，给对方留下美好的心理感受，从而形成融洽的交往氛围。微笑是化解矛盾的有效手段，微笑具有一种魅力，它可以使强硬者变温柔，使困难变容易，使对立变和解，是化解矛盾的有效手段。

但微笑如果不得当，也能引起相反的结果。如微笑表达过度时会使人感到生硬、虚伪，笑不由衷。当对方痛苦之时，你不能幸灾乐祸地向他笑。微笑表达不充分时会使人感到过于冷淡。当顾客走近你，你在笑，但笑得非常勉强、非常不自然，呈现出“皮笑肉不笑”的笑，则会让顾客留下虚伪、做作的印象。

（三）腰部以上的身体姿态

销售人员为表现出非常热心地倾听顾客的谈话，并且对此很感兴趣，应该做到：点头，面对顾客，向前倾身。

（1）点头。销售人员不需要用语言表明自己正在注意倾听别人讲话的最好方式之一就是点头。当一位顾客正向你不停地讲解某件事的一些细节时，你不插话，但你又希望让他知道你正在听他讲话，这个时候点头特别有效。但点头行为不恰当也会产生负面影响。偶尔点头表明你正在倾听，但持续不断地点头则表露了不耐烦的情绪。点头频率加快是在催促顾客“赶快说完”。谈话间歇阶段你仍在点头，表明你根本没有留意周围发生的一切。机械性点头、毫无表情地点头这些都是不恰当的表现。

（2）面对顾客。销售人员把整个身子转向顾客，就是向顾客传递了这样一个信息：他得到了销售人员全部的、毫无分散的注意力。

（3）向前倾身。在与顾客交谈过程中，如果销售人员不想结束谈话，就要轻轻向前倾身，从而让顾客知道你对他所说的话很感兴趣。当顾客正在表达强烈感情时，销售人员一定要向前倾身，这等于在说：“我确实非常乐意听你讲的，我对你非常理解。”

三、正确运用身体语言

尽管身体语言有着口头语言所无法替代的作用，但它毕竟是无声的，在传递信息的功能上，口头语言要比身体语言更优越、更重要，二者必须完美结合才能“声情并茂”，全面、准确地表达思想感情。

尽管身体语言的功能是巨大的，但在运用中必须恰到好处，做到多方面协调配合。比如，为使微笑发自内心、自然大方、显示出亲切的效果，必须要由眼神、眉毛、嘴巴、表情等方面协调动作来完成。

尽管身体语言是一种美，可以起到很大的感染作用，但它毕竟是外在的、表象的，不可由于刻意追求这种外在美而忽略了心灵美这个基础。只有真、善、美的心灵与优美的举止相结合，才能相辅相成，相得益彰，形成一个完美的自我。

良好的身体语言表达能力不是天生就有的，而是后天习得，同时也是无止境的。只要积极主动地参加一些形体训练，在工作实践中不断学习、积累有关身体语言的表现技巧，不断矫正自身的不良习惯，就能逐步达到运用自如的程度。

下面是汽车销售中的身体语言运用的常规标准。

（1）站立的姿势　总的要求是：正面看“头正、肩平、身直”；侧面看“含颌、挺胸、收腹、直腿”。对于男性，要体现男性的刚健、潇洒、英武、强壮的风采，要力求给人一种“劲”的壮美感；双手相握、叠放于腹前，或者相握于身后；双脚可以叉开，与肩同宽。对于女性，要表现女性轻盈、妩媚、典雅、娴静的韵味，要努力给人以一种“静”的优美感；双手相握或叠放于腹前，双脚可以稍许叉开。

（2）坐立的姿势　对于男性，在请顾客坐下后，销售人员一般从椅子的左侧入座，坐在椅面的前1/3，挺直端正，不要前倾或后仰，双手舒展或轻握于膝盖上，双脚平行，间隔一个拳头的距离，大腿与小腿成90°。如坐在深而软的沙发上，应坐在沙发前端，不要仰靠沙发，以免鼻毛外露。忌讳跷二郎腿、随意脱鞋，把脚放到自己的桌椅上或架到别人桌椅上。对于女性，一般容易出现的问题是坐姿不规范，坐时双脚应交叉或并拢，双手轻放于膝盖上，嘴微闭，面带微笑。

（3）行走的姿势　对于男性，应抬头挺胸、步履稳健、坚定自信，避免走八字步。对于女性，应背部挺直，双脚平行前进，步履轻柔自然，避免做作。

（4）视线　销售人员在与顾客沟通时，两眼的视线落在对方的鼻间，偶尔也可以注视对方的双眼。恳请对方时，注视对方的双眼。为表示对顾客的尊重和重视，切忌斜视或光顾他人他物，避免让顾客感到销售人员心不在焉。此外，根据与顾客的熟识程度，可以按“生客看大三角，熟客看小三角，不生不熟看倒三角”的法则来把握自己与顾客的视线交流。所谓“大三角”，即以眉心为顶点，两肩为底边构成的三角形；所谓“小三角”，即以眉心为顶点，下巴为底边构成的三角形；所谓“倒三角”，即眉毛为底边，鼻尖为顶点构成的三角形。

（5）指引　需要用手指引某样物品或指引顾客时，食指以下靠拢，拇指向内侧轻轻弯曲，指示方向。

（6）握手　握手时要保持手的清洁、干燥和温暖，要注意先问候再握手。伸出右手时，手掌应呈垂直状态，五指并用，与对方握手时间不超过3秒；切记不要用左手握手；与多人握手时，遵循先长后幼、先女后男的原则，按顺序握手，不可越过其他人正在相握的手去同另外一个人握手；不能戴手套握手或握完手后擦手；握手时应眼光平视对方，不能左顾右盼；握手时用力要适度，切忌手脏、手湿、手凉和用力过大。与女性握手时用力要轻、时间要短，不可长时间握住女性的手；握手时掌心应向上，以示谦虚和尊重，切忌掌心向下；为了表示对顾客的格外尊重和亲密，可以双手与对方握手。

（7）鞠躬　在与顾客交错而过时，销售人员应面带微笑，行15°鞠躬礼；接送顾客时，应行30°鞠躬礼；如果初次见面或为了感谢顾客时，应行45°鞠躬礼。

（8）适度的商谈距离　不论是面对面顾客站立交谈还是坐下沟通，相互之间应保持一定的距离，一般以0.5～1.5米为合适。如果太近，容易给顾客造成压迫感；如果太远，就会让顾客感到不受重视，所谓距离有度就是这个道理。

（9）接待及时　当发现顾客走进展厅时，离顾客最近的那位销售人员在5秒钟之内必须向走过来的顾客主动打招呼：“先生您好，欢迎光临!”当销售人员发现顾客走近3米远的距离时应及时向顾客打招呼，虽然第一个销售人员已经向顾客打过招呼，但当顾客绕车观察时，离顾客最近的那位销售人员应该与顾客打第二次、第三次招呼，只要顾客从销售人员面前经过就要与之打招呼。在销售现场，当顾客提出问题时，销售人员要迅速应答，回答还要准确、精练、干脆，不拖泥带水，以获得顾客的好感。

（10）避免不良的行为习惯　人们都有一些自己容易忽略的细小的不规范动作和行为。例如，当着顾客的面搔痒，玩弄头发或用手指梳理头发，手指不停地在桌面或椅面上敲打，玩弄自己的指甲，不论站立还是坐下脚都在不停地抖动，舌头在嘴里乱动，坐立不安，打呵欠，等等。虽然这是一些细小的动作，而由于是习惯动作，销售人员自己可能并未意识到，但对于顾客尤其是比较注重细节和挑剔的顾客来讲，他们无法忍受这样的情况发生。所以，有的时候销售人员会发现顾客莫名其妙地发生情绪变化，刚才谈得好好的，突然之间就改变了主意。如果遇到这样的情况，销售人员就要仔细检查一下自己的行为细节是否有让顾客不满和不能容忍的地方。要改变这样一些小毛病，可以让自己的同事随时提醒，及时纠正。

四、销售接待的交谈

交谈是人际间进行交流的主要方式，在汽车销售中占有重要位置。销售人员认真学习和掌握好交谈的技巧是非常必要的。

（一）交谈的作用

交谈是表达思想感情，进行人际交往的重要工具；也是人们用口头语言进行交际的一种最基本、最常用的方式，是人们开展社交活动的主要手段。它的表现形式是，两个人或若干人以口头语言为工具，以对话为基本形态，面对面地进行思想、感情、信息的交流。

交谈是建立良好人际关系的重要途径，是连接人与人之间思想感情的桥梁，是加深了解、增进友谊的一种方式。离开了交谈，人们进行交际活动将是十分困难的，甚至无法进行。

交谈尽管人人都会，然而效果却大不一样。成功的交谈，不仅能获得知识，而且感情上也会得到很大的满足；而参与一场枯燥无味的交谈，除了浪费时间之外，还会有一种受折磨的感觉。

（二）交谈的原则

交谈体现着人的修养。运用交谈进行人际交往时，应遵循如下原则：态度真诚、谦恭适度、精神专注、保持热情、内容适宜、语言得体。

（1）态度真诚　正确的交谈，谈话态度应是真挚、平易、稳重、热情。彼此的信任是交谈的基础，只有真诚待人，才能换取对方的信任，唤起对方的好感，使对方乐意与你交谈，致使交谈获得成功。

在自己讲话时，要给别人发表意见的机会。在别人说话时，也应适时发表个人的看法。要善于聆听对方谈话，不能轻易地打断别人的发言。一般不提与谈话内容无关的问题，如对方谈到一些不便谈论的问题，对此不宜轻易表态，可灵活地转移话题。

不要随便插入别人的谈话。别人在个别谈话，不要凑前旁听。当你欲与某人讲话时，应待别人讲完后，再与之交谈。有人主动与你交谈，应乐于接受。与多人交谈时，不应只与其中一两位交谈，冷落了他人，要不时地向其他人打招呼，以示周全的礼仪，切不可目无他人。

（2）谦恭适度　诚意是交往的前提，推心置腹、以诚相见的态度会使人感到和谐、融洽、亲切。而要做到谦恭适度，首先要把自己摆在与对方平等的位置，把互相交流切磋作为目的，而不是满口客套，假意应酬，更不是曲意逢迎，吹牛拍马；其次是老老实实，虚心讨教，但不应过分谦卑，也不应自以为是，更不应言过其实。

谈话要心平气和，不可态度傲慢、趾高气扬地与人交谈。对一些问题如有不同看法，即便发生分歧，不得已争执起来，也不要大声斥责对方，可以转移话题避开话锋，先谈其他的问题。

交谈是双边或多边活动，不应旁若无人只顾自己高谈阔论，搞“一言堂”；而应学会“抛砖引玉”，让对方畅所欲言。特别是与一些晚辈或学识水平不如自己的人交谈时，更应注意这一点。

（3）精神专注　在与别人交谈时，表情要自然，语气要和蔼亲切，精神要专注，不要东张西望。专注是对人尊重的一种表示，会有助于对方更好地表达。双方交谈的情趣主要在交谈内容和双方的表情上，如果一方能精力集中地听，那么，对方就会津津有味地讲；如果一方表现得心不在焉，就会影响对方谈话的兴致。

交谈时，有人习惯做小动作，这会让对方感觉到缺乏修养。交谈过程中可以适当地做一些手势，但动作不宜过大，不要手舞足蹈，更不要用手指着对方讲话。与对方交谈的位置要适度，不能离对方太远，使对方听不清你说些什么，但也不要离得太近，还要注意口腔卫生。对着别人说话时，不能唾沫四溅。

（4）保持热情　交谈中表示热情的方式有两种：一种是讲话的内容选择，要多谈对方关心、对对方有益的内容；另一种是表情和举止行为，表情要保持自然亲切，举止行为要适度得体。如果有足够的热情，就会激发对方的谈话兴致。否则，如果表情漠然，对方就会很快失去谈话的兴趣，使一些该讲的话也不讲了。

谈话结束时，不能不告而别。如果是与多人交谈，结束后应一一告辞。告辞语应简洁，尽可能用高度概括性的语言，不要把说过的话再重复一遍，更不要在结束时又提出新的话题。

（5）内容适宜　一般来说，任何交谈的内容都应是健康的、有益的。如果不是特别需要，谈话内容不要涉及疾病、死亡等不愉快的事情；不谈那些荒诞离奇、耸人听闻的事情；不贸然询问对方履历、工资收入、家庭财产等方面的问题；一般不询问妇女的年龄、婚姻状况、家庭状况、衣饰价格等私人生活方面的问题。根据不同的谈话对象，选择适宜的话题，对方不愿回答的问题不要追问，要避开让对方难堪的话题。不经意碰到对方反感的问题，应表示歉意后即刻转移话题。谈话中不随便道人长短，散布“小道消息”，更不应搬弄是非、制造事端。

（6）语言得体　首先，交谈的语言要简洁明了，用语准确，要说明的意思需明白无误地表达出来，不要含糊其辞或者啰里啰唆，不得要领。其次，交谈的语言要文雅礼貌，不带口头语，不带脏字。第三，交谈的语言应注意分寸，力求委婉、含蓄地表达出来，不要讲过头的话，不要讲引起对方不愉快的话。

【小知识4－3】

常用礼貌用语

1. 欢迎用语

- 欢迎您的光临！
- 欢迎光临！
- 欢迎您来我们展厅！

2. 问候用语

- 您好！
- 早上好！
- 上午好！
- 下午好！
- 晚上好！

3. 告别用语

- 欢迎您再来！
- 请您慢走！
- 欢迎下次再来！
- 您慢走！

- 您走好！
- 再见！
- 明天见！
- 希望您再来！
- 有什么不明白的地方，请您随时给我打电话！

4. 祝贺用语

- 节日快乐！
- 新年快乐！
- 周末愉快！

5. 征询用语

- 您喜欢这款车吗？
- 您需要什么价位的车？
- 您喜欢什么样的车？
- 我来帮您计算，可以吗？
- 先生/小姐，他不在，请问有什么可以帮您？
- 他正好走开了，我可以帮您吗？
- 请问您想了解哪方面的问题？
- 请问您怎么称呼？
- 我能帮您做点什么？
- 请问您是第一次来吗？
- 不耽误您时间的话，我给您介绍一下，好吗？
- 我想听听您的意见，行吗？

6. 答应用语

- 好的，是的。
- 没问题！
- 这是我应该做的。
- 好的，我会打电话给您。
- 是的，我一定……

7. 道歉用语

- 打扰您了！
- 实在对不起（不好意思），请原谅！
- 谢谢您的提醒！
- 对不起，是我计算（搞、看、弄）错了！
- 对不起，让您久等了！
- 我（们）对此表示歉意！对不起，请稍稍等我一会儿。
- 对不起，这款车刚卖出去了！
- 不好意思，您的话我没有听明白！
- 对不起，请您稍等！
- 麻烦您了！

8. 答谢用语
- 感谢您的支持！
- 谢谢！
- 谢谢您！
- 感谢您的光临！
- 为您服务感到荣幸！

9. 指引用语
- 往前走、一直往前走。
- 请您这边坐！
- 请这边走，先生/小姐。
- 请往这（那）边看。
- 请看这款车。
- 这儿是我们的洽谈室。
- 请您看看我们的资料。

10. 接答电话用语
- 您好！××汽车专营店！
- 请您先不要挂电话，我帮您计算（看、找）一下。
- 我要先问一下我们经理。
- 请问您贵姓？
- 请您留下联系电话。
- ××汽车专营店，很高兴为您服务！
- 谢谢您打电话过来，希望您抽时间亲自来我们这里实地看车。
- 有什么需要请再打电话联系我。

11. 让顾客等一下时用语
- 对不起，请稍等。
- 对不起，请在这里稍等一下。

12. 离开顾客时用语
- 对不起，失陪一下。
- 真对不起，请稍等一下。

13. 打断顾客话时用语
- 对不起，我能不能插一句……

14. 询问顾客联络方式时用语
- 请问用什么联络方式比较方便？
- 这是贵公司的电话号码，请问分机号码是……

15. 请顾客前来时用语
- 对不起，让您专程前来……
- 对不起，劳您驾。

16. 顾客催促时用语
- 对不起，马上就好了，请多包涵。

- 对不起，请再稍等一下。

17. 顾客抱怨时用语

- 您说得对。
- 非常抱歉，以后会特别注意。
- 我马上查查看，请稍等。
- 疏忽的地方，敬请见谅。

18. 顾客拒绝时用语

- 真不凑巧……
- 非常对不起……

19. 麻烦顾客时用语

- 非常过意不去……
- 麻烦您了。

20. 回答自己不知道的事时用语

- 这方面我不太清楚，请稍等一下，我去问问看。
- 目前我无法马上回答，能否稍后再回答您的问题？

【小知识4－4】

服务禁忌语

- 问别人去！
- 听见没有！
- 我解决不了，你去找主管吧！
- 有完没完？
- 到底要不要，想好了没有？
- 叫唤什么，等会儿！
- 没看见我正忙着吗！
- 交钱，快点！
- 不知道！
- 刚才和你说过怎么还问？
- 靠边点！
- 这事谁管的你找谁！
- 有意见找经理去！
- 上边都写着，自己看！
- 就这规矩！
- 没上班呢，等会儿再说！
- 不是告诉过你了吗，怎么还不明白？

第三节 与顾客建立良好的关系

一个销售人员，如果没有办法与每位顾客建立良好的人际关系，将无法顺利地开展他的工作。与顾客建立关系的能力，对销售人员来说，是不可缺少的条件。不但要与谈得来的顾客保持良好关系，而且还要和那些暂时还谈不来的顾客经常进行沟通。

一、尊重顾客

与顾客建立良好的关系，首先应有的基本心态为尊重顾客。要尊重顾客的存在，重视顾客的要求。其具体的做法包括下列两点。

（一）要积极主动打招呼

尊重顾客最起码的表现是主动打招呼。如果销售人员不能主动地向顾客打招呼，很容易被误以为是骄傲、看不起人而招致顾客的反感。打招呼是销售人员开展销售工作的第一个步骤，也是迎接顾客中最关键的步骤。销售人员的招呼可以在短时间内缩短和顾客之间的距离，在顾客心里产生良好的印象。

销售人员与顾客打招呼，目的是为了告知顾客四个信息：我知道您来了！——我随时准备为您服务；我很重视您！——我会为您提供热情的服务；我们非常专业！——我的穿着得体，动作规范，具有丰富的专业知识和技能；我是非常友善的！——我的态度和蔼可亲，亲切热情。

销售人员要记住这样一句话：这位顾客可能是销售人员今天接待的第一百位顾客，但销售人员却是顾客在店内遇到的第一位销售人员。也许销售人员接待了很多顾客，可能会感到心情烦躁，但是销售人员的顾客大多是带着愉悦的心情走进来的，如果销售人员的态度不佳，会把这种不良的情绪传染给他，那么这位顾客就会对销售人员产生不良的印象。所以作为销售人员千万不要把自己的不良情绪转嫁到顾客身上，应该带着与顾客同样的愉悦的心情去与他打招呼，热情地接待他。

因此，无论对哪种类型的顾客，无论打招呼的时机如何，都要注意以下几个原则：①要显出开朗、有诚意的样子；微笑，并保持目光接触。②应核实顾客姓名的正确发音。③应与顾客同来的每一个人都打招呼。④给顾客提供专营店可提供的礼仪招待（如咖啡、茶水等）。

当顾客走近展厅门口时，通常可以用这两个句子：“欢迎光临”、“有什么可以帮助您的”。此外，还有一些特殊情况：在我们遇到熟客光临时，打招呼的方式可以轻松一些，最好以熟客的姓名打招呼，这样可以让熟客有被重视和受欢迎的感觉，可以说：“您好，李先生。”“下午好，王小姐。”如果在节日，为了迎合节日的气氛，可以先以节日来打招呼，比如说：“新年好！”“圣诞快乐！”然后再说：“欢迎光临！”要表现得放松和专业。禁止出现下列情况：①抽烟；②手端一杯茶或饮料到处走动；③斜倚在椅子上或车上；④没精打采地站着或坐着；⑤两手叉腰或者插在裤兜里站立。

（二）接待顾客中特殊情况的应对

（1）顾客进入展厅的目的是问路、寻厕。销售人员应友善地指示路线或厕所的方向，如果客人没有马上离去，应请客人在顾客休息区稍做休息，并奉茶水。如果客人对新车有兴趣，则伺机提供商品介绍。

（2）顾客进入展厅不是买车而是要求和销售店的某人谈话。销售人员应先请顾客在顾客休息区坐下，并马上通知被访者会客，同时奉茶水并说："先生（小姐）请用茶，请稍等一下，X先生马上就来。"如被访者不在，应主动告知"X先生刚好外出，请您先坐一下，我们马上帮您联络"。先请顾客在顾客休息区坐下，马上联络被访者。若无法联系到被访者，且销售人员无法为其服务，则请客人留下姓名、电话及来访目的之后，转告被访者，并通知被访者尽快与客人联系。此时应感谢顾客的光临，请求谅解，并表示今后如有需要，将再次为其效劳。

（3）顾客进入展厅的目的是想看看某种车，但只是想自己一个人看看。此时，销售人员要感谢顾客的光临，递上名片以便提供进一步的帮助。让顾客自己随意浏览参观，销售人员行注目礼，随时准备服务，适当时机奉茶并说："先生（小姐）请用茶。"尽可能留下顾客资料，但不可强求。

（4）顾客进入展厅的目的是想看看某种车并寻求帮助。销售人员首先要了解顾客的真实想法和购车的具体要求，这样才能有针对性地给顾客以帮助。销售人员首先要感谢顾客的光临，适当时机奉茶并说："先生（小姐）请用茶"，并向顾客递上自己的名片。若顾客有疑问状时可询问："先生（小姐）您好，不知道您喜欢哪一款车？"或"有什么我可以为您服务的吗？"若顾客愿意继续交谈，此时销售人员可以向顾客说明想问他一些问题，以便能更好地为他提供服务，从而判断他是否愿意转到"咨询"步骤（允许则继续进行）。

（5）顾客进入展厅的目的是想看看某种车，但展厅没车。销售人员要先请顾客坐下并奉茶，可以说："非常感谢您特地跑来一趟，但是很不巧，我们的展厅刚好没有摆这款车，你需要看一下产品的资料吗？"先用型录或各种手册、影像资料等为顾客做商品说明，然后查明有车的时间，和顾客另约时间看车。在约定看车日的前一天再和顾客确认时间。也可以用试乘试驾车来做介绍，但前提是，车况良好。

在顾客要离开展厅时应送顾客到门外，并说："欢迎下次光临，请慢走。"顾客离店后，及时整理、分析并记录有关资料，以方便后续操作。

二、接近顾客

1. 与顾客接近的话题

成熟的销售人员非常清楚，与陌生顾客进行沟通的时候，一般不先说与车有关的事情。销售人员可以谈所在的销售店地点是否好找；可以谈刚结束的车展；可以谈任何让顾客感觉舒服的话题。比如，话题可以是与顾客一起来的孩子；也可以是顾客开的车，或者顾客开的车的车牌，或者谈论中国汽车工业的发展也行；销售人员还可以说："看这儿雾这么大，我们这儿地方好找吗？"所有这些话题的目的都是为了初步降低顾客的戒备程度，消除顾客刚到一个陌生环境中所产生的紧张心情，拉近双方的距离，逐渐向汽车话题转换。

话题不能直奔主题，直奔主题的方法也是不会奏效的。需要寒暄，寒暄要靠公共话题来打破陌生感，消除对方的防范心理，要善于运用公共话题。下列是可供销售人员参考的部分公共话题。

（1）对方的专长爱好。每个人都有自己的专长爱好，并且这是人们在日常交谈中最有兴致的话题。因此，在推销洽谈之前，汽车销售人员要设法了解顾客的专长。

（2）天气。以对方的爱好专长和赞美对方的优点为话题，虽然效果显著，但要了解对方的爱好专长，找出其独到的优点来赞美，却有些困难，尤其是面对初次见面或者虽然见过一两次面但还不够熟悉的顾客。而天气情况则是人人都能感受到且易于谈论的话题，特别是在天气有显著变化的时候。比如，刚入冬天气骤然变冷的时候，冬天下第一场雪的时候，出现罕见暴雨天气的时候，等等。有经验的销售人员是不会放过谈论天气这一话题的。

（3）新闻。谈新闻适合与老顾客交谈，或近期有热点新闻的时候。谈新闻需要较多的时间，不适合汽车经营现场人多的时候。可谈的新闻很多，如果知道顾客的喜好那是最好不过了，这样就可以谈谈顾客喜欢的话题。比如顾客喜欢看 NBA 比赛，就可以谈谈昨天的球赛，尤其是顾客喜欢的球队、球星；如果顾客喜欢娱乐信息，则可以谈谈最近有什么好的新专辑或者一些新鲜的娱乐资讯；如果不知道顾客的喜好，最好先试探性地提及，如果顾客不感兴趣，就赶紧停止该话题。

上面介绍了几种寒暄的话题，但并不是说只有这几种话题适合于寒暄，正像在前面所说的，凡是能引起对方兴致的都适于做寒暄的话题，如国内外大事、风土人情、文体消息等。此外，必须注意任何人都有自己的隐私，当销售人员和顾客寒暄时，绝对不可以触及顾客的隐私，否则必然使顾客反感。

【范例 4－2】

从赞美顾客开始来接近顾客

- “先生真有眼光，这款车是我们店里配置最全的一款车型了。这款车有许多独特的功能，我都不知道从哪开始给您介绍了。嗯！这样吧，先生您先回答我几个问题吧！”
- “先生您真是行家，我注意到您一进门就在看这款车了，我猜您是想选一款 ×× 车吧！”

【范例 4－3】

根据客户进入车行的具体表现来接近顾客

- “我刚才看见您开的是一辆 ×× 车，这车挺不错的。”（从客户开来的车谈起）
- “我猜您是位老师。”（从客户的身份谈起）
- “今天您全家一起出动了，是不是要做出决定了？”（从同行的人说起）

2. 关注同伴客

若顾客是二人以上同行，则不可忽视对其他人的照顾。顾客经过任何工作人员旁边时，工作人员即使忙于其他工作，也应面带微笑点头致意。值班的销售人员要马上微笑前迎，并说：“先生（小姐）您好，来看车吗？”一边递上名片一边自我介绍说：“我是×××，您先看着，如果有事我就在您的附近，随叫随到。”然后，销售人员应离开顾客。

若同时有两三批人来看车，要及时请求支援，不可以让任何人受到冷落。若有儿童随行，则接待人员或其他销售人员应负责招待。若儿童愿意到儿童游乐区玩，则引导他们前往，并保证儿童的安全。

【案例 4－1】

一次出色的接待

张洁是一位经验丰富的汽车推销员，在她看到一男一女两位客人走进展厅的瞬间，就一眼辨识出这是两位很好的潜在顾客，于是，她主动迎上前去。

张洁：二位好，欢迎光临，我叫张洁，这里的销售人员，你们叫我小张好了。

方先生：小张你好。

张洁：这是我的名片，请问您贵姓？

方先生接过名片：免贵姓方，这是我夫人，姓王。

张洁：方先生，王女士好，认识二位很高兴，这里奥迪车的款式有好几种，需要我帮助介绍一下吗？

王女士：谢谢你，说实在的，我们想买一部比较时尚、安全性能好的车。

张洁凭着自己多年的经验，她注意到了王女士的作用。

张洁：王女士一定也是一位开车的高手吧，我一听讲出的话来就比较专业。

方先生：是啊，她开车比我还早两年呢。

张洁：怪不得呢！王女士以前驾驶的是什么车呀？

王女士：代步车型——夏利。

张洁：那车不错，结实耐用，你们当时的眼光真不错啊！

王女士：那部车性能还说得过去，可是现在生意做得像点样子了，见的顾客也都是有头有面的人，再开着夏利与人会面，面子上不太合适了，因此想换一部。

张洁：应该应该，从生意方面来考虑，你们也该换一部了，不知你们看中了哪种款式的车？

方先生：我们是相中了奥迪，但型号太多，我们也不清楚这么多型号，究竟那种型号对我们比较适用？

张洁：您的想法，我完全能够理解，许多顾客都有这样的问题……

张洁开始介绍起产品的技术指标，然后将车门打开。

张洁：王女士，您不妨进去坐坐。

王女士：的确够舒服的。

方先生：舒服当然好，只是价格有些偏高了。

张洁：我们也向厂家反映了，厂家说，这是进口原装，价格降不下来，如果你们能耐心等一段时间的话，明年这个时候，等这款车国产化了，价格可能会降下来。

王女士：要等这么长时间呀！

张洁：不瞒二位，这款车昨天已卖了5台，估计明天可能就没货了，这两天来看这款车的人特别多。

方先生看了一眼王女士，若有所思。

方先生：你喜欢什么颜色的车？

王女士：我喜欢蓝色的，这个颜色较中性。

张洁：您可真有眼光，这几天来看车的人都非常喜欢这个颜色，你们要真相中了这款蓝色的车，可得早作打算！

方先生：我们商量一下，回头再联系。

张洁：请二位留步，能给我一张名片吗？

方先生：好的，我下午就给你们来电话确定，那款车请帮我留一下。

张洁：放心吧，没问题。

【案例4－2】

一次失败的接待

一个秋高气爽的午后，某经销商的展厅内，来访的顾客络绎不绝，有的在看车，有的围着销售人员津津有味地商谈着什么，还有的围在前台，仔细地阅读着一份份有关车款、车型或某些新特征的产品介绍书。

汽车销售人员小王紧盯着门口，等待可能出现的新顾客。小王来到这个展厅工作已经两个多月，但业绩一直平平，毫无起色，作为一名营销专业的本科生，销售业绩一直处在初级的水平上，让小王颇为着急。

这时，一位先生和一位女士走了进来，尽管这两位人士衣着休闲，却异常考究，明眼人一眼就能看得出来，这二位颇有些“来头”。小王紧紧盯着这一男一女，暗暗判断着：从衣着和气质上看，这二位绝不是一般的看车主，从神情上看，显然是一对夫妻。想到这里小王来了精神，看来这二位潜在顾客很有希望啊！正暗自高兴的他，突然眼前一亮，他看见这二位停在了一款新车前面，这款新车是刚刚推向市场的，集现代、流行、高档于一身，颇受顾客青睐。机会难得，他赶紧走了过去。

“二位好，今天天气不错，看看车啊！”小王热情地打着招呼。

男士点点头应声：“看看这款新到的车。”

小王：“感觉如何？这是新上市最流行的流线型轿车，德国原装。”

男士没有回应，仍在专注地看着车，小王饶有兴致地介绍起来：“该车采用的是全时四驱的技术，这是国内轿车所不具备的，变速器是手自一体的，还有……”

男士突然摆摆手，打断了介绍正在兴头上的小王，很客气地说：“谢谢你热情的介绍，我们只是来看看。”

“先生，你们现在开的什么车呀？”小王见顾客有抵触情绪，赶忙转换话题。

“是代步用的捷达。”女士开口了，但眼睛仍然没有离开车。

“啊，那款车是有些过时了，看二位现在的身份，再开那辆车与现在的身份不相配呀！”小王恭维道。但没想到小王话音刚落，那位男士突然变了脸色，女士和男士不约而同地对视了一眼，女士说："咱们走吧，改日再来。"说着两个人向门口走去，小王怔怔地待在那里，不知如何是好，他困惑不解，不知道自己做错了什么。

要获得一个陌生人的喜欢不是一件容易的事情，销售人员能否给顾客留下良好的印象是十分关键的问题，而且一旦喜恶形成后就很难改变。因此销售人员在与顾客交流的过程中，应该对顾客表示尊重，对顾客的选择要表示理解和欣赏。充分把握顾客的心理。案例4－2中的小王之所以失败，就在于缺乏对顾客的尊重，在了解到顾客现在使用的车辆是捷达时，表现出不屑的语言和举止，这一点让顾客感到不快。而案例4－1中的小张就表现得非常专业，当她了解到顾客现在使用的车是夏利时，不但没有看不起顾客，反而夸奖顾客有眼光，表现出对顾客的尊重和理解，从而赢得了顾客的信任。

第四节　与顾客沟通的技巧

汽车作为一种高档消费品，顾客在没有弄清楚产品能满足何种需求之前是不会下决心购买的。销售人员只有与顾客进行卓有成效的沟通，才能够了解顾客的真实需要。掌握与顾客沟通的技巧对销售人员来说是十分重要的。

一、倾听

与顾客沟通的过程是一个双向的、互动的过程。销售人员需要通过提问和倾听来获取来自顾客的信息，如果不能从顾客那里获得必要的信息，那么销售人员的整个推销活动都将事倍功半。从顾客一方来说，他们既需要在销售人员的介绍中获得产品或服务的相关信息，也需要通过接受销售人员的劝说来坚定购买信心。同时，他们还需要通过一定的陈述来表达自己的需求和意见，甚至有时候，他们还需要向销售人员倾诉自己遇到的难题等。

（一）倾听的重要性

在汽车销售过程中，我们发现一个有趣的现象：一般的销售人员与顾客的沟通过程往往有70%的时间是销售员在讲话，顾客只有30%的说话时间；而优秀的销售人员，正好相反，70%的时间是顾客在说话，销售人员说话的时间只有30%。这是因为，只有倾听才能真正了解顾客的需求，才能有针对性地进行商品说明。听顾客讲出他们的购买意愿是决定采取什么销售手段的先决条件。

在整个销售沟通过程中，顾客并不只是被动地接受劝说和聆听介绍，他们也要表达自己的意见和要求，也需要得到沟通的另一方——销售人员的认真倾听。管理学专家汤姆·彼得斯和南希·奥斯汀在他们合著的《追求完美》一书中谈到了有效倾听的重要性。他们认为，有效的倾听至少可以使销售人员直接从顾客口中获得重要信息，而不必通过其他中间环节，这样就可以尽可能地免去事实在输送过程中被扭曲的风险。两位管理学专家还认为，有效的倾听还可以使被倾听者产生被关注、被尊重的感觉，他们会因此而更加积极地投入到整个沟通过程当中。

倾听顾客的心声对推销来说是至关重要的，主要表现在以下三个方面。

1．倾听是对别人的一种尊重

专心地听别人的讲话，是我们所能给予别人的最大的赞美，许多优秀的销售员之所以业绩卓著，就是在于他们懂得倾听。作为销售员，能够耐心倾听对方的谈话，无形中等于告诉对方“你是一个值得我倾听你讲话的人”，当你聚精会神地听对方兴高采烈地谈论的时候，顾客会有一种被尊重的感觉，这样在无形中就能满足对方受尊重的需要，加深彼此的感情，为销售成功创造和谐融洽的环境和气氛。

倾听是走进顾客心灵的捷径。如果销售员只是一味夸夸其谈，完全不顾别人的感受，即使他的业务水平再高，也无法得知有关顾客的各种购车信息，有时还会引起顾客的反感，导致销售的失败。因此，作为一名优秀的销售员，首先必须是一名精明的倾听者，要鼓励顾客多说话，而不是自己多说话，当顾客热心谈论的时候，要表现出急切渴望的神情，如此，与顾客沟通才能轻松地进行。

【案例4－3】

不重视倾听的后果

乔治·吉拉德向一位顾客销售汽车，沟通过程十分顺利。当顾客正要掏钱付款时，另一位销售顾问跟乔治·吉拉德谈起昨天的足球赛，乔治·吉拉德一边跟同事津津有味地说笑，一边伸手去接车款，不料顾客突然调头而去，连车也不买了。乔治·吉拉德苦思冥想了一天，不明白顾客为什么对已经挑选好的汽车突然放弃了。当天夜里11点钟，他终于忍不住给顾客打了一个电话，询问顾客改变主意的原因，顾客不高兴地说：“今天付款时，我跟你谈到我们的小女儿被选拔进国家田径队的事，这是我们家的骄傲，可是你一点也没有听进去，只顾与你的同伴谈足球赛。”乔治·吉拉德明白了，这次销售失败的根本原因就是没有认真倾听顾客谈论自己最得意的女儿。

2．倾听才会有思考的空间

销售员倾听的过程实际上也是一个思考的过程。销售员在与顾客沟通的过程中，顾客往往会提出很多问题，包括商品的规格、性能、颜色、价格、付款方式等，销售员如果不注意倾听，就没有一个思考的时间，就无法向顾客做出最好的应答。因此，销售员在与顾客交流的过程中，一定要注意倾听对方的喜好和需求表述，利用倾听的时机，考虑如何应对顾客提出的问题，特别是如何应对顾客提出的对产品或价格的异议，这样才能提高销售员应对的合理性，从而提高成交率。

有一位销售员因为喉咙疼痛，在一个星期的时间里不得不少讲话。奇怪的是，他在这一星期的销售业绩却比任何时候都要出色。他对这一现象感到非常奇怪，于是他继续试验，一个星期多讲少听，又一个星期多听少讲，结果总是“多听少讲”的日子比“多讲少听”的日子销售业绩更好。最后这个销售员明白了其中的道理，原来，多听少讲的时候，自己能获得顾客更多的信息，同时也有更多的思考时间，这样，就可以向顾客提出问题，发现他的顾虑，然后针对他的需求去帮助他，因此成功率就提高了。

3．只有倾听才能走进顾客的心灵

销售员最泄气的时候，莫过于话说了一大堆，结果得到的却是顾客冷淡的反应与不屑的眼神，这对销售员来说是一个很大的打击。许多顾客在购买的过程中，都有一种戒备心理，往往不愿直接告诉销售员自己真实的想法，而是采用各种方式来推托和敷衍。要去除这种戒备心理只有想办法让顾客多说话。在与顾客的沟通中，让顾客有一个愉快的心情，激起他的兴致，这样，顾客才会放松戒备，说出心中的想法，销售人员才能找到销售的切入点。因此，只有真正走进顾客的心灵，才能让顾客发自内心地接受你的产品和服务。

【案例4－4】

重视倾听的意外收获

汽车销售员丹尼，经朋友介绍去拜访一位曾经买过他们公司汽车的老板，一见面，丹尼便照例先递上自己的名片，并自我介绍了一下。没想到还没说几个字，就被这位老板打断了，并开始指责丹尼，当时卖给他的车价格高，质量差，服务也差……讲了一大堆，丹尼只是静静地在一旁听他抱怨，并没有反驳他。这位老板发完了脾气，才突然发现好像自己搞错了，眼前的这位销售员并不是他说的那位销售员，于是便有点不好意思地对销售员说："年轻人，现在有没有好一点的车介绍给我，拿份资料来看看吧！"不一会儿，丹尼就高兴地离开了，他的手上如愿地拿到了一辆新车的订单。

在这次销售中，丹尼从头到尾恐怕都没有说上几句话，但却成功地完成了交易。

（二）倾听的技巧

1．要虚心地倾听

销售的一个主要环节是沟通信息、联络感情，而不是智力测验和演讲比赛，所以在听顾客谈话时，应持有虚心聆听的态度。有些销售员觉得对某个问题自己知道得很多，在对方说话时就断然中途抢过话题，不顾对方的想法而自己发挥一通，这是不尊重对方的表现；或者是在对方说话的过程中急于发言，经常打断对方的讲话，迫不及待地发表自己的意见，而实际上往往没有把对方的意思听懂、听完。这样做，也同样是不尊重对方的表现。

2．要清楚顾客所表达的真正意图

销售员在倾听顾客谈话时，需要了解顾客真正的意图，如果只听其话语的表面意思是远远不够的。比如，一位顾客看到皇冠基本型轿车后，对销售人员说："385 000元的车居然连个天窗都没有，算什么豪华车！"如果销售人员只听表面，回答顾客："皇冠也有天窗版的，但是要411 000元。"我相信这样的回答顾客是不会满意的，因为顾客不是想要天窗，而是对皇冠车是否能称得上豪华车产生了质疑，这才是顾客的真实意思。这时销售员可以这样说："您提的这个问题有很多顾客都提到了，我们也跟厂家反映了这个问题，厂家告诉我们，作为一款高级轿车，有没有天窗并不能说明问题，现在有一些几万元的经济型轿车都有天窗了。皇冠原本都是天窗版的，但在生产前，厂家对市场进行调查发现，有一大批成熟的消费者希望皇冠车能在保留操控性能和安全性能的前提下，减少一些配置，增加基本型，这样就能降低销售价格，让更多的人能开上皇冠这一高级轿车。因此，丰田公司采纳了这一建议，推出了基本配置的皇冠。虽然减少了天窗等配置，但价格却降低了26 000元呢，而且在行驶和操控性能以及安全性方面，却是完全一样的，真正让您得到物超所值的享受。”我相信这样的回答，顾客会更愿意接受，能解决顾客心中的顾虑。

听顾客谈话时，销售员要学会控制自己的情绪，不要总想占主导地位。一个总想着表现自己的销售员，绝不是一个好的销售员。

3. 要有积极的回应

要使自己的倾听获得良好的效果，不仅要细心倾听，而且还要有反馈的表示，调动对方的情绪，鼓励对方说下去。在倾听的过程中，销售员要随对方表情的变化而变化自己的表情，并用简单的肯定或赞赏的词语适当地表达自己的认同等。这样顾客会认为推销员在认真地聆听，而愿意更多、更深入地讲自己的想法和观点。

4. 倾听的过程中注意思考

心理学家的统计证明，通常，人说话的速度是每分钟 120 ～ 180 个字，而听话及思维的速度比讲话的速度大约快 4 倍。鉴于这种差距，销售员在聆听时，应充分利用这个时速差来用心思考，琢磨顾客的说话内容；反之，如果对顾客的说话内容听而不闻，在听的时候想别的事情，那就会错失销售机会。

二、提问

提问是一种有效的说服方式。销售人员可直接向顾客提问题，引起顾客的注意和兴趣，引导顾客去思考，并顺利转入正式洽谈阶段。

（一）提问的作用

（1）通过适当的提问，可以使顾客参与洽谈过程，表示销售人员对顾客的尊重和关心。

（2）促使顾客集中精力去理解和记忆销售员发出的信息，为激发购买欲望奠定基础。

（3）检验事先判断的准确性。事先收集的顾客信息准确与否要在销售洽谈中加以检验。

（4）检验说服工作的效果，为进一步的说服找到正确的方向。

（二）提问的基本原则

1. 提问应具有鼓励性

提问应鼓励顾客做出较深入、较详尽的回答。如果销售人员提出的问题只有“是”或“否”这样简单的答案，就无法使顾客发出更多的信息，也很难使顾客真正参与洽谈。例如，“你是否听说过我们公司?”这个问题的答案只有“是”与“不是”；而“有关我们公司，你了解哪些情况?”这个问题就好得多。

2. 提问应具有阶段性

销售人员应把要问的问题分布在不同的时间段上，避免连续提问。当销售人员一个接一个地提出问题时，顾客会感到不愉快。他们可能觉得不是在交谈，而是在接受对方的审问。有的顾客因此会产生抵触情绪，故意不回答问题。而把一系列问题分割开来，可以使顾客有充裕的时间做出回答，在轻松的气氛中交谈。分割问题的主要方法是进行有计划的提问，不打断顾客的回答。总之，要让顾客感到：他们是自愿提供信息，而不是被迫泄露秘密。

3. 提问要具有明确性

应使所提问题容易被顾客理解和回答，避免提出过于复杂与冗长的问题。有些销售人员把几个问题糅合在一起，使提问复杂化。例如，“请问你们是希望购买现车还是可以等一段时间才提车，如果等三个月你们还会考虑购买吗?”这个问题就令顾客在回答时显得很混乱，不知如何回答才好。还有些销售人员把问题拉得很长。例如，“丰田锐志这款车的动力性能非常出色，你周六或是周日有没有时间来试一下车，再次感受一下车的性能，对比一下驾乘的感受呢?”这么长的问句顾客听起来难免厌烦。所以，提问应尽量简单、明确，不拖泥带水。

4．提问应具有客观性

提问的主要目的是了解顾客的真实想法，而不是诱使顾客做出某种承诺或强迫顾客接受销售员的想法。如果提出的问题只有一个可能的答案，而这个答案又明显有利于销售员，那么，这个问题就不具备客观性。例如，“为什么你认为这个车的质量不错?”或者“你认为我们的产品在哪些方面胜过他们的产品?”这样的问题鼓励肯定回答，没有否定答案，且有明显的主观倾向，很容易引起顾客的反感。即使得到了想要的答案，销售人员也不能把握顾客的真实想法。

（三）提问的种类及适用性

1．指向性问题

通常以谁、什么、何处、为什么等为疑问词，主要用来向顾客了解一些基本事实，为后面的说服工作找到突破口。例如，“你们目前都在哪里看过车?”“谁来用车?”“你们主要注重哪些方面?”等等。指向性问题的提问目的十分清楚，也比较容易回答，通常用来了解简单的、宜于公开的信息，不适合用来了解个人情况及较深层次的信息。使用这类问题时要表现出对顾客的关心。

2．评价性问题

指向性问题指向尚未公开的特定事实，而评价性问题则是询问顾客对某一问题的看法，一般没有固定的答案。例如，“你觉得我们这款紧凑型轿车怎么样?”“你认为租赁与购买哪个更合算?”“要是增加一些安全配置怎么样?”等等。评价性问题通常用于指向性问题之后，用来进一步挖掘信息。很多情况下，顾客可能不愿对某个问题发表意见。这时，应使用间接评价性问题。间接评价性问题要求顾客对第三者的某一观点做出评价。例如，“有报道说，大众高尔夫在欧洲的消费者中信誉很高，你认为它在国内顾客中会受欢迎吗?”

3．损害性问题

这种问题要求顾客说出目前使用的产品存在哪些问题或缺陷，其目的是说服顾客使用新产品。例如，一位福克斯轿车的销售人员问潜在顾客：“听说你现在开的桑塔纳隔音不太好，车况也不怎么样，是吗?”显然，这类问题极具攻击性，如果使用不当，也会引起顾客反感。

4．结论性问题

这种问题通常使用在评价性问题和损害性问题之后，根据顾客的观点或存在问题，推导结论或指出问题的后果，诱发顾客的需求。例如：上例中的福克斯轿车的销售人员在获得顾客对问题的肯定答案后，可以接着使用结论性问题：“用这样的车跑长途，会不会很容易疲倦?”

5．鼓励性问题

这类问题用来鼓励顾客发出更多的信息，问句十分简短，本身常常没有实际含义。例如：“是吗?”“真的吗?”“后来呢?”等等。

6. 细节性问题

这类问题的作用与鼓励性问题一样，也是为了促使顾客进一步表明观点、说明情况。但与鼓励性问题不同的是，细节性问题直接向顾客提出请求，请其说明细节性问题。例如，“能否请你举例说明你的想法？”“请告诉我更详细的情况，好吗？”

7. 反射性问题

反射性问题也称重复性问题，即以问话的形式重复顾客的语言或观点。例如，“你是说对我们提供的服务不太满意？”“你的意思是，由于车辆出了问题，给你们造成了很大损失，是吗？”“也就是说，先付 50%，另外 50% 车款要等交车后再付，对吗？”这类问题首先具有检验作用，即检验销售人员是否正确理解了顾客的观点。如果理解有误，顾客会指出错误；第二个作用是鼓励顾客以合乎逻辑的方式继续表明观点；第三个作用是可以使销售员对顾客的言谈做出反应，而又避免表示肯定或否定；最后，这类问题还可以用来减弱顾客气愤、厌烦等情绪。销售员以问话形式重复顾客的抱怨，让顾客感到他们的意见已受到重视，否定性情绪就会减弱。

三、有效沟通的方法

（一）占位主观法

每个人讲话都有一个主观的思想，先说出对方可能的立场，引导对方的思维，对方就会失去主观思想，另外寻找其他可替代的观点，而这恰恰是我们想要的结果。举个简单的例子：有些顾客在购车的过程中会认为车价高，希望获得更多的优惠，如果我们一味地强调我们的价格并不高，物有所值，顾客是很难接受的。那么我们不妨这样说：“丰田车的价格的确是比较高，我们也跟厂家反映了这个情况，但是厂家说要想质量好，很多的零部件要依赖于进口，因此成本就降不下来。”这样一说，顾客可能会随着我们话去说，所以他会无意识地说：“丰田车价格的确是贵一点，但是质量确实是不错，我有几个朋友买了都说不错，有时候就是一分钱一分货……”这样可以很容易地引导对方的思维。其原因是由我们先说出价格高，正好与顾客头脑中的想法相一致，就容易得到我们想要的结果。我们在沟通中，要很好地引导顾客，站在对方的立场进行沟通，只有这样才会达到我们预期的效果。

（二）沟通中的概念策略

沟通中我们要将产品上升为概念，在更高的层面上与顾客进行沟通。举个简单的例子：汽车，可以将其引申为交通工具；价格，可以将其引申为价值等。沟通中的概念策略是指阐述产品更高的属性。沟通的问题越细，分歧就可能越大；但谈产品的高属性意见就越容易趋于统一。比如说顾客认为威驰车的价格高，那么我们可以避开价格转而与顾客讨论价值问题，我们可以向顾客说：“买车看价格只是一个方面，关键是看一款车的价值，也就是人们常说的物有所值，您说对吗？一款车的价值不仅仅包括车辆的价格，还包括维修保养的费用、车辆的返修率、油耗的高低、二手车的价格等因素。威驰车与同级别车相比在车辆价格方面会稍高一点，但是车辆的返修率极低，油耗是同级别车中最低的水平，在二手车市场威驰的价格比其他车型的价格普遍要高出 10% 以上。因此，综合来看，威驰车的价值绝对是最高的，这也就是威驰为什么价格高还卖得那么好的根本原因。”把价格上升到价值的概念，沟通起来就能够更快地达成共识，得到顾客的认同。

（三）转换表达方式——达到最佳效果

要让顾客觉得沟通起来非常舒服，一般可以采取以下方式：

（1）把“意见”转换成“比较关心”或“比较关注”。例如，销售人员说：“张先生，您对我们的后期服务有些意见是么？”这样说，其实是在扩大反对意见，而优秀的销售人员会把意见转换成：“您对产品后期的服务比较关注是么？”虽然表达的是同样的意思，但最终效果却不同。

（2）把“成交”转化为“谢谢支持”和“合作愉快”。不要说：“我们终于成交了！”或“您终于下订单了。”如果这样说，对方心里会想：“你终于把我的钱收到手了。”应该说：“张先生，谢谢合作，谢谢支持。”或者说：“张先生，祝我们合作愉快。”同样的意思，顾客的感觉会很不一样。

（3）把问题转化成挑战。“您看我们都谈了那么久了，您就赶快下订单吧！”这样说会令顾客产生更大的抵触。销售高手会说：“买一辆车十几万元可不是一个小数目，这对每个人来说都是个挑战，不过我相信您肯定没有问题，我们谈得非常愉快，我相信您很快就能决定，对吗？”转化顾客的观念，把问题变成挑战，不要人为刺激顾客的头脑，而是相信顾客可以解决这个“挑战”，使顾客感觉很舒服。

（4）把购买转化成选择。不要说：“您是不是准备买威驰车？”因为只要一说购买，就会让顾客联想到钱的问题，而顾客掏钱的时候总是很痛苦的。应该说：“您准备选择我们的威驰，是吗？”选择是顾客自己的事情，只有他想要了才会认可我们，也才会做出选择。

（四）沟通中的“问题附带法”

在销售中，顾客最容易提出拒绝的时机是在销售人员讲完一段话之后。为了避免被拒绝或减少顾客拒绝的机会，最好的方式是在每说完一段话之后，马上问顾客一个问题，让顾客在直觉反应下回答你的问题。因为根据心理学家的实验证实，大部分人在没有心理准备之下，最容易先回答别人提出的问题，而不会跳过所问的问题，直接拒绝推销。

（五）沟通中的有效暗示

当销售人员充满自信地向准顾客推销时，是能够影响对方的。为人坦然、自信，言谈举止稳重的销售人员，能够赢得顾客更多的信赖。同时销售人员保持积极的态度，自然、轻松地交流，往往更容易得到对方的肯定。例如，我们要向一名顾客推荐威驰，可以说：“昨天我有一个顾客回来保养，看见我还向我表示感谢呢，感谢我当初推荐他买威驰车。一年的时间里，其他品牌的车都大幅降价，只有威驰没有降价，因此，威驰成了最保值的车型。他的一些朋友买了别的品牌的车，一听到降价都很后悔，都说他的选择正确，他家人也对他的选择非常满意。”销售人员的这种自信会坚定顾客购买的决心，因为销售人员的情绪也能调动顾客的情绪，销售人员所讲的故事也能促进顾客更早地下决定，这就是有效暗示的作用。

【案例4-5】

引导客户主动说出自己的需求

销售员：“先生您好，您是第一次来我们店里吧？”（了解来店频率）

客　户：“是的。”

销售员："看您的样子是想给自己买车吧？"（了解给谁买）

客　户："是的，最近刚拿到驾照，过来看看。"

销售员："那您想看看什么车型呢？有没有自己比较喜欢的车型或是品牌？"（了解客户对车型、品牌的喜好）

客　户："我也看中了几款车型，不过主要是对车不太了解，想先来了解一下再决定。"

销售员："那您买车主要是做什么用途？是上下班代步的工具，还是工作时候用呢？或是主要是为了周末出去自驾游？"（了解客户的用途）

客　户："主要还是上下班代步吧，偶尔周末也可以出去玩一玩。"

销售员："那您最好选择××款。您每天大概要行驶多少千米？"

客　户："××千米吧，我没细算过。"

销售员："这样啊，那也不少啊，那您最好买一辆油耗低的车。现在油价这么高，好多人都是买得起车开不起车啊！您看看这款车怎么样？这款车……"（具体介绍车辆符合客户要求的要点，并简单介绍其他参数）

四、沟通不良的原因

1. 没有站在顾客的立场考虑问题

销售人员在与顾客沟通的过程中，不懂得换位思考，没有站在顾客的立场考虑问题。约有 80% 的销售人员属于这类，脑子里只想着怎么搞定顾客，如何才能成交。成交是结果，但绝不是我们与顾客沟通的目的；如果把成交当作目的，我们就不会站在顾客的立场考虑问题。

2. 总想改变别人

在汽车销售过程中，很多的顾客是第一次购车，对汽车不了解，销售人员在专业方面比顾客更精通，因此，很多的销售人员总想利用自己的专业知识来改变顾客，希望通过自己的介绍来改变顾客的想法，最终购买产品。但是，客观地想一想，一个人真的能被别人改变么？不会！我们是很难改变别人的，只能加以影响和引导，设法让顾客自己去感受和改变。只有这样，顾客才会心甘情愿地购买产品。

3. 只讲道理不讲效果

有时会遇到这样的情况：面对产品，销售人员讲得很有道理，但是顾客听不懂！听不懂也就意味着没有任何效果，而有效果比有道理重要得多。由于很多顾客对汽车并不了解，因此，在与销售员沟通的过程中，会说一些错误的观点。销售人员往往会抓住这样的机会开始教育顾客，最终让顾客意识到自己的错误，这时销售人员自我感觉非常好，自认为是自己改变了顾客的认识，顾客就会接受自己；但是忘记了顾客需要尊严和面子，如果让顾客没有面子，顾客也就无法对销售人员产生信任。在和顾客交流沟通的过程中，不仅要讲道理，还要讲效果。沟通的目的是要让顾客接受自己，而不是去说服顾客。

4. 口是心非，心口不一

口是心非可以分为"有意识"和"无意识"两种。"有意识"的口是心非，可以避免掉。而"无意识"的口是心非一般是这样："张先生，我知道，您是第二次到我们的店里了，说明您对我们的产品还是很了解的，我非常荣幸有机会再一次向您介绍这款车……”在说“非常荣幸”的同时销售员的面部表情僵硬，一副严肃的模样，让人感觉不到一点“荣幸”的快感！这就是口是心非。如果用这种方式来和顾客进行交流沟通，顾客会认为销售员不实在、不诚恳，从而不愿意购买商品。

5. 无法分清顾客的内在区别——感性和理性

顾客可以分为感性和理性两种，他们思考问题的角度和方式是不同的。感性的顾客更注重产品的外在，比如说可以给自己带来哪些享受；而理性的顾客会侧重于购买的产品能解决哪些问题。这就是感性的人和理性的人在思想和行为上的区别。感性的人想象力非常丰富，这类人喜欢做“白日梦”，如果能给他描绘使用这种产品后他会享受到的生活，他就会很感兴趣。而理性的人一般在购买前会先到网上收集信息、查找资料并和其他同类产品进行对比，最后作出自己认为正确的决定。在向理性的顾客介绍产品时要根据产品功能情况说明能够解决哪些实际问题，不要夸大效果。

销售人员在工作中可以引导顾客，探询其性格特点，有针对性地开展交流，这样就可以避免沟通不良而带来的严重后果。销售人员要努力通过专业的方法引导和影响顾客，而不是试图改变顾客，使顾客最终决定选择产品。

【案例4－6】

不当的沟通“对话”

销售员：（看见客户走进展厅，急忙迎了上去）您好，我是这里的销售顾问小杨，欢迎您的到来。准备要买什么样的车？

客　户：随便看看（接着走到了展车面前）。

销售员：（跟了过去，站在客户旁边）这是刚上市不久的新款，装备了只有高档车才有的ESP、氙气随动转向大灯，是目前同级车中最具有竞争力的一款高性价比的车。

客　户：（没有做声，拉开了车门，坐在了驾驶座上）

销售员：这是10方向的电动座椅，可以上下、左右、前后、俯仰进行调节……（客户每走到一个新的位置，该销售人员都会作相应的介绍）。

客　户：（仍然没有做声，浏览一圈后准备离开展厅）

销售员：（追了上去）这位先生，能留个电话吗？

客　户：（扭过头来）不用了，需要的时候我会找你们的。

销售员：（递上名片）这是我的名片，如果有需要请打电话给我。

客　户：（头也不回地离开了展厅）

分析：这是我们经常会看到的销售过程，很多销售人员在客户离开后也不知道这位潜在客户为什么会来展厅？他们为什么又会迅速离开展厅？分析其主要原因有以下两点：

（1）客户第一次走进展厅，销售人员在没有弄清客户的真实意图时，用“买”这样的字眼，增加了客户内心的压力。此时，可以用“看”这样的字眼。

（2）在没有弄清楚客户真实意图时就开始介绍产品，增加了客户的抵触情绪。

【案例4－7】

正确的沟通“对话”

销售员：（看见客户走进展厅，急忙迎了上去）您好，我是这里的销售顾问小杨，欢迎您的到来。想要看什么样的车？

客　户：随便看看（接着走到了展车面前）。

销售员：（在离客户约1.2米的距离与其打招呼，不要过早打扰客户。如果发现客户在某个位置停留时间较长或回头时，要尽快靠前）这位先生，看来您对这款车非常有兴趣。

客　户：发动机是哪里生产的？

销售员：看来您很专业！一般首先问到发动机的朋友都是汽车方面的专家。

客　户：哪里啦，只是知道一点。

销售员：我们这款车的发动机是德国原装发动机，动力性非常卓越。不过，我想请教一下，您之前接触过这款车吗？

客　户：在网上看过，还没有见过实车。

销售员：那您有没有接触过其他同级的车呢？

客　户：我刚从隔壁的展厅过来，听他们介绍过××款车，相当不错，特别是发动机。

销售员：这样说来，如果今后您要买车的话，发动机是您首先要考虑的问题啦？

客　户：以前开过××牌的车，对该车的发动机印象比较深。

销售员：这样看来，您更是一个汽车方面的专家，××牌的车不错，如果您准备自己投资买车的话，会考虑那款车吗？

客　户：当然，如果有发动机比那款车更好的，我当然会考虑。

销售员：这里，我想请教一下，今后您自己要开的车价值会在多少范围内？

客　户：40万～50万元吧！

……

双方的交流在继续进行。不论用什么方式，只有一个目的，就是把客户购车的相关背景情况弄清楚，才可能在后续的销售中获得先机。

复习思考题

1. 影响接待顾客氛围的因素有哪些？
2. 销售礼仪的重要性体现在哪些方面？销售人员在日常工作中应注意哪些地方？
3. 如何与顾客建立良好的关系？
4. 倾听的重要性和技巧是什么？
5. 提问的技巧有哪些？
6. 有效沟通的方法有哪些？

第五章 顾客需求分析

没有了解顾客的需求就开始销售产品，就像在屋子里蒙上眼睛打移动靶，有没有可能击中？有，但击中的几率很低。了解顾客的需求后再介绍产品，就像在屋子里瞄准了移动靶来打，瞄准了就一定打得中吗？不一定！但是能打中的几率就可以大幅度提升。

有个人非常爱钓鱼，也非常喜欢吃巧克力，不过他很明白巧克力虽是自己最爱吃的，但是鱼儿是更愿意吃虫的，所以当他钓鱼时，想的不是自己要什么，而是鱼儿要什么，钓什么样的鱼便用什么样的饵。销售汽车也是一样的道理，销售不是为了自己的需求，而是为了顾客的需求；不是卖自己认为顾客需要的东西，而是卖顾客真正需要的东西。销售人员对顾客的需求了解得越清楚，成交的几率就会越高。

第一节 顾客需求分析的概念和原则

一、顾客需求分析的概念

顾客需求分析就是指通过买卖双方的持续沟通，对顾客购买产品的欲望、用途、功能、款式进行逐渐发掘，将顾客心里模糊的认识以精确的方式描述并展示出来的过程。

在企业的销售队伍中，经常听到的抱怨是："我们的顾客不需要""我们的顾客没有钱""顾客说要等一段时间"……一些消极的声音，根本的原因是由于不了解顾客的真实需求。销售人员在销售时盲目地向顾客介绍或者演示产品，结果徒费口舌，不但没有把自己产品的特色向特定的消费者阐述清晰，还误导了其他的销售人员，致使整个销售队伍萎靡不振，不去主动地开发顾客，只在消极地应对工作。

事实上，成功的销售不是如何去说服顾客，而是对顾客的需求进行全面的了解和分析，根据顾客真实的需求有针对性地介绍产品。一般情况下，产品销售成功的几率取决于消费者的需求与产品的结合程度。所以成功的关键是把握消费者的真实需求，按照消费者的需求来对产品的款式、颜色、功能进行组合设计，提供最适合顾客的产品。但是，了解顾客的需求是一项深入细致的工作，它需要销售人员一步步地去挖掘和了解。

顾客的需求往往是多方面的、不确定的，需要销售人员去分析和引导。很少有顾客，尤其是购买消费品的顾客能对自己要购买的消费品进行非常精确的描述，也就是说，当一位顾客站在销售人员的面前时，他对某一产品有了极大的兴趣但仍然不知道自己将要买回去的产品对自己和家庭会有多大作用。在这种情况下，需要增强与顾客的沟通。

二、顾客需求分析的原则

在进行顾客需求分析的过程中要注意从不同的角度和侧面来分析，不妨注意以下几个原则：

（1）全面性原则　由于汽车对一个人或一个家庭的影响是巨大的，因此，在销售的过程中销售人员要尽可能多地了解顾客的需求，全面掌握顾客在生活中对于汽车的需求状况。之所以要全面了解，是要让顾客生活中的需要完整地体现在你的面前，而且根据顾客的全面需要分析其生活习惯、消费偏好、购买能力等相关因素。

（2）突出性原则　时刻不要忘记销售人员的第一要务是为公司销售产品，帮助顾客满足需求。所以，要突出产品与顾客需求的结合点，清晰地定义出顾客的需求，必要的时候要给顾客对产品的需求形成一个“独特的名称”。例如，顾客是一名商人，那么销售人员可以将购买汽车的行为，定义成“拓展社交空间”，让顾客感受到有车后的便利性和活动范围扩大所带来的商业机会。

（3）深入性原则　不能把顾客需求认为是简单的购买欲望，或者是单纯的购买过程。只有深入地了解顾客的生活、工作、日常交往的各个环节，才会发现顾客对产品的真正需求。也就是说，要对顾客的需求作出清晰的判断，事前工作的深入性是必不可少的。

（4）广泛性原则　广泛性原则不是对某一个特定顾客进行需求分析，而是要求销售人员在与顾客沟通时了解所有接触顾客的需求状况，学会对比分析，差异化地运用自己的相关工具和说服方法。

（5）建议性原则　顾客不是销售人员的下属，所以命令他们是不会接受的，当然销售人员也不可能这么做。在顾客需求的分析过程中同样如此，顾客所认同的观念跟我们或多或少地存在一些差异，所以对顾客的需求进行分析只能是“我们认为您的需求是……您认同吗”？

第二节　顾客需求分析的目的、作用和内容

一、顾客需求分析的目的

人们总是讨厌他人向自己推销物品，但又总是喜欢购买物品。当顾客察觉到销售人员在向他们推销物品时，他就会怀疑销售人员的真实意图，并且自然产生一种拒绝受人支配的心理。但是，如果顾客是自愿购买的行为，他的心情是愉快的、兴致勃勃的，尤其是经过一番艰苦的讨价还价而购得所需物品时，其胜利者的心情是自不待言的。

通过分析顾客的需求，销售人员可以帮助顾客有目的地了解特定的需求。这种有目的的分析会提高顾客改变现状的迫切程度。当顾客自己想改变现状而实施购买时，这种行为是顾客的自愿行为而不带有强迫性。这是需求分析的最重要的目的。

二、顾客需求分析的作用

（1）通过顾客需求分析，能帮助销售人员挖掘出影响购买决定的非价格因素。详细说明这些非价格因素的重要性，会降低价格因素在购买决策中所起的作用。很多时候，顾客并没有意识到这些非价格因素。

（2）需求分析可实现增值销售。通过了解顾客需求并获得顾客参与后，提高了顾客的认知水平，并创造了内心要求购买的动机，顾客想要购买的心情比销售人员想将产品卖出去的心情还要急切。这时有限的折扣率又能起什么作用呢？如果购买者想拥有产品的愿望比商家想卖掉它的愿望还强烈时，价格在购买决策中还会扮演主要角色吗？答案是否定

的。相反，高的价格代表产品能带来更多的好处。价格只是很多购买要素中的一个，而不是人们决定购买某项产品的主要方面。

三、顾客需求分析的内容

顾客购车欲望的强化是一个渐进的过程。绝大多数顾客尤其是家庭用车的顾客，他们还达不到一掷千金这样的条件，买车的投资都要经过相当长时间的积蓄，因而在购买需求形成过程中，始终都会对自己的投资行为进行全面的审视，都会不断地问自己：这项投资是否值得？这项投资的风险有多大？此时，销售人员如果能够把握该过程中的一切细微变化和机会，将顾客潜在的需求变成显现的需求，就能够赢得顾客的青睐，最终达成交易。对顾客进行需求分析，主要有以下几个方面内容。

（一）了解顾客的背景情况

当顾客走进汽车展厅时，每一位销售人员要做好的一项工作，就是与这位顾客建立有效的沟通。由于顾客未来的购买决策目标与方向一定与他们的背景情况相关联，此时销售人员要对那些将会影响他们购车行为的背景情况进行全面的了解。通常，销售人员可以从以下几个方面了解顾客的真实情况。

（1）购车主体　是单位购车还是个人购买，资金来源情况如何。

（2）从事行业　可以与以往该行业顾客购车的情况联系。

（3）顾客的决策地位　据此确定洽谈的重点。如果顾客是决策人（一般是单位和部门的负责人或一个家庭的家长），他们较关注品牌、品质与价格；如果是决策影响人（采购负责人、经办人），他们除关注品牌、品质、价格外，会关注决策人对该车型的喜好与评判；如果是决策受益人（一般为驾车人），他们关注该车型驾乘的舒适性和操控性，包括内饰的豪华程度和外观的新颖时尚，而对于价格关注度不高。

（4）收入状况　不论单位还是个人，收入高的顾客在确定品牌时比较容易接受知名品牌，而相对收入较低的会接受一些经济性的品牌与车型。

（5）年龄、性别　可以通过年龄、性别判断来确定顾客对品牌与车型的选择倾向。

（6）所在地区　来自不同地区的顾客对品牌和车型喜好的倾向性不同。

（7）个人喜好　喜欢轿车还是越野车，这方面的选择因顾客的个性不同而有很大的差异。

（8）以往接触过什么样的品牌、使用过什么样的汽车　顾客以前接触过的品牌和车型会影响到对同类车型是接纳还是排斥。

（9）以往对汽车产品、经销商的了解情况　对经销商了解的多少也会影响到顾客是接受还是排斥现在接触的销售商。

（10）其他需要调查的情况　销售人员可以根据不同顾客的情况和自己的汽车产品特性确定还需要了解的情况。

了解以上这些情况都是成功销售的基础，一句话，就是要做到知己知彼。为此，销售人员可以围绕上面十个方面的内容设计一些问题，但要注意询问的方式要巧妙、节奏要适中，不能让顾客有被“拷问”的感觉。如果对顾客的背景情况了解得比较全面，就可以针对他们在汽车产品方面的专业程度制定相应的销售对策。

【案例5-1】

了解顾客的背景情况

销售员：您好，您好像是第一次来我们店看车吧？
顾　客：是的，刚拿到驾照想考虑买一辆车。
销售员：以前用过我们品牌的车辆吗？
顾　客：还没有。
销售员：有没有自己比较中意的品牌与车型？
顾　客：想过，但因为对车不了解，还没定下来。
销售员：如果您要买车的话，会考虑哪些因素呢？
顾　客：价格要适中，品牌要有一定的知名度，性能要好。

在上述对话中，销售人员的关注重点是与顾客未来购买决策相关的一些背景情况。通过询问，销售人员了解到这位顾客是第一次购车，缺乏汽车专业方面的知识，需要建立一个品牌和车型选择目标。据此，销售人员根据顾客对车型基本不了解的特点，制定自己的销售策略：进一步了解和分析顾客关注的问题，经过有效的需求引导，让他们未来的购买选择围绕销售人员的汽车产品而展开。

（二）了解顾客当前面临的问题

不论顾客是否使用过汽车，是否有购买汽车的经历，他们此次的购买行为一定是建立在解决某个问题的基础上，这是汽车销售人员应该始终牢记的。从汽车销售专业角度看，这是销售人员与顾客达成交易前必须认真把握的一个重要问题。如果销售人员能够结合自己所销售的汽车产品的特点，进行有效的顾客需求开发，将会为后续的成交奠定良好的基础。例如，销售人员现在销售的车型最大的卖点是外形时尚，那么就要想办法找到顾客对其他汽车产品或他们曾经使用过的汽车产品外形方面的不满意之处，强化所推荐的汽车在外形上的优势；如果顾客过去使用的汽车发动机的动力特性不佳，而销售人员所销售的汽车采用了德国设计的发动机与制造技术，动力强劲，稳定性好，输出功率高，那么就要让顾客意识到如果发动机的动力特性不好，将会是他们面临的一个较大问题。

【案例5-2】

了解顾客当前面临的问题（一）

销售员：听您刚才的介绍，您现在开的是×品牌的×款车，我想请教一下，您为什么要考虑换车呢？是这辆车有什么地方让您不满意吗？

顾　客：这辆车其他方面都还不错，就是性能不太稳定，总出一些小毛病。
销售员：什么样的小毛病？
顾　客：助力转向总是响。

通过这样的对话，销售人员首先发现了顾客现在使用的这款车转向方面存在问题，在下一步的销售中，就必须妥善处理好这一问题。

【案例5-3】

了解顾客当前面临的问题（二）

销售员：我想请教一下，今天上午您到过××汽车市场和××汽车市场，也看中了××品牌2.5 V6旗舰型，是什么原因让您还定不下来呢？

顾　客：我对那家销售商的服务有些担心。

销售员：您说的那家销售商也是4S店，您为什么会对他们的服务产生怀疑呢？

顾　客：因为他们的销售人员见到我的时候不够热情，买车时都如此，那么如果成为车主后就不敢想象会是什么样。

通过上面的对话，销售人员了解到顾客对销售商的服务能力产生了怀疑，原因是销售商的销售人员对该顾客不够热情。这时，就可确定顾客关注的问题是售后的服务保障。

（三）让顾客意识到解决问题的重要性

针对顾客所存在的问题，让顾客意识到如果问题得不到有效解决，将会给他带来很多麻烦。顾客面临的难题已经展示在销售人员面前，到此并不意味着顾客会张开双臂与销售人员拥抱。要让顾客明确购车目的，就应该把已经挖掘出来的问题变得清晰、变得重要，让顾客自己意识到这个问题不仅需要解决，而且值得花钱去解决。

【案例5-4】

让顾客意识到解决当前面临问题的重要性

销售员：请问您现在开什么样的车？

顾　客：××牌的越野车。

销售员：这部车现在还好用吗？有没有让您烦心的地方？

顾　客：用起来还没什么问题，就是档次太低了。

销售员：那您做什么工作？

顾　客：承接工程施工的。

销售员：那甲方对承包商的实力要求很高吧！

顾　客：这是必备的条件。

销售员：如果您开这样的车去洽谈工程项目，甲方会不会怀疑您的实力？

顾　客：会的，曾经有过。

销售员：那是否需要考虑一下车的档次？

顾　客：……

销售员：如果当时您开的是一部丰田霸道4000VX，那肯定不会有这样的问题吧？

顾　客：甲方肯定相信我有实力承接这个工程。

销售人员看到，销售步骤进行到此，顾客已经建立起对丰田霸道4000VX的认同，接下来就是进一步让顾客了解这款车的特性和这部车将会给他带来什么样的好处，为后面的成交奠定良好的基础。

（四）阐明解决问题所带来的利益

针对顾客需要解决的问题，让他们意识到如果问题得到解决，将会带来什么样的利益。在前述销售人员与顾客的沟通中，顾客已经认识到竞争对手提供的产品或服务已经不能满足他们的需求，或者是他们现在面临的困难或问题如果得不到有效解决将会带来麻烦。至此，如果仅仅满足于不断增强顾客的这种恐惧是不能达到销售目标的。此时，必须让顾客意识到对存在的问题或对销售商的不满如果能够找到满意答案的话，将有助于问题的解决，从此可以缓解他们的心理压力。当然，在众多的解决方案中，只有销售人员提供的方案最佳，也是唯一的选择。

【案例5-5】

以设定的销售目标取胜

销售员：如果您买车的那家公司没有售后服务，对您的使用会有什么样的影响？

顾　客：发生问题时不知道找谁处理。

销售员：如果卖车给您的销售商不负责售后服务，而负责售后服务的又不是销售商，经常让您有问题的时候找不到应该找的人，想处理问题的时候又得不到及时的处理，那会是一个什么样的情况？

顾　客：会浪费我很多的精力和时间，甚至还会得不到满意的服务。

销售员：根据您刚才所说的，您认为没有售后服务的销售商使得售后服务没有保障，所以在购车时还是要考虑该销售商是否负责售后服务以及是否具备售后服务的条件，我这样理解对吗？

顾　客：对。

销售员：也就是说，您买车时首要考虑的条件是售后服务是否有保障。

顾　客：是的。

如果顾客准备在一家没有售后服务的销售商那里选购与销售人员销售的同品牌同车型的汽车，那么通过上面的洽谈可以让顾客意识到买车必须找负责售后服务以及具备售后服务条件的销售商。专业的汽车销售就是要让顾客围绕着销售人员设定的销售目标，形成对竞争汽车产品的排斥和对所推荐汽车产品的认可。另一方面，让顾客自己认识到如果这些问题不解决会带来的严重后果，最终选定销售人员的备选方案。这里所谈的是顾客自己认识上的转变而非销售人员对竞争对手的评价与排斥，这是需求分析的目标之一。

第三节　顾客需求及其特点分析

一、顾客需求

在汽车销售的实践中，顾客明确的需求是构成销售的基础。那么，什么才是他们真正的需求呢？从需求的表象到实质，不论顾客自己是否意识到，不论顾客买什么品质、什么价位、什么品牌、什么功能、什么配置的汽车，顾客的需求表现可以归纳为以下三类。

1．显性需求

即顾客自己说出来的需求。通过顾客的表达，销售人员可以清楚地知道他们需要买什么样的汽车，但符合这个条件的汽车并不一定完全能解决顾客问题。例如，顾客说："我买的这部车品质要好、性价比要高"，表明的是顾客对汽车的品质和价格方面的要求。

2．隐性需求

隐性需求比较复杂，可能有的顾客自己都不知道自己真正的需求到底是什么。例如，某顾客打算花20万元买车，可是不知道买什么车好，这个时候销售人员要解决他的问题，帮他找出隐性需求。所以销售人员既要解决他的显性问题也要了解他的隐性问题，这样才能正确分析顾客的需要。

3．售后服务需求

售后服务方面能够给顾客提供什么样的保障，这是顾客作出购车决定前必须解决的问题。例如，顾客可能会提出："这部车还必须有高品质的服务，必须对我提供全方位的照顾；我到了维修站后要有人认真倾听我的谈话，理解我。"因为销售市场的竞争，让更多的顾客在买车前对售后服务给予了更高的关注，这也是各制造商为什么拼命发展4S店从而提高售后服务质量的一个重要原因。

二、顾客需求特点分析

在实际销售中，顾客购车需求有以下几个特点：

1．顾客需求不是单一的

假设有人问你为什么购买汽车，你会怎么回答呢？你肯定会说我需要。接着的问题可能就出来了，你需要它干什么呢？也许你会说，为了工作方便。那你花这么多钱买如此高档车不是浪费吗？你还会说，这辆车气派呀！刚才不是说方便工作吗？你的原因肯定不这么简单，背后肯定还有更复杂的原因，你可能想让周围的人对你另眼相看，你可能想通过汽车来抬高自己的身份和地位，或者为了某个年轻漂亮的女孩子，等等。可以说，任何消费者在采购任何产品的时候，都会出现这样的情况，那就是有一部分是他们清楚的原因，也有一部分是他们没有意识到、即使意识到了也不愿意承认的原因。

2．有相当一部分顾客对自己的需求不清楚

对于所有销售人员来说，最关注的莫过于"顾客到底想买什么"。不巧的是，这刚好也是顾客所想知道的。顾客不知道自己到底想买什么，这听起来不可思议，其实确是不争的事实。顾客的心理，仿佛歌里所唱热恋中情人的心理——像雾像雨又像风，令人捉摸不透。人们常说，"市场变幻莫测，既充满机会，又充满陷阱"。其实，变幻莫测的并非市场，而是构成市场的顾客。一套价值100多元的服装，明码实价无人问津，在价格标签上加一个“0”，买主竟蜂拥而至；“买椟还珠”的故事被传为笑谈，但笑过之余是否有人意识到自己也曾被花里胡哨的包装所吸引而买回一件件于己无用之物？如果买手表只是为了报时，那买个十几元的报时准确的电子手表就可以了，而为什么周围那么多人戴的是几百元甚至上千元的手表呢？有人说，这是为了显示身份和地位，但绝大多数买表的都是普通人，难道买表是为了显示其“普通人”身份和“普通人”地位？消费者的心理深奥莫测，千变万化。这些变化多端的消费心理只不过由于消费者也是普通人，他既可能是理性的，也可能是非理性的；既有有意识的方面，也有无意识的方面。这四种力量轮流坐庄，着实让保守的销售人员头疼不已。在现实生活中，发现消费者有时极为精明，购物时周密计划，精挑细选，货比三家，讨价还价；有时却极为冲动，迷信盲从，攀比斗气，互相炫耀，跟风赶潮。而那些把顾客奉为上帝的销售人员在努力迎合“上帝”后，难免发出“上帝也疯狂”的感慨。

3．顾客需求中与大家推测的相反，80%是感性的，20%是理性的

或许顾客不知道自己想要什么，甚至有时不知道自己不想要什么。但是有一点是肯定的，顾客知道自己追求的是快乐。心智正常的顾客都不会花钱买罪受；或许他不会因为大减价，买一堆对自己毫无用处的廉价品回家，然后再发愁怎么把这些垃圾用掉或送掉。但是请记住，顾客在掏钱的时候是开心的。他花钱，买到了开心，金钱是他为获得开心的感觉所付出的代价，这就是感性。当然顾客可能还要为冲动购物付出其他的代价，如抠门老公不露声色的指责。但我们的顾客自己有本事把这些代价化整为零。记住顾客买的是开心这一点很重要。一直以来，我们误以为购物就是使用价值与价值的交换，却忽视了购物的主体——人，人是主观的动物。没有哪位女士能精确地计算出自己买的高跟鞋究竟对自己有多大用处，也永远不会知道提包里的高档化妆品到底成本是多少。顾客买的不是标上价钱展览的物品，她们买的是一种感觉，一种欲望，一种满足，或者干脆说就是开心。你是否见过许许多多的女性冒着扭伤脚的风险穿着高跟鞋在大街上优雅地行走，很难让人相信她们喜欢高跟鞋只是因为长长的鞋跟。事实上，她们喜欢高跟鞋只是因为高跟鞋让她们更自信；因为她们相信高跟鞋会让她们更加亭亭玉立，更加迷人。这样她们受人关注的虚荣心就能得到满足，就会因此而更开心。因此作为汽车销售人员也要知道，在面对价格不菲的汽车面前，同样也要关注顾客的感性需求，那就是顾客买的是开心，买的是尊重，买的是理解。

顾客通常只告知他的理性需求、主要需求或显性需求，而更深层次的需求需要通过销售人员采取合适的方式去挖掘，如个人的偏好，关注的侧重点。这些是真正影响顾客购买的真实动机。

【案例5-6】

个人爱好与实际需求

有一天，一个顾客到某汽车销售店来买车，他在展厅里仔细地看了一款多功能的SUV车。销售人员热情地接待了他，并且对这个顾客所感兴趣的问题做了详细的介绍，

之后，这个顾客很爽快地说马上就买。他接着还说，之所以看中这台SUV车，是因为他特别喜欢郊游，喜欢出去钓鱼，这是他的一个爱好，很早以前就一直想这么做，但是工作忙，没时间。现在自己开了一家公司，有了一点积累，也有了一些时间，所以就想买一辆车经常出去玩玩。

当时顾客和销售人员谈话气氛比较融洽，要是按照以前的做法，销售人员不用多说，与顾客直接签合同，并让顾客交定金，这个销售活动就结束了。但是这个销售人员没这么做。他继续跟这个顾客聊，通过了解顾客的行业，他发现了一个问题：

这个顾客是做工程的，其业务的主要来源是他的一个朋友A，只要这个朋友A一到他公司所在的这个城市来，他都要去接他，但是跟他一块去接这个朋友A的还有其他竞争对手，也就是说，朋友A来了以后，可能会把活给这个顾客分一点，给顾客竞争对手分一点，大家来共同分享一个工程的活。由于这个顾客过去没车，而他的一个竞争对手有一辆北京切诺基，人家开着车去接，他只能找个干净一点的出租车去接，他的想法是不管接到还是没接到，反正我的诚意已经表达了。但结果每次去接的时候，这位朋友都上了他的出租车，而没去坐那辆切诺基。这个购车顾客并不知道其中的原因。但销售人员感觉到这里面肯定有问题，并帮助顾客分析他的这位朋友为什么总是上你的出租汽车，而不上竞争对手的切诺基。

销售人员问："是因为你们的朋友对你们两个人厚此薄彼吗？"

顾客："不是的，有的时候他给我的竞争对手的工程活比我的多，很多时候他给竞争对手的是肉，给我的是骨头。"

这位销售人员分析道："你那个朋友尽管对你们俩是一视同仁，但实际上他有一种虚荣心，不喜欢坐吉普车而喜欢坐轿车。出租车毕竟也是轿车嘛。"

销售人员说："我认为，您现在买这个SUV车不合适，朋友来了，去接的车，一个是切诺基，一个是SUV，两个车基本一样，上哪个车，哪个人脸上都挂不住。以前一个是吉普，一个是出租，总还有所区别，出租车好歹是个轿车。到那个时候万一朋友自己坐出租车走了，怎么办？"

这个顾客想了想，认为有道理。然后销售人员又分析说："我的想法是，根据您的这种情况，您现在不要买这台SUV。您买SUV，我认为您纯粹只是用于个人消费，因为您买这台车只满足了您的个人爱好，对您工作却没有什么帮助。我建议您现在还是'投资'比较好，这个SUV的价格18万到20万之间，在这种情况下我建议您还是花这么多钱去买一辆轿车，您用这个新买的轿车去接您的朋友，接您的顾客，那不是更好吗？"

这个顾客越听越有道理，最后他下了决心："好吧，我听你的。"他之所以听销售人员的，是因为销售人员站在顾客的角度看问题；从顾客的角度上来讲，他认为销售人员的眼睛不是光盯着他口袋里的钱，而是在为他着想。他说："我做了这么多年的生意，都是人家骗我的钱，我还没碰到过像这次一样，我想买车而卖车的还不愿卖给我，却给我分析利弊，跟我说买这款车是投资，买那款车是消费，把利害关系分析得这么清楚。虽然这个买卖的决定权在我，但我觉得你分析得有道理。确实是这个情况，按照现在公司的状况我还没达到个人潇洒的那种水平。"于是他接受了这位销售人员的建议，买了一款与SUV同等价位的轿车，很开心地把车开走了。

在开走之前，那个顾客对销售人员说："非常感谢你，我差点就买了一辆对我工作没有帮助的车，差一点没有把钱用在刀刃上。”他一口一个谢谢。

这位销售人员很会说话：“先生，您不用对我客气，您要是谢我的话，就多介绍几个朋友来我这儿买车，这就是对我最大的支持。”

这个顾客说：“你放心，我一定会帮你介绍的。”果然，没过多长时间，他亲自开车带了一个朋友来找销售员。一介绍，大家一聊，谈得很好，这位朋友也在这儿买了一辆车。

这位销售人员还是用同样的方法跟他说：“您买了这台车以后，您觉得好就给我在外边多宣传，多美言两句。”那个新顾客说：“好，当然没问题，我们这位王兄，他在你这儿买的车，我就是他介绍来的，现在我也很满意，我也会给你介绍的。”下面肯定会有上述的事情继续发生，因为那个新顾客同样有他的朋友社交圈。

半年以后，最先买轿车的顾客又来找销售员。他说：“我找你是来圆我的那个‘梦’的。”

这个销售人员一听就乐了，他赚到钱了，来买那台 SUV 了。

以顾客为中心的顾问式销售，结果让销售员半年之内至少多卖了三辆车。

第四节 不同顾客的消费行为与心理

在了解与识别顾客需求环节中，很重要的内容，是要注意识别不同类型的顾客，因为不同类型顾客的购车行为以及购车时关注的内容都不同。将顾客类型判定放在首位，可使销售人员后续的销售步骤更加有针对性，更加有效，提高其成功的概率。

一、不同人群的购买风格

不同的人群在买东西时心态是不一样的，女性与男性、青年和中老年人有不同的消费心理和购买风格。了解了他们不同的消费心理和购买风格，销售人员便可以有针对性地去接待他们。

（一）女性

1. 有较强的主动性、灵活性

女性进行购物活动的原因是多方面的，有的是迫于客观需要以及满足自己需要；有的把购物作为一种乐趣消遣，等等。所以，女性购买动机具有较强的主动性、灵活性。动机的灵活性也时常体现在购买具体车辆上，如原打算购买某种车辆，但商家无货，这时男同志往往放弃购买行为，而女同志会寻找其他适合的替代品，实现购买行为。

2. 浓厚的感情色彩

女性的心理特征之一是感情丰富、细腻，心境变化剧烈，富于幻想、联想，因此购车动机带有强烈的感情色彩。例如，女性看到某种时尚新颖漂亮的车型，马上会联想到驾驶它的感觉会是什么样子，从而引起积极的心理活动，产生喜欢、偏爱等感情，促发购买动机。

3. 购车动机易受外界因素影响，波动性较大

女性购车动机的起伏波动较大。这是因为女性心理活动易受各种外界因素的影响，如

车辆广告宣传、购买现场状况、销售人员的服务、其他顾客的意见等。例如，许多展示厅为了招徕顾客，用醒目大字标明优惠政策、赠送车牌等，这些往往对女性具有特别的吸引力。

女性消费者是汽车的重要购买者，所以销售人员应该特别重视这一类顾客，要给予她们耐心周到的服务。如果销售人员赢得了一个女顾客的信心，那么带回来的将不止是一个回头客。

（二）男性

1．动机形成迅速果断

男性善于控制自己的情绪，处理问题时总是能够冷静地权衡各种利弊因素，从大局着想。男性具有较强的独立性和自尊心的特点直接影响他们在购车过程中的心理活动，因此，动机形成果断迅速，并能立即导致购买行为；即使是处在比较复杂的情况下，也能够果断处理，迅速作出决策。

2．购车动机具有被动性

就普遍意义讲，男性顾客购买动机不如女性强烈，比较被动。在许多情况下，购买动机的形成往往是由于外界因素的作用，如工作的需要，等等。其动机的主动性、灵活性都比较差。

3．购买动机的感情色彩比较淡薄

男性顾客在购车活动中心境变化不如女性强烈，不喜欢联想、幻想，感情色彩比较淡薄。所以，当动机形成后，稳定性较好，其购买行为也比较有规律。男性顾客在购买车辆上与女性的明显区别就是决策过程不易受感情支配，如购车时男性主要考虑车辆的性能、质量、品牌、使用的效果，售价和保修期限。如果上述条件符合他的要求，就会做出购买决策。而女性则喜欢从感情出发，对车辆的外观式样、颜色严加挑剔，并以此形成自己对车辆的好恶。另外，男性顾客认为男性的特征是粗犷有力，因此，他们在购买车辆时，往往对具有明显男性特征的车辆感兴趣。

在接待男性顾客时，销售人员应该注意动作迅速，在推销时语言应简洁、切中要点。

（三）青年

1．追随时代潮流

青年顾客内心感情丰富，感觉敏锐、富于幻想、勇于创新。敢于冲破旧的传统观念与世俗偏见，易于接受新鲜事物，追随时代潮流。他们的购买趋向求新求美，喜欢购买富有时代特色的车辆，展现其现代化的生活方式，以博得他人的赞许和羡慕。因此，投放市场的新车辆，社会流行的某一车辆，都会引起他们极大的兴趣和购买欲望，购买动机也会随之形成。

2．有明显的冲动性

青年人的心理特征一方面表现出果断迅速，反应灵敏；另一方面也表现出感情冲动，草率从事。因此其购买动机具有明显的冲动性。首先讲究车辆美观、新异，其次才注意质量、价格，而不能冷静地分析车辆的各种利弊因素。一些青年人凭感情来判断车辆的好坏、优劣，形成对车辆的好恶倾向。因此，动机的随机性、波动性较大。

（四）老年

（1）购买动机是在追求舒适与方便的心理状态下形成的。

(2) 对汽车的要求不再是新颖有个性，而是强调稳定的性能和实用性，当然品牌也非常重要。

(3) 购买动机具有较强的理智性与稳定性。

(4) 中老年人在选购车辆时，喜欢凭过去的经验、体会来评价车辆的优劣，并对老牌子的车辆、名牌车辆有深刻的记忆，多年养成固定消费习惯行为，使购买动机有较强的理智性与稳定性，不易受外界因素的干扰，也不为车辆的某一特点所动；而是全面评价、综合分析车辆的各种利弊因素，再做出购买决策。动机一旦形成，不轻易改变，或迟或早总会导致购买行为。

顾客在购车行为中的心理过程和心理状态，是一个发生—发展—完成的过程。这个过程是每个顾客都具有的，是顾客消费心理现象的共性。心理过程和心理状态的作用，会激活顾客的目标导向和系统导向，使他们采取某些行为或回避某些行为。有的实施了购车行动，有的犹豫不决，有的流连观望，等等。顾客气质、性格上的差异，对汽车商品的评估能力以及现场环境都会对购车行为产生影响。

二、不同性格的顾客的消费心理与销售应对

以下是几种常见消费的心理。

1．品牌心理

20 世纪 80 年代，人们在选购电视机的时候，都以松下或索尼等知名品牌作为追求目标；拥有一双“耐克”运动鞋，是一种荣耀的象征。这些都是消费者品牌心理的体现。的确，产品的品牌在一定程度上可以左右人们的消费导向。不同品牌的产品在技术和质量以及服务方面存在较大的差距，而知名品牌在某种程度上是消费者的一种保障，让消费者有一种安全感。

品牌心理是消费的一个表现，除了与消费者自身有关外，也与行业是否发展成熟有关。不可否认，现今的中国汽车行业，国产品牌汽车与国际知名品牌汽车还是有一定的差距，尽管这些国际品牌汽车也是在国内生产，但是在技术、质量要求、质量监控、产品规模、市场服务能力等方面还是有优势的。除了产品质量以外，汽车文化也会影响顾客的品牌心理。例如，日本品牌汽车重视外观的精美，做工精细，内饰考究，成为一些顾客的品牌首选；而欧美等国家的汽车注重安全和舒适性，也拥有相当的顾客群。此外，各品牌汽车在中国市场的占有率以及售后服务网络的发达程度，都会成为顾客选择品牌的因素。

各个地方的消费文化也是影响顾客品牌心理的一个重要因素。在珠江三角洲地区，人们钟爱丰田、本田等品牌；上海大众的汽车在长三角地区则很受欢迎。

2．炫耀心理

在中国，汽车进入百姓家庭的时间很短，拥有一辆高档汽车还是非常荣耀的事情，是一种身份和地位的象征。

中国很多人有炫耀心理，追求一种老爷的心态。古代读书人拼命读书，就是指望金榜题名，光宗耀祖。今日的汽车就是昨日的大轿，过去是人抬，现在安上了轮子。“坐骑”没有大的排量，没有强劲的动力，没有宽敞的后座位，如何显示出派头和实力？所以，再高档的车，再昂贵的车，在中国都有其市场。

不能绝对认为带着炫耀心理购车的顾客就一定是很有钱的人，他们在实际交易的时候

肯定也会考虑价格问题，但是价格的影响程度已经大大降低，更多的关注点是如何体现他们所追求的“分量”。因此，在销售过程中我们要充分掌握这一特点，不妨为顾客推介档次高一点的车型，满足他们的心理需求。

3. 从众心理

现今社会，虽然媒体一再炒作素质培养，强调个性化思维的重要性，遗憾的是，多少年来，在培养个性发挥方面，中国的教育还是存在问题。无论是幼儿园、中小学还是大学教育，几乎所有的老师都希望学生听话，另类思维还是不受欢迎。压抑个性发挥的教育传统造就了从众心理的普遍性，“枪打出头鸟”这句俗话就是生动的写照。因此，从众心理存在于大多数人之中就毫不奇怪了。这类顾客不希望与别人有太多的不同，朋友圈里买什么车，他也会买相同层次的车，标新立异的事他是不会考虑的。

4. 价值心理

具有价值心理的顾客，影响他的购车因素主要是产品的性价比，也就是说他会比较理智地去考虑所花的钱买这样一辆车值不值得。有些顾客在经济上不存在问题，花二十几万元买车不在话下，但是如果他觉得某款十几万元的车性价比非常高的话，也许他会降低档次，退而求之。相反，有的人经济实力并不很强，本来准备买辆十几万元的车，也可能会考虑物超所值的高一档次的车，当然，其前提是不会产生较重的经济问题。

对于这类价值回归心理强烈的顾客，详细的性能和价格对比分析是汽车销售人员的工作重点。

【范例】

根据客户不同要求的应对话术

	销售顾问	客户
从用途出发	张总，您买车主要的用途是什么呢？	运输货物。
	哦，货车，那肯定是要经久耐用了？	是啊。
	我们这一点最有保障了。我们一起看看这款车吧！	好的。
	××先生，问您一下，您买车主要用来干什么？	运输货物。
	哦，货运市场还不错的，那您主要运输什么货呢？	主要在一个大的装饰批发市场运货。
	是吗，装饰材料重量不是太大，但要求车子的容积要大，您说是吗？	是的。
	这款车太适合你们了，我们一起看看吧！	好啊。
性能参数（油耗、最小转弯半径、载重）	杨总，您直接就提到性能参数问题，一看就是内行，我得跟您学习一下。	哪里。
	一辆车性能参数中油耗、运输距离、超载情况肯定是您很关注的吧？	那是啊。
	那您也肯定很关注东风这款车配置问题，细致的配置情况让我们一起来看一下吧！	好啊。

续表

	销售顾问	客户
性能参数（油耗、最小转弯半径、载重）	主任，买车还是看车子的性能参数啊，您也是行家了，您说是吗？	当然了。
	这款车子在油耗、载重等方面都有很多优势，也许正好是您想要的？	但愿是吧。
	好的，我们首先从发动机油耗开始说起吧？	好啊。
与其他品牌相比	秦总，您刚才说起其他品牌的车，您对哪个牌子的车印象比较深啊？	江淮。
	哦，我们也了解了一些情况，江淮总体来看比较漂亮，油漆也比较光滑，您说是吗？	是啊。
	其实我们回过头来想啊，买车主要用途是什么，为公司业务啊，是吧？那么车子外观漂亮跟这没有直接关系啊，您说是吗？	那是。
	您再想他们为什么做得那么漂亮呢？跟我们整车厂比较，组装车除了这些小地方能做，他们还能做什么呢？您说是吗？	不错。
	主任，您说起其他品牌的车了，您最看重哪个牌子？	“福田……”
	哦，福田以前是不错，可是现在……	人家价格便宜。
	单从价格上看，它是有优势，但是您要想想车的品质会不会因此有所下降呢？	那是有可能。但是车子也坏不到哪里去啊？
	您说得没错，但是您肯定也没有忽视维修、服务什么的吧？	哦。
	您是聪明人，不会买那些买起来便宜用起来贵的车吧？	是啊。
服务	尹总，您算是老客户了，以前用车肯定对服务特别看重！	是啊。
	是不是也遇到过一些品牌汽车，维修售后服务出现一些问题，耽误了您的公司业务？	确实有。
	这样就不好了。关于这一点在我们这里你是可以放心的，大公司服务网点多，能解除您的后顾之忧。您也希望这样不是吗？	是的。
	王总，车子的售后服务是个很重要的问题，一看您就是行家了，那您肯定也这么认为吧？	是啊。
	对于您公司的业务需要来说，要是维修售后服务不及时，真的会影响您的业务啊！	就是。
	就是，我们售后网点特别多，大公司的承诺是不是能够对您有很多帮助呢？	那是啊。

三、顾客购车的心理模式

汽车产品属于一种特殊的商品，在消费过程中顾客通过对汽车的调查比较，其心理也有一个变化过程。销售人员需要了解顾客购车的心理变化过程，目的就是为了能够充分了解和把握顾客的心理变化，针对不同的心理变化阶段找到不同的应对方式，准确判断顾客处于哪一个阶段，这样才能够把握住制胜的先机。

汽车产品消费心理发展的过程分为15个阶段，掌握并识别顾客处在何种阶段，对销售人员有针对性地调整销售行为会有很大帮助。

阶段1：无动于衷阶段。在此阶段，顾客对汽车产品还没有需求。表现为不关心与汽车有关的事件和信息。

阶段2：心有所动阶段。顾客由于受某种因素的影响，如周围人群的意见、交通不便造成对工作和生活的影响、提升自身形象和地位的要求、生意的因素等，从而感觉到自己需要一部汽车。此时，开始注意周围人群买车用车的情况，包括品牌、车型、价格等。

阶段3：想要购买。在此阶段，顾客对汽车的占有欲增强，开始幻想拥有汽车后对工作、生活、事业、地位等方面带来的好处和帮助。表现为特别关注与汽车有关的信息，经常参加车展等活动，愿意听别人谈使用汽车的感受。

阶段4：确定初步投资金额范围。顾客会根据自己的收入情况和支付能力确定汽车的投资金额范围，但这只是一个参考值。其表现为，特别关注在设定的投资金额范围内的汽车产品信息。

阶段5：收集资料。在此阶段，顾客会对投资金额范围内的汽车产品有一个全面的了解。表现为上网查询或到专卖店了解有关品牌、车型、价格方面的情况，对销售人员的介绍特别留意，并会认真做好记录。

阶段6：分析比较。这是购车决策前的一个很重要的步骤。此时，顾客需要对已经了解到的情况有一个明确的判断，缩小选择的范围。其表现为，主动与他们认可的“行家”或买过某款汽车产品的熟人联系，征求相关的意见。此时听到的意见对他们的最终决策影响很大。

阶段7：找出问题。在此阶段，顾客通过比较，已经缩小了选择的范围，对汽车产品也有了较多的认识，同时找到了影响购买决策的问题，如产品品质、售后服务、价格等。其表现为，把问题记在产品说明书上或记在专门的记事本上。

阶段8：求证问题。顾客通过对问题的求证来验证其判断正确与否，最大限度地降低投资风险，同时确定是否还需要作进一步调查。其表现为，再次回到专卖店或打电话与销售人员联系，了解自己关注的问题。

阶段9：再次确定投资目标范围。顾客在充分调查评估的基础上，修正原有的投资目标和条件，进一步缩小投资的范围。表现为顾客选择的产品目标已经缩小在价格相近、配置相差不大的3～5个品牌的车型上。

阶段10：再次求证。顾客希望找出他们比较关注的品牌、车型、销售商与将被排除的品牌、车型、销售商之间的差异。其表现为，顾客所提出的问题已经具有品牌针对性，会较多地把销售人员介绍的品牌与其他品牌进行比较。

阶段11：确定选择标准。顾客从最大限度降低投资风险的角度出发，最终会确定一个选择品牌、车型、经销商的标准。其表现为，此时关注的焦点已经从产品转移到服务上，会特别留意销售商的综合能力。

阶段 12：讨价还价。顾客根据调查分析的结果，最终选定目标产品，设定最终的投资金额和可让步的底线。其表现为，顾客对价格的要求变得具体，但比较客观，会根据产品的供需状况适时做出调整。

阶段 13：做出决策。顾客根据销售人员的条件和自己的选择标准最终做出取舍。其表现为，顾客与销售人员签订购车合同，交付定金。

阶段 14：满足。这是顾客最幸福的时刻，其占有欲得到了充分满足，喜欢开着车在熟人面前展示，希望得到别人的好评。

阶段 15：恢复平和心境。经过一段时间的喜悦后，占有欲望得到了完全满足，新鲜感已经退去，心态已经平和，对汽车产品的认识也逐渐开始变得客观。其表现为，开始对使用中出现的问题表示不满，甚至愤慨，但短时间内不会在其他人面前说这款车性能不好、有质量问题。

对于绝大多数顾客而言，从萌生购车的想法到最终掏钱买车，是一个心理渐进发展、占有欲望不断强化、购买目标逐步明确的过程。在这个过程中，顾客逐渐确定了符合他们购车目标的选车标准，即选什么样的品牌、选哪一款车、选什么样的销售商。这个过程从阶段 4 到阶段 11，需要经过 8 个阶段的心理变化与调整。可见，要赢得一个顾客是很不容易的，培养一个忠诚的顾客就更难了；但是，毁掉一个顾客却是非常容易的事。所以，销售人员在销售的每一阶段都不可掉以轻心。

四、不同性格顾客的销售应对

1. 内向型

内向型的顾客生活比较封闭，对外界事物表现冷淡，但对周围事物的变化异常敏感。与陌生人接触，他们一般会保持相当的距离。在与销售人员的沟通过程中，他们的反应比较迟钝。

这类顾客对车辆比较挑剔，会比较在意销售员的态度、言行和举止，一般不喜欢销售员过分热情，因为这与他们的性格格格不入。个别人在购车时常表现出一种孤僻的购买心态。例如，在观看车辆时，喜欢一个人看，不愿意别人在旁边插话或干扰；在挑选车辆时，也不愿意别人过多地发表意见。

销售应对：给予他们良好的第一印象。对于这一类顾客，销售人员给予他们的第一印象将直接影响着他们的购买决策。另外，对这一类顾客如注意投其所好，则容易谈得投机，否则会难以接近。对于内向型顾客，应做好必要的辅助工作，给其更多的“自由”，不宜有太多的语言解释，可通过周到细心的服务打动他的心。

2. 随和型

这一类顾客性格开朗，容易相处，内心防线较弱，对陌生人的戒备心理不如内向型顾客强。他们容易被销售人员说服，通常不会产生令销售人员难堪的行为或言语。

销售应对：这一类顾客表面上不喜欢当面拒绝别人，要耐心地和他们周旋。对于性格随和的顾客，可以找一些轻松的话题，如幽默、风趣有时会收到意想不到的效果。如果他们赏识你，甚至会反过来主动帮助你去劝说其他顾客，帮你销售。应该注意的是，这类人容易受人影响，容易忘记自己的承诺，因此需要及时跟进。

3. 刚强型

这种类型的顾客性格坚毅，正直严肃，对待工作认真，决策谨慎，思维缜密。这类顾客不容易对付，也最考验销售员的实力。

销售应对：刚强型顾客不喜欢销售员随意走动，因此销售员在礼仪、礼节和言语方面不要太过随意，要表现出专业的素质，时间观念要强。在没有充分沟通之前，不要轻易做出推断或下结论，不要给顾客留下“销售”的感觉。

4. 敏感型

敏感型性格的顾客，他们对周边发生的事情、销售员的言语和行为反应敏感。这类顾客容易激动，情绪不稳定，而且容易反悔。

销售应对：耐心是对待这类顾客最有效的方法，切忌急躁和激动，避免言语方面对顾客的刺激，顺其自然；把握好顾客的情绪变动，在恰当的时机提出自己的观点和建议。注意不要在与其商谈的过程中，再与其他人员或顾客进行谈话，避免顾客产生反感。

5. 虚荣型

爱表现，喜欢突出自己是这类顾客的特征。他们一般不喜欢听别人的建议，总是要表述自己的观点，自我表现的欲望很强，妒忌心较重。

销售应对：尝试寻找一个对方感兴趣或对方熟悉的话题，注意倾听对方的建议，并在适当的时候表示赞同或对其进行赞扬，满足其虚荣心；不要随便反驳或者打断他的话语；在与他进行沟通的时候不要炫耀自己，宜用随和的方式来表述自己的观点，避免刺激对方，以防止其产生心理负担和压力。

6. 顽固型

顽固型顾客以老年人居多，由于生活的阅历和时间的沉淀，他们在消费上有特别的偏好，容易怀念过时的东西，不容易接受新的品牌、新的车型。他们通常具有很丰富的经验，这种经验有时候会使他们过于自信，不轻易相信销售人员的介绍。

销售应对：销售的过程相对于人生的历程是非常短暂的，不要试图去改变他们的消费理念或生活观念，用资料和数据来说明问题。避免任何的欺骗行为，哪怕是很轻微的。尽量从正面去进行诱导和进行展示，可以使用先发制人的方式，不要给他表示拒绝的机会，因为对方一旦明确表态就不容易改变了。

7. 怀疑型

这类顾客容易受在生活或工作中遭受的欺骗经历影响，对销售员的言语，甚至对产品的相关资料总是持一种怀疑的态度。

销售应对：面对怀疑型的顾客，要有自信的心态，相信我们所经销的产品、企业实力和服务水平，适当地借助专家或权威媒体的观点，如展示专业资料数据、专家的评论，等等。在顾客持怀疑态度的时候，不宜过多地介绍，滔滔不绝的表述有时候反而会带来负面的影响。端庄严肃的外表与谨慎的态度有助于建立顾客对我们的信任，从而顺利达成交易。

8. 好斗型

这类顾客好胜、顽固，对事物的评判比较主观和专横，喜欢把自己的意见强加于人，具有很强的征服欲望，尤其是容易在细节上与他人争论不休，有点不达目的誓不罢休的味道。

销售应对：对于这类顾客，首先要控制好自己，千万不要意气用事，被对方搞乱了阵脚，因为争论常常是无益的。必要的时候在言语上多做些让步，也可能令事情朝好的方向发展。

9. 沉默型

这类顾客在整个销售沟通过程中表现得极其消极，甚至一言不发，显得非常冷淡。

销售应对：对于这类顾客，打破沉默的僵局是首要的。这要求销售员采取主动的策略，尝试寻找一些简单轻松的话题，刺激顾客的谈话欲望。如果顾客携带小孩，小孩的学习、教育和成长等就是很好的话题；如果是时尚的顾客，聊聊时装、美容，或许可以打破沉闷的局面。如果顾客对产品的专业知识非常缺乏，一定要注意避免纯技术面的讨论，应从功能应用的角度进行解说。穿插一些案例或者小故事可以活跃气氛，带动顾客。

第五节　顾客需求分析方法与技巧

在需求分析阶段，观察顾客的行为是了解需求的第一步，要想确定顾客的真正需求，还需要和顾客进行深入的交谈和沟通。可是，要让顾客开口说话并不容易，要想打破沉默的僵局，需要采用一定的方法，让顾客说出他们心中的所需。为此，销售人员需要掌握一些基本的技巧。

一、观察

通过对不同人群的购买风格的了解，就能大致地把握顾客的购买心理。但是，这只是共性，还需要进一步观察顾客的言行，并根据观察结果，来决定销售行动。

（一）观察谁是决策者

真正的决策者并不一定是看车最仔细或需要买车的人。当顾客走近展厅时，销售人员要及时判断谁是真正决定购买的人。只有让购买者和决策者双方满意，才能达成交易。如果销售人员能在几个顾客刚进入展厅时，观察并判断出谁是决策者，在推荐车辆之前先赞美决策者的衣着品位很不错或其他赞美之词，并让决策者帮购买者推荐车辆，可能后面销售环节的进行就顺利多了。人都是喜欢听好话的，即便决策者对车辆确实很不满意，也不好意思进行很尖刻的评论。因此，当顾客走进展厅，销售人员首先需要做的就是判断谁是决策者。

最好判断谁是决策者的情况是顾客独自前来时，如果顾客结伴前来，要弄清谁是决策者就需一定的技巧了。在结伴前来的情况下，判断谁是决策者有如下技巧。

1. 朋友或同事

销售人员通过观察，如果发现结伴同来的若干顾客的关系是朋友或是同事的话，此时可以通过“二看”来判断谁是决策者。

一看亲密程度。亲密的好友拥有决策权。如果不是亲密的朋友，陪伴而来的人可能只是一个意见参考者，那么直接购买者会拥有更多的决策权。但如果是亲密的朋友，很多时候就不会避讳什么，直接给购买者出意见，影响其购买决策甚至直接决定是否购买。因此，判断亲密程度很重要。这可以根据两人的距离、说话的亲密程度以及肢体语言进行判断。

二看中心位置。两人行，左边为尊；三人或三人以上平行，注意中间之人。如果一时很难判定亲密程度的话，那么可以使用另一种方法，就是观察中心位置。

根据心理学家的分析，在群体同行时，人们往往会无意识地把圈内有影响力的人放在固定的位置。两个人行走时，有90%以上的是具有影响力的人走在左边；而三人平行走时，中间则是较为重要的人物；如果三人不平行走，那么走在后面的，一般是中心人物。只要注意了这些细节，就可以很快找到真正的决策者。

2. 情侣

大件及耐用消费品，常常以男性为主导；但女性在销售的过程中依然发挥着重要的作用。

由于男性的社会地位和所扮演的角色，很多人都会以为男性在购物时拥有决策权。但事实上并非如此。在购车的过程中如果是情侣关系，男性往往会在意女性的感受和意见，如果女性一方对产品某个方面不满意，即使男性一方非常满意，往往也会迁就女性而放弃。因此，在销售的过程当中，如果是面对情侣，销售人员一方面要说服男性顾客，但同时要注意观察女性一方的感受，避免出现顾此失彼的情况。

3. 家庭

对于一家子来购物的情况，如果当中有年长者，那么这位年长者会有一定的决策权；如果是一家人带着一个小孩子来购物，那么我们首先要注意观察和判断小孩的年龄。为什么呢？很多家庭在购车时往往会受到孩子的影响，特别是孩子在15～20岁时，会根据自己的喜好来决定购买。虽然买车的是父母，但销售人员不能忽视孩子的影响力，孩子的影响力有时是很大的，而且他们的思维有时与成熟顾客的思维会有很大的差异。因此，销售人员在销售的过程中要很好地了解青少年的喜好，多注意观察，尽量以产品本身的新奇特性来吸引他，充分满足青少年的好奇心。

（二）观察顾客的年龄

年龄是影响汽车消费的一个重要因素，它在一定程度上反映了顾客的工作成就、社会经验、经济实力、购买倾向、决策能力等重要问题。例如，排除某地区对某一品牌汽车产品的偏好，如果顾客年龄在35岁左右，事业小有成就，同时对汽车的品质、驾驶的乐趣和所代表的身份特征有高度的要求，一般来说，会对个性极强的宝马品牌汽车感兴趣。

年龄的因素在家庭用车的选择中表现得尤为明显。这是因为年龄与顾客的收入、职业、经历有密不可分的关系。我们会看到，刚工作不久、尚未成家的年轻人此时最缺的是资金，但他们对车的占有欲望相当强烈，只是受经济条件所限，没有办法在汽车的品牌及品质上作更高的要求，因而会比较关注新潮时尚、感观享受。如果遇到这类顾客，有目的地针对他们追新的要求进行引导，会在产品的推介中给他们留下深刻的印象。对于已经成家的年轻人士，由于对自己未来的经济必须有一个规划，此时在选车时会比较务实，实用成为他们选车的一个重要参考因素，这也正是四座车会受到他们排斥的原因，对于他们而言，长辈未来的乘用是他们必须考虑的因素。对于已有稳定的职业和收入的成年人，他们对汽车的要求除了实用外，重要的是结合自己比较充裕的经济实力来规划购车的目标，此时他们会较多地关注中级车，因为品质、品牌及享受已经成为他们考虑的重点。也就是说，随着年龄的不同，顾客在选车时会有不同的考虑和选择。

一般而言，年轻人求“异”、年长人求“同”是一个普遍的趋势。在这里，我们只是对顾客年龄与未来购车投资的倾向作了一个简要的说明，更细致的工作要靠汽车销售人员在销售实践中去不断总结、不断积累，提炼出符合自己所在地区的顾客消费特性，更好地把握顾客真实的购买目标。需要提醒的是，对于经验不足或经验丰富但不想作出错误判断的汽车销售人员，当遇到不同年龄的顾客来买车时，最佳的办法是通过提问的方式对他们未来的购买行为进行有效的判断。

二、诱导

在汽车销售中，诱导策略就是对于不同心理模式的顾客，有针对性地采取不同的方式进行诱导，让顾客开口说话，确定或引导顾客的真正需求进而促成购买。这里介绍三种简单有效的方法。

（一）赞美诱导法

在任何行业的销售技巧中，赞美是一个非常重要的技巧。心理学家威廉姆·杰尔士指出：“人性最深切的需求就是渴望别人的欣赏。”每个人都有渴求别人赞美的心理期望。人一旦被认定其价值时，总是喜不胜收，只是大多数人把这种喜悦隐藏在内心深处罢了。没有人会拒绝你对他说“您真漂亮”“您很会打扮”之类的赞美话。在西方国家，赞美常常用来作为交谈的引子。

实际生活中，赞美的内容主要有个人的能力、外貌等。那么，赞美与销售汽车有什么关系呢？表面上看确实是没什么关系。但是一个人一旦得到别人赞美，他的戒心就会降低，就会愿意接纳你。赞美就像一把钥匙，打开了顾客的心灵之门，你就可清楚地看到他内心的真正需求是什么了。

赞美的方式有很多，如当一位女士在看某一款车型时，你可以说：“小姐，您真有眼光，这是我们公司最新推出的优惠车型。”当一位女士带着小孩走进来的时候，你可以先赞美他的孩子，比如说：“你的小孩真可爱，又白又胖的，您真会带孩子！”又比如称赞顾客：“你这件衣服真好看，在哪儿买的？”顾客很兴奋地告诉你他购买的地点后，会很乐意与你继续交谈下去。

在赞美顾客的时候，要恰当地选择赞美的内容。不同的顾客喜欢被赞美的内容是不一样的，也就是说顾客的得意之处并不一样。比如，爱炫耀的顾客喜欢被人夸事业有成；爱美的女士喜欢别人说她的衣服好看；老年人喜欢人家赞美他的身体健康；而如果顾客带着小孩来购车，一般可以选择赞美顾客的小孩长得漂亮、可爱，等等。也就是说，赞美要看对象的喜好而行之。

另外，在赞美过程中要注意具体明确地赞美顾客。所谓具体明确地赞美，就是在赞美顾客时，有意识地说出一些具体而明确的事情，而不是空泛、含混地赞美。比如，与其说“小姐，您长得好漂亮喔”，不如说“小姐，您长得好漂亮，尤其这对眼睛乌黑明亮、大而有神，真令人羡慕”。前者因没有明确而具体的评价缘由，令人觉得不可接受，而后者让人感到真诚，有可信度。

在日常生活中，人们有非常显著成绩的时候并不多见。因此，交往中应从具体的事件入手，善于发现别人的长处（哪怕是最微小的），不失时机地予以赞美。赞美用语愈翔实具体，说明你对对方愈了解，对他的长处和成绩愈看重，对方感到你的真挚、亲切和可信，你们之间的人际距离就会越来越近。如果你只是含糊其辞地赞美对方，说一些“您工作得非常出色”或者“您是一位卓越的领导”等空泛飘浮的话语，不但会引起对方的猜疑，甚至会产生不必要的误解和信任危机。

因此，有经验的汽车销售员在赞美顾客时，总是十分注意细节的描述，并且能够具体地说出“何处，如何，何种程度，为什么”等内容，而不是空发议论。

在赞美过程中，还要运用观察异点赞美的方法。爱因斯坦曾这样说过，赞美他思维能力强、有创新精神，他一点都不激动，因为作为科学家，这类话他听腻了。但如果谁赞美他小提琴拉得棒，他一定会兴高采烈。人都有一种希望别人注意他不同凡响之处的心理。赞美顾客时，如果能适应这种心理，去观察发现对方异于别人的不同之点来进行赞美，一定会取得出乎意料的效果。

人的素质有高低之分，年龄有长幼之别。因人而异，突出个性，有特点的赞美比一般化的赞美更能收到好的效果。老年人总希望别人不忘记他“想当年”的业绩与雄风，同其交谈时，可多称赞他引以为自豪的过去；对年轻人不妨语气稍为夸张地赞美他的创造才能和开拓精神，并举出几点实例证明他的确前程似锦；对于经商的人，可称赞他头脑灵活，生财有道；对于有地位的干部，可称赞他为国为民，廉洁清正；对于知识分子，可称赞他知识渊博、宁静淡泊……当然这一切要依据事实，切不可虚夸。

因此，赞美顾客时，如果能适应顾客心理，去观察发现他异于别人的不同之点来进行赞美，一定会取得出乎意料的效果。这种赞美方法称为“观察异点赞美”。

总之，恰当的赞美会让人心情愉快，但是不恰当的赞美也会让人反感。在运用赞美时，要注意适度，说赞美话时内心和表情都应该是真诚的，切忌肉麻、做作，虚假的赞美只会赶走顾客。

（二）优惠诱导法

当人发现自己的某项行为将会给自己带来好处时，那么这种好处将会成为其行为的推动力，顾客在购买商品时同样抱着这样的心理。如果买了某件商品而获得某项利益，那么他的购买欲望将会大大提高。这种优惠包括了赠品、折扣等。其中尤以价格优惠对顾客的吸引力最大，因为在通常情况下，顾客在购买商品时首先会考虑商品的价格。例如，他会翻看价格牌，这个时候，如果他所关注的商品打了折，那么这件商品对他的诱惑力就会增加。

所以，如果要打开顾客的话匣子，可以使用利益诱导法，如告诉他所浏览的车型现今是特价；如果他正在看的汽车没有打折，那么可以提醒他，让他知道有什么品牌在做特价酬宾，并强调特价带来的好处。

（三）发问诱导法

当销售人员认真观察顾客的行为时，就会对顾客的需求有一个初步的判断，但这时的判断未必是准确的，因此要把这种初步判断以发问的方式向顾客提出，以取得其确认。这种方法的好处是直截了当，销售人员可以因此探寻到顾客的意图。比如，一个着装高雅的中年男性在样式前卫、外形时尚的QQ车前仔细地看，就可以判断他很有可能不是给自己买车，而是要为别人购买。这时候销售人员就可以“先生，请问您是帮朋友买车吗”这样的话来问对方。

提问可以围绕着顾客自身的需求，比如：“您喜欢哪种车型呢?”从而得知顾客感兴趣的品种；当问：“您是自己买还是送人呢?”如果顾客表示是送人的，销售人员就可以进一步去询问受礼者的喜好；当问到："您的朋友会喜欢哪款车型呢？您以前用过我们的产品吗？"如果他表示用过，那么销售人员就不必再详细向其介绍其他产品，可以直接向其推荐与他用过的产品相关的一些新产品。询问顾客的需求，目的就是希望了解他的喜好、购买的用意，从而为后面介绍产品打下基础。

【案例5-7】

成功的发问诱导

销售员：李先生，您想看哪种款式的汽车？

顾　客：我还不确定，但是我买车主要是为了家用。一家三口时不时可以自己出去旅游放松一下。

销售员：请问李先生有没有一个具体的购车预算？

顾　客：我只能负担总价在10万到15万之间的汽车，只要车子能给人舒适的感觉就好了。我自己有10年的驾车经验了。

销售员：您的驾驶经验很丰富啊，可以算得上是一个专业司机了。

顾　客：哪里哪里。

销售员：要买10到15万之间的车，能满足要求的车型很多。考虑到您的自身情况，您看10万元左右、相对大一点的车型怎么样？您的驾龄那么长，买个手动挡的就好了，还省油。推荐您选择手动舒适中级车。

顾　客：你帮我推荐几款车型吧。

销售员：比如说伊兰特1.6标准型的。它对路面震动的隔离效果相当好，即使您周末开车带家人去旅游，跑一些比较难走的地方也不会感到路面颠簸而难以操控。

销售员：或者说是福美莱1.6新悦级，启动引擎，怠速很平稳，挂挡前行，在加速全程中进油顺畅，就连急踩油门的瞬间，也不会有一顿一蹿的感觉，平顺性非常好。

顾　客：但是这里并没有卖福美莱吧？

销售员：我是从您的角度出发来考虑的。

顾　客：你能够这么为我着想，说明你的服务是可以让人信赖的，不用担心什么售后服务等问题。其实，我并没有什么品牌偏好，在你这里买车也是一样的。

销售人员在接近顾客时，还可以从产品入手诱导顾客说话。如可以对顾客说："这是我们最新推出的产品""这款型号是我们最受欢迎的产品"，以最新、最受欢迎这些包含产品特色的字眼去引起顾客更多的兴趣和关注。

俗话说："见什么人说什么话。"在销售中，这也是一种常用的方式。销售人员在诱导顾客说话时，要注意因人而异，不同的人要用不同的方式去诱导他。

（1）有购买需求或是有购买目的的顾客　销售人员可以采用直接询问的方法。因为这类顾客可能一进门就会盯着某款车型看，所以就可以直截了当地问他是不是对某种车型感兴趣，并为其做详细介绍。例如，销售人员可以说：

"您是想买这种产品吗？我给您介绍一下。"

“您真有眼光，这是我们最畅销的产品。”

（2）没有购买目的的顾客　这类顾客可能本身对你的产品不太了解，所以销售人员可以给顾客一些选择、参考，让其从中挑选。这样就容易找到他的喜好。例如，销售人员可以说：

“您喜欢哪种车型呢？”

“我们的紧凑型的车型很受欢迎，您有兴趣看看吗？”

（3）回头客或者熟客　对于回头客和熟客，销售人员的态度可以稍为亲昵一点，但要注意分寸，不要问及顾客个人的隐私。例如，销售人员可以说：

“上次您买给朋友的车型，他喜欢吗？”

“今天来想看哪款车型？”

“今天天气挺热……”

三、探询的技巧

倘若问一个销售新手，销售技巧的关键是什么？他会说销售技巧的关键是成交技巧；而如果问一位销售老手，他会说销售技巧的关键是探询技巧。那么探询在销售中究竟有何作用呢？

探询是商谈过程中的方向灯，指引销售顺利进行；探询可以使销售人员达到理想的商谈局面；探询可以确认需求，帮销售人员锁定焦点。一个关键性的探询可以让销售工作水到渠成。许多汽车销售人员抱怨自己的探询非常困难：“顾客老是答非所问”“顾客任我怎么说就是不理我”。出现这种情况，其主要症结就是销售人员探询的技巧不够。作为对提问技巧的提升，本部分介绍高级的提问——探询技巧。

（一）探询的三个阶段

汽车销售探询有它的阶段性，可分为第一阶段探询、第二阶段探询、第三阶段探询。

第一阶段探询也就是开始商谈阶段，这个阶段主要是了解顾客购买的动机与需求，即了解需求车型、购买用途、价格期望等。

第二阶段探询是商品介绍阶段，即为什么这款车更适合顾客，其性能和特征的与众不同之处。注意：切莫主观行事，要根据第一轮探询的结果有的放矢地介绍。

第三阶段探询是处理异议和成交阶段，这个阶段处理顾客最在意什么，为什么拒绝签约，还有什么异议。在成交的过程中，注意处理有关车身颜色、交车时间、付款方式、是否签约等问题。

【案例 5 - 8】

首先了解客户存在的问题，然后强化自己产品的优势

某客户经过比较，最终锁定了两个不同品牌的同级车，但由于各款车都有其独到之处，他较难取舍。其中，A 品牌为新上市的车型，在同级车中率先装备了 ESP、双氙气随动转向大灯、八向电动座椅等高科技安全与舒适性配置，但这款车外形设计过于时尚，整体视觉效果是车体不够宽大，同时还没有天窗；B 品牌为已经在市场上销售一年多的车型，在同级车中销售相当不错，业界的评价也很高，虽然没有装备ESP和氙气大灯，但宽大的车身、天窗和用户良好的口碑的确让客户割舍不掉。这天，他来到了A品牌的展厅，想就这个问题寻求一个最终的答案。

销售员：通过刚才您的介绍，两款车都让您心动。说句实在话，购车选择是一件很难的事情，因为没有一款车、也不可能有这样一款车，把所有车型的优点集于一身。只是，一款车是否适合自己，最关键的是要看是否能够符合我们的投资要求，能否解决我们目前存在的问题。在此，我想请教一下，在您过去用车的经历中，上高速的机会多不多？

客　户：多，经常要出差，全省各地跑。

销售员：那也就是说，出差的时候遇到刮风下雨的机会比较多了？

客　户：那自然。

销售员：遇到风雨天您是不是要减慢车速而且还要小心翼翼？

客　户：那肯定。

销售员：有没有在雨天高速行驶时遇到过紧急情况？

客　户：有啊！半年前送一个客户去某地，在高速路上就碰到过这样的情况，那一次差点把我们吓死了。

销售员：这么说，汽车安全保障系统是你不得不重点考虑的问题了，特别是该车是否配备了ESP。

客　户：没有错。

销售员：那我再请教一下，您开车出差时会不会因为时间紧，经常在晚上赶路？

客　户：差不多每次出差都会如此。

销售员：这样的话，行车过程中对灯光的要求就会比较高，不仅照度要高，而且视野要好，如果在弯道行驶和上下坡时能够自动调节，那么行车就安全得多了。

客　户：你分析得没错。

销售员：这样看来，行车安全的保障是您必须第一位考虑的问题，而这款车有没有天窗就显得不那么重要了。

客　户：当然，如果安全保障系统又完备，而又有天窗的话，会更好一些。

销售员：从这个角度看，在您刚才确定的这两款车中，也只有A品牌最符合您的要求了，我建议您现在就把这辆车开回去吧！

分析：本范例中，销售顾问在明确了客户的选择范围后，进行了立场转换，提出选车应该考虑的问题与角度，让客户感觉到是站在他的立场上考虑问题，帮助他出主意。接着，话题一转，开始导入到A品牌最有优势的部分——安全保障系统，寻找客户没有特别注意甚至是忽略掉的问题进行强化。

（二）九类探询顾客的方式

1．吸引顾客的注意力

汽车销售人员在探询之初，必须将顾客的吸引力牢牢地控制在自己身上，使他聚精会神地倾听，只有这样，销售人员的说服才有可能打动顾客的心。销售人员针对顾客的需要、欲望或顾客关心的事提出询问，就可以引起顾客的反应，同时，销售人员如果能站在顾客的立场上来询问，则更能引起对方的共鸣。以下是一个很好的例子。

销售人员说："与其他车辆相比，这种车能节省15%的汽油，而且还可以节省许多养护费，您觉得合适吗?"这唤起顾客的注意力，然后再接着说："我们来看看有关油耗的比较数字好吗?"这么一问，大部分顾客都会认可。

显而易见，这位销售人员把一些单调的话，变成柔和的询问语后，获得了显著的效果。销售人员要做好这种询问，并不能仅凭接待时的灵感，而应当事先多准备几个询问问题。

最有效的询问，就是针对某个特定的顾客做适当的询问。任何一位销售人员，只要认真思考，都能准备一些适合各种环境的询问问题。事先做好准备的询问，并在询问中配合顾客的关心点，就能打动顾客。

2. 引起顾客的购买欲望

销售人员采用以上探询方式以后，接下来就应利用销售技巧来打动顾客的心，从而让顾客产生"购买的欲望"。询问技巧能够帮助你达到刺激顾客购买欲望的目的。下面的技巧就很有效。

销售人员："您好，先生，您真有眼力，这款车的买主多数是成功人士，您肯定也是成功人士。"

这是一个表面看来极普通的询问，但在其中却巧妙地暗示着：产品适合对方身份——成功人士。而这种暗示正好可以点燃顾客的"购车欲望"。

如果一位顾客从另一个车行出来，他因为不满意那个车行销售人员的态度，向销售人员倾诉时，销售人员千万不要攻击对手，这会影响自己的声誉，而且顾客也不会对这个销售人员产生好感。如果是把露骨的攻击加以隐藏，借着询问顾客问题的方式，帮助他下结论，就会收到良好的效果。

销售人员可以这样发问："先生，您讲得很对，这对我们提高服务质量很有帮助，我们如果在服务方面有让您不满意的地方，请您提出来，以便我们加以改进。"

在此，销售人员并没有直接攻击竞争对手的服务质量，而仅凭借询问技巧来开拓自己的市场。这种询问技巧，能使销售人员得到更多的订单。

3. 诱导顾客反询问

顾客不会听凭你的摆布，更不会做你的听众，如果汽车销售人员总是把顾客当作小学生，顾客很可能对你产生抵触情绪。因此，最好的方式是让顾客也当一回"老师"，给他增加一点自豪感。你可以这样向顾客探询："我是一个新手，很想请教您，您认为什么品牌的汽车更适合您?"大部分的人都喜欢听到自己的声音。只要你肯去请教对方，就可以消除很多障碍。当然，销售人员运用反询问这一柔性销售技巧，还应注意下边几点：

（1）是否准备了能引起对方注意的反询问话题？如果没有，就应当立即着手准备，准备好了再用这一技巧。

（2）是否知道哪一个销售要点最能打动顾客的心？如果不知道，应该立即准备能够寻找相关信息的一连串反询问话题。

（3）能不能利用柔性销售的反探询，以期在激烈的竞争中使自己站到有利的位置上？如果不能，就要多学多练。

（4）得体的探询由开放式提问开始，了解需求方向后再缩小范围，也就是先从大方面入手，然后再将目标缩小。所谓大方面就是先从日常生活的一些话题开始，直到把顾客引向产品本身，然后再开始聚焦话题。

4. 承诺式探询

这是成交前对顾客的一种承诺。例如，销售人员可以说："我们还给您准备了一些额外的小礼品，不知道您是否喜欢，希望您能给我们提一些建议。"

5. 恭维式探询

这是兼顾营造气氛的探询。例如，销售人员可以说："听说您的高尔夫球打得不错?"

6. 反问式探询

这是利用向顾客澄清问题的机会发问。例如，销售人员可以说："您说便宜一万，是不是指一万元的礼品啊?"

7. 推测式探询

进一步缩小需求目标的探询。例如，销售人员可以说："您如此重视家人安全，看来您是一位非常有责任心的人，这款车配备了双安全气囊，您觉得怎么样?"

8. 选择式探询

这是迫近成交时的决定性探询。例如，销售人员可以说："先生，您要的是黑色还是灰色？您是付全款还是分期付款?"

9. 摸底式探询

这种询问的目的是了解顾客的某些事实状况。销售人员提出事实状况询问的主题当然是和销售的商品有关。例如，"您开了多少年车？上班的路程远吗?" 等等。

【案例 5-9】

探询顾客需求，实现成功销售

这是一个发生在澳洲福特销售店的故事。

有一天，一个顾客到展厅说要买福特车，当时澳洲销售的福特车全都是自动挡的，这个顾客来买车时却点名要手动挡的。我当时询问手动挡的车是不是因为价格比自动挡的车便宜，他却说钱不是问题，只要把手动挡的车找来，他按自动挡价格付款。我当时很奇怪，这是为什么呀？是不是喜欢加速性能呢？如果不能搞明白他为什么必须要手动挡的车，我注定会丢掉这个顾客的。是什么原因促使他一定要追求手动挡的车呢？真实需求目的是靠探询得知的，顾客有的时候是不会主动说的。我说您是专业司机？所以您要手动挡？要加速感觉？要动力性？他开始回答我的问题时就把真正的目的说出来了（注意，为什么他会说出真正的目的）。我注意到"您是专业司机"这一句话很重要，这是给别人向你敞开胸怀的一句很关键的话。你光说你注重动力性，不足以让他打开自己的内心跟你说，你只有说他很专业，是一个专业司机时，他才会感到很受用。你这是在给他什么呢，是尊重，而且表明一个态度：我想向你学东西，你是专业司机。当我问到："您是不是觉得加速性特别好?"他对我说："我不要这个加速性，那都是年轻小伙子追求的，最近一段时间我工作变了，要用车跑很多路，而且都是盘山公路。"我就问："这个盘山公路用手动车怎么会帮你，是不是上坡有用呀?"他强调说："上坡是一个方面，但是我更看中的是下坡的时候，万一这个刹车系统失灵了，我可以用手动挡把速度降下来。"我当时不知道，一般人也不会想到，一个人要买手动挡的车是冲这个原因。我当时有两个解决方案，一个方案是给他找一个手动挡的，另一个方案是说服他买自动挡的车。我当时卖的是福特飞鹰4.0、4.1L自动挡的轿车，要是给他调手动挡的车，不知什么时候才能从美国运到澳洲，只有想办法把现有的车卖给他。顾客对所购车的性能需求的重点也已经显露出来了，就是他注重安全性，即刹车系统失灵以后的安全性。这恰恰是在一开始我忽略了介绍福特车的刹车自检功能，福特车的自检功能不仅检查气囊、ABS，还检查一般刹车油的渗漏情况，当时我不知道要介绍这一点。谁会在前期介绍这么细呢，一般不会。但一旦发现顾客有这种需要的时候，我们就要详细介绍这款车刹车的自检系统完善到什么程度：只要刹车油在较短时间内下降一毫米，系统就会发出警告，告诉你刹车油的油压变化。我立刻给他讲这项功能，告诉他这款车的现有安全性能已经足够好了。大多数人在讲完这点后就完了，实际上还不足以满足顾客需求。虽然目前的方法足够好，但只是从正面这一个方向进行表述，还不能引起顾客的重视。举个例子：医生给你看病，给你开了药说药到病除，但老道医生还会加上一句话，如果不用我的药你会……一个正说，一个反说，都在说一件事，但产生的效果是不同的。于是我接着说："你用手动挡降速是非常危险的，用手动挡把速度降下来，有可能在强行降挡的时候，齿轮使凸轮迸裂，直接将发动机打裂，这样就有爆炸的可能，实际上反而更加不安全。"一番话说得他若有所思。所以说，抓住顾客需求重点以后，从正反两个方面来向顾客解释，一方面解释现有的新科技方法的好处，另一方面详细叙述过去的方法存在的更大安全隐患。

后来在维修工程师的协助下，顾客亲自体验了汽车启动时自检的功能所包括的所有项目，试验了刹车系统漏油时的警告。后来这个顾客在我这里买了车。以后的三年里，他分别介绍了五个顾客来我这里买车，他介绍来的顾客告诉我说：他们的朋友说我专业。其实，对于专业汽车技术来说，我还差得远，不过就是紧紧抓住他的购买重点，然后从他可以体会到的利益出发来详细地解释，并实际试验，从而打消了他所有的关于自动挡车的疑虑，当然他会感到满意了。

复习思考题

1. 顾客需求分析的概念是什么？
2. 进行顾客需求分析应遵循哪些原则？
3. 顾客需求分析的目的和作用表现在哪些方面？
4. 顾客需求分析包括哪些内容？
5. 顾客需求有哪些特点？
6. 试述顾客五种常见的消费心理。
7. 顾客需求分析的技巧和策略有哪些？

第六章　车辆展示与产品介绍

在销售行业里，有句老话“没有卖不出去的产品，只有卖不出产品的人”。汽车是零件以万计、产量以百万计、保有量以亿计的第一商品。汽车销售，属于高档耐用消费品的销售，作为一名汽车销售人员，如何将摆放在宽敞的展厅里的汽车转移到消费者的手中，是一个非常有难度的过程。熟知自己所要销售的车辆，根据顾客实际需求向顾客主动介绍车辆是汽车销售环节中的重要一步。成功的车辆介绍技法，能让顾客认同销售人员提供的车辆或服务能满足他的需求。

第一节　车辆展示与介绍的目的

车辆展示是销售人员针对展示的车辆通过讲解与示范帮助顾客全面了解产品，进而使顾客产生购买欲望的过程。

在汽车科技日新月异、购车者与日俱增的今天，顾客对汽车科技的认识还不能完全与汽车科技的发展状况同步。因此，销售人员在向潜在顾客介绍汽车产品时，单纯的产品性能、配置的介绍，只会让顾客在选择时更加茫然。如何激发顾客的购买欲望，使顾客由认知的情感阶段转而进入行为阶段，就需要汽车销售人员凭借敏锐的洞察力去实现顾客需求点与车辆特征的一一对应，通过车辆展示直观地进行产品介绍。一旦找准了碰撞的切入点，成功的火花很有可能在销售人员的眼前点亮。

一般而言，正式的产品介绍是指销售人员完成基本的需求调查后，向顾客说明他提供的产品及服务能带给顾客何种利益、期望顾客能购买的过程。车辆介绍就是销售人员有系统地经过一连串需求确认，特性、优点及特殊利益的陈述，从而引起顾客产生购买的欲望。

车辆介绍目的是使顾客比较全面地了解车辆，唤醒顾客对现实问题的重视，让顾客了解能获得哪些利益，让顾客产生需求欲望，进而让顾客认同销售人员所提供的产品或服务能解决他的现实问题及满足他的需求。成功的产品介绍的特征是，销售人员能毫无遗漏地说出产品对解决顾客问题及改善现状的效果，能让顾客相信该销售商能提供完善的销售服务，能让顾客感受到销售人员的热诚和愿意站在顾客的立场帮助顾客解决问题的态度。

第二节　车辆展示与介绍的要求

车辆展示的目的是使顾客对车辆性能有更直接的感性认识，进一步增强顾客的购买欲望，并体现其安全、高质量的品牌内涵。在展示的过程中，有下面三项要求。

一、车辆摆放的要求

车辆摆放要为顾客的参观与操作提供方便。一般要注意以下几点：

(1) 重点车型摆在醒目的位置　属于旗舰的车型，一定要摆放在突出的位置。可以把一些特别需要展示的车辆停在一个展台上，其他的车都围着它，犹如众星捧月，甚至可以打出一些聚焦的灯光。

(2) 注意车辆的颜色搭配　展示区域的车辆不能只有一种颜色，几种颜色搭配的效果会更好一些。

(3) 注意车辆的型号搭配　同一个品牌的车，可能有不同的系列，如有的带天窗，有的是电动门窗，不同型号的车应搭配展示。

(4) 车辆的摆放角度　车辆的摆放应让顾客感觉错落有致，而不是凌乱无序。

二、对参展车辆的要求

(1) 展车表面（包括发动机室、排气管、车身、车门、门缝、玻璃、门拉手、前脸等部位）要无手纹，无水痕。由于车辆油漆的光洁度非常高，车门把手都是镀铬的，表面很亮，手一触摸便会留下指纹，所以销售人员在展厅里面要随时随地按照规范保持车辆的清洁度。展车表面不允许带有水迹，特别是车辆夹缝里的水迹要擦干净，不能留有死角。

(2) 车辆要保持一尘不染，引擎盖打开以后，凡是视线可及的范围都不允许有灰尘。轮毂中间的 LOGO（车标牌）应与地面成垂直或水平状态；轮胎导水槽内要保持清洁、无异物。由于车是从外面开进展厅的，难免会在导水槽里面卡住一些石子等东西，这些东西都要清洗干净；轮胎仅洗干净还不够，还要美容一下，用亮光剂把它喷得乌亮；轮胎的下面应使用垫板。很多专业的汽车公司都把自己专营汽车的标志印在垫板上，这样会给顾客留下一个良好的整体感觉。

(3) 新车在出厂的时候，方向盘上都会有一个塑料套，有的倒车镜、遮阳板也是用塑料套给套起来的，这些都应拿掉。

此外，还应调整好倒车镜、后视镜，使其处于合适的位置；方向盘摆正并调到最高位置，如果太低，顾客坐进去以后会感觉局促别扭；仪表盘上的时钟调校出标准的北京时间；确认各功能开关所处的位置并试用；确认空调出风口在空调打开后有风；确认收音机功能范围内的频道，调好左右喇叭声道、音量，等等。

(4) 前排座椅调整到适当的距离，而且前排两个座位从侧面看必须是一致的，不能够一个前一个后；不能够一个靠背倾斜的角度大一点，一个靠背倾斜的角度小一些。座位与方向盘要有一个适当的距离，以方便顾客的进出；两者距离太近了，顾客坐进去不方便，还以为是驾驶空间小了，其实是那个座位太靠前的缘故。

(5) 后座椅安全带折好用橡皮筋扎起来塞到后座座位中间的缝里面，留一半在外面。

(6) 一般展车里面都会放一些脚垫，以保持车内的清洁度。每一个 4S 店都会事先制作好脚垫，如本田的脚垫上面有本田的标志。脚垫摆放的时候应注意标志的方向，同时要注意把脚垫放正，脏了要及时更换。

(7) 后备箱要整洁有序，无杂物，安全警示牌应放在后备箱的正中间。

(8) 展车放置时间长了，电瓶可能会亏电，所以要保证电瓶电量充足。

三、对销售人员的基本要求

（一）全面了解所销售车辆

一次成功的销售与销售人员对所经营车辆及本行业专业知识掌握的程度有直接联系。销售人员只有熟练掌握所经营车辆的知识，同时知道经营的车辆与行业内竞争对手的车辆的差异，才能在车辆展示与推介过程中扬长避短，发挥优势。销售人员需要了解的车辆的内容包括以下几个方面：

1. 车辆的基本知识

（1）车辆的硬件特性　车辆的性能、品质、材料、制造工艺、配置、零件、规格、参数、技术等；

（2）车辆的软件特性　指车辆的设计风格、色彩、理念、品牌、时尚元素、流行性等；

（3）车辆使用知识　车辆的使用方法，如用途、操作方法、安全设计、注意事项、售后服务的体制等。

2. 车辆的交易条件

车辆的交易条件包括　付款方式、价格设定、优惠方式、保修条件、保养规定、保险条款、上牌手续等。

3. 竞争车型的知识

（1）与竞争车型进行技术性能的对比；

（2）与竞争车型进行性价比的对比。

（二）掌握顾客的关心点

下面用一个案例来阐述这个问题。

【案例6－1】

掌握顾客的关心点

一天，一对夫妇来到了丰田展厅。销售人员热情地迎了上去说："欢迎光临，我是销售员小张，很高兴为你们服务。你们想了解一下什么车型呢？"这对夫妻回答道："我们先自己看看。"不一会儿，夫妇俩看了锐志、威驰两款车，这时销售员走上前问道："两位看过车后，感觉怎么样？"丈夫说："锐志这车不错，又大气，操控性又好，很适合我这种喜欢开快车的人。"而他妻子却说："这两年虽然生意不错，但还是不够稳定，我们还是需要节省一点，锐志车要二十多万，而且2.5升排量的油耗会比较高，维修保养的费用也会贵很多。"丈夫说："是啊，你说得也有道理，但是威驰感觉还是太小了，有时候接送生意上的客人还是觉得有点小气。"说到这里，夫妇两人都陷入了沉默。

销售员心里明白了，原来两人都难以说服对方，而又不愿接受对方的意见。于是销售员对他们说："威驰虽然价格比较便宜，使用成本也很低，但是纯粹是家庭用车，如果有生意上的使用，的确是有点小气，锐志车虽然够气派，够高档，但价格也比较高，使用费用也会贵很多，因此养车的压力会比较大。两位不如选择花冠，花冠这款车正好介于威驰和锐志之间，车辆外形比威驰的漂亮，既可做家用又适合商务用，动力性和操控性都非常出色，而且使用成本也比较低，我看挺适合你们的。”夫妇两人听完销售人员的一席话，都不约而同地说：“能不能带我们看看车啊！”销售员带两人看完车，又带他们试乘试驾，结果夫妇两人都非常满意，高高兴兴地付了款，订购了一辆花冠车。

很多销售员在销售的过程中，仅仅关注自己产品的特性，总是想以低廉的价格、更优惠的服务来打动和吸引顾客，而没有真正关注顾客的需求点和关注点，因此，很难打动顾客的心。优秀的销售员要懂得察言观色，真正抓住顾客的心理，这样才能达到成功销售的目的。

（三）扬长避短

汽车工业发展到今天，各个品牌的汽车都有其独特的技术和特点，都有优点也都有不足，十全十美的车是不存在的，大家都说劳斯莱斯是最高级的汽车，但也有一个最大的缺点，就是太贵了，买不起。因此，在销售过程中顾客指出我们产品中存在的问题和不足是很正常的事情，当遇到顾客对我们的产品不满意时，我们应该注意，不要对产品的缺点做过多的解释，否则会让人感觉越描越黑。对于这种情况最好的办法，就是以我们的优点来应对顾客的指责，采取摆事实、讲道理的方法，突出产品的优势，回避产品的不足，以优点弥补缺点，这样才能收到令人满意的效果。

第三节　车辆展示与介绍技法

销售人员在进行车辆展示与介绍时，需要掌握的技能很多。诸如，营造良好的展厅氛围、选择恰当的时机进行产品介绍、熟悉产品的介绍技法和熟练掌握语言艺术等。下面介绍车辆展示与介绍的几种常用技法。

一、FABE 产品介绍法

（一）FABE 产品介绍法的概念

FABE 产品介绍法（也称四段论介绍法）就是将产品的特征（feature）表述清楚，并加以解释、说明，从而引出它的优势（advantage）及可以带给顾客的利益（benefit），并适时地展示足以让顾客置信的证据（evidence），进而使顾客产生购买动机。图 6－1 是 FABE 产品介绍法示意图。

步骤一：feature（特征）介绍。其是指所销售车辆的独特设计、配置、性能特征；也可以是材料、颜色、规格等肉眼可以观察到的事实状况。将特征详细地列出来，尤其要针对其属性，按性能、构造、易操作性、机能、耐用性、经济性、设计、价格等写出其具有的优势和特点，将这些特点列表比较。

步骤二：advantage（好处、优势）说明。将商品的特征与因为这些特征带来的好处进行详细说明，必须考虑商品的优势、好处是否能真正带给顾客利益。例如，销售人员可以这样进行介绍：“ABS 系统是利用装在车轮上的轮速感应装置，在制动时对车轮进行点刹，防止车轮抱死的一套制动系统，它能够大大缩短车辆在湿滑路面上的制动距离，并能够在制动的同时，打动方向盘实现对车辆的正常操控，绕开障碍物。”这样就能使顾客对

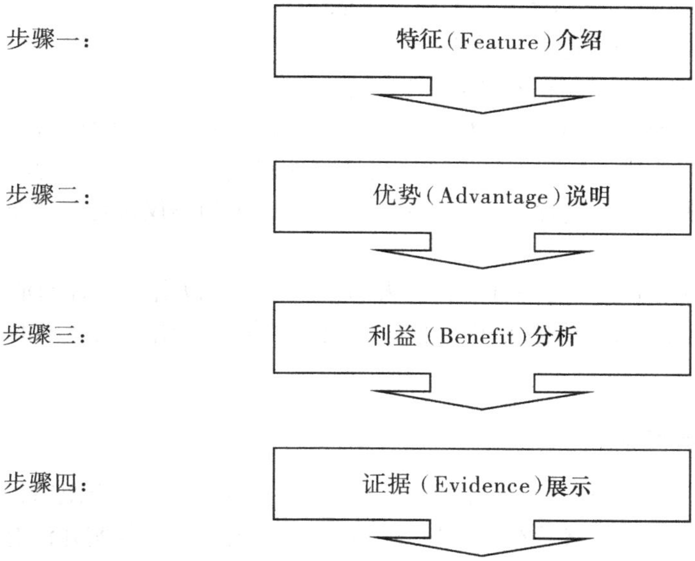

图 6－1　FABE 产品介绍法示意图

ABS 的优点有更深入的了解，更易于接受。但是优点必须转化为顾客愿意接受的利益，顾客才会愿意接受销售员的推荐，实现购买。

步骤三：benefit（利益）分析。就是指产品的特性和好处能带给顾客哪些方面的利益。通过销售员的分析，将顾客所关心的利益表达出来，从而引起顾客的共鸣。例如，销售人员可以这样进行介绍："这辆轿车配置了 ABS 防抱死刹车系统，能够利用装在车轮上的轮速感应装置在制动时对车轮进行点刹，防止车轮抱死。它能够大大缩短车辆在湿滑路面上的制动距离，并能够在制动的同时，打动方向盘实现对车辆的正常操控，绕开障碍物。对您而言能够大大提高您操控这辆车的信心，降低因为刹车而带来的乘坐不适，还能够减少轮胎的磨损，延长轮胎的使用寿命，降低使用成本。"

步骤四：evidence（证据）展示。也就是要找到能让顾客相信的证据。证据可以是证明书、照片，报纸、杂志的报道、其他顾客的证明、录音、录像等，通过这些证据，使顾客更加坚信销售员的介绍，从而促成销售。

FABE 产品介绍法就是通过产品特征和性能的介绍，让顾客了解这些特征带来的优势和好处，同时引申出能为顾客带来的利益，以引起顾客的共鸣，接着展示足以让人置信的证据，从而坚定顾客购买的决心。这样顾客不仅不会产生抵触情绪，而且还会觉得你完全站在他的角度，是为他着想，帮助他解决问题，从而很容易产生接受、认同的心理。应用 FABE 产品介绍法，帮助汽车销售员设计有力的销售台词，可以大大提高汽车销售员的销售效率以及销售额。

在应用 FABE 产品介绍法时应该注意，不要将所有的特征通通说明，而是根据顾客所关心的利益重点部分的有关特征加以强调；说明商品特征带来的好处时，应多用"增加、提高、减少、降低"等的词语，来有效地表明商品特征带来的好处；在描述顾客利益时，一定要具体、生动、准确，用词要有丰富的感情色彩，以顾客的感觉为中心，充分调动顾客的情感；提出证据时一定要可靠、准确，多用数字化词语，要实事求是，切勿夸大其辞。

（二）FABE 产品介绍法运用的两个重点

（1）正确运用四段论介绍方法；

（2）要求销售人员对汽车的相关知识有充分的了解。

FABE 产品介绍法也可以称为“寓教于售”的销售原则。顾客需要在由潜在顾客转变为真实车主的过程中不断学习，达到与所选择车辆的生产者、销售者对车辆认识的统一。而销售人员在整个介绍过程中，应让顾客感到其销售的不仅仅是一辆车，而且还是一种崭新的观念、一个成熟的想法、一套合理的方案。

FABE 产品介绍法还有一种更为巨大的潜能，它可以引导顾客的消费方向，即“使用价值导向”。运用产品介绍法法则，使顾客更加了解车辆给他们带来的好处，从而激发顾客的购买欲望。

二、构图讲解法

日本人曾做过一个实验：他们把一个死囚绑在病床上，蒙上眼睛，用刀背在死囚的手腕上象征性地划一刀，然后在他的耳朵边滴水，死囚的手腕其实并没有被划破，但是最后死囚居然死了！

这个实验证明了心理作用对一个人有巨大的影响力。死囚以为自己的手腕被划破了，听到旁边的滴水声，于是给自己勾画了一幅手腕在流血的图画，然后越听越害怕，越想越觉得虚弱，最后竟然死了。可以说死囚是死在自己所勾勒的可怕的图画里。

顾客来买车时，其实在心中也有一幅图画，那就是他开上车之后的生活场景。顾客在决定购车的时候，会在潜意识里勾画出他拥有汽车之后会是一种什么样的生活场景，然后根据这一场景和图画来做判断。顾客会在他的潜意识中，描绘他理想中车辆的颜色、外形、内部装饰、空间等内容。因此，销售人员要想将车辆销售出去，就必须了解顾客心中的这幅图画，并且通过自己的介绍，描绘一幅更美丽的图画，以此来达到有效刺激顾客购买欲望的目的。

（一）采用构图讲解法的好处

（1）构图讲解法能给顾客留下深刻的印象；

（2）能增加顾客的参与感，引起顾客的共鸣；

（3）让销售讲解更加形象生动，顾客容易明白；

（4）吸引顾客注意力，激发顾客的购买欲望。

（二）构图讲解法应用的三个时机

1. 叙述功能的时候

销售人员在介绍 SSC 车载发烧音响系统时，可以说：“花冠车配备的这款发烧音响，不论高音还是低音都能完美呈献，让您有一种亲临音乐会现场的感觉，当您在驾车途中，遇到堵车心烦的时候，打开音响，让轻柔的乐曲在心间流淌，让您的身心沐浴在动人的旋律之中，心中的烦恼再也找不到了……”

2. 车辆使用过程中

销售人员在介绍车载导航系统时，可以这样说：“皇冠车配备了 GPS 导航系统，您只需设定目的地，导航系统就能通过语音进行引导，有了它，你再也不用在行车的过程中左顾右盼地寻找目的地，再也不用为去陌生的地方而翻看地图了，导航系统就像一位无所不知的贴身助理，你只需轻点屏幕，设定好目的地，导航系统就能带你到任何你想去的地方……”

3．突出车辆特性的时候

在突出车辆安全特性时销售人员可以说：“人的生命只有一次，汽车固然只是一个交通工具，但对于您的家人来说，您开车在外，最重要的就是安全，如果一辆车安全性差，会给您的家人带来多么大的担心啊！皇冠车的安全性达到了世界顶级水准，光气囊就有8个，所以买皇冠车不但能给您最安全的保障，同时，也能给您的家人带来安心，即使您出差在外，家人也不会担心……”

（三）构图讲解法应用的重点

销售员在进行构图讲解的过程中，首先要把握顾客的心理，了解顾客心中的那幅图画有些什么内容，有多美，然后才能根据自己所销售的产品，提炼出有针对性的销售主题，然后构造一个应用的情景，最后将这个主题与情景搭配起来，连缀成一个故事或生活场景。通过这种方法，可为顾客营造出一幅幸福、美满的图画，让顾客觉得这个生活场景比他心中的那幅图画更美更动人，从而激起顾客对这幅美丽图画的向往，使顾客自愿接受你的产品介绍，并最终购买你的产品。图6－2是构图讲解法的示意图。

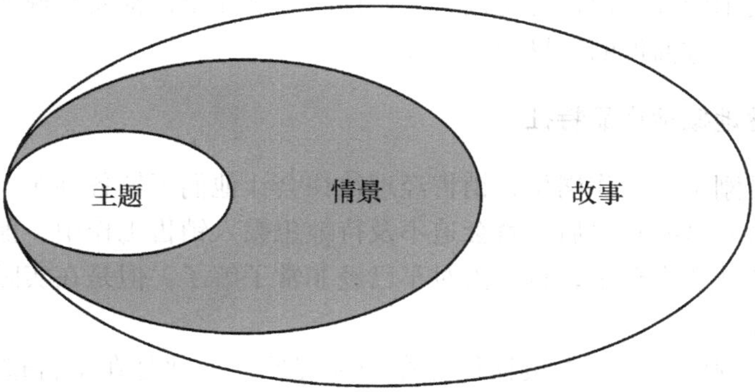

图6－2　构图讲解法示意图

三、道具演示法

道具演示法就是为了让车辆介绍更加逼真、生动，利用一些相关道具边演示边介绍。

【案例6－2】

道具演示法

销售员：“花冠车的发动机，采用了丰田公司最先进的VVT－I技术，不仅功率大，油耗低，而且非常地安静，您看，用眼睛根本看不出它有振动。”说着，销售人员拿出一支香烟，立在桌子上。

销售员：“我们启动发动机，将这支烟立在发动机上，绝对不会倒下，您相信吗？”

顾　客："不能吧！这样都能行吗?"

销售员启动发动机，然后将香烟立在发动机上。

顾客惊呆了："真的可以啊！真了不起，从来没见过这么安静的发动机啊！"

上例中，销售人员利用一支烟就能让顾客对花冠车发动机的性能产生深刻的印象——这就是道具演示法的独特性。

应用道具演示法应注意以下几点：

（1）道具演示法最主要的是通过道具吸引顾客的注意力，唤起顾客的想象力，激发起顾客的好奇心，给顾客留下深刻的印象，因此道具的选择要巧妙，出乎顾客意料。

（2）在具体实施的过程中，语言、手势、动作与道具的应用要协调，表情要自然、逼真，让顾客觉得真实可信；

（3）道具演示法一般是在顾客无法理解产品特性的情况下采用的方法，因此，要根据产品的特性，决定是否采用道具演示法和采用什么道具来进行演示。道具演示法不可滥用。

第四节　车辆介绍的要领

无论是车辆展示的开场白，还是进行实质性的车辆介绍，都要掌握要领，还要讲究语言艺术。下面从几个方面说明车辆介绍的要领。

一、有针对性地概括产品特征

很多销售人员刚走上工作岗位，销售经理往往会让他们了解各种车型的技术参数和性能，销售人员在看完这些资料后，就会迫不及待地想投入销售工作中。他们认为只要知道产品的性能和参数就能卖车了，自认为对车已经非常了解了。但是在实际销售工作中，是否真的如此容易呢?

在现实销售过程中，销售人员往往存在两种现象：一种是在销售过程中处于被动状态，被顾客牵着鼻子走，顾客问什么，销售员就回答什么。另一种是销售员滔滔不绝地讲解，全然不顾顾客的感受和需求，从头到尾将车辆的性能毫无遗漏地说上一遍，自认为讲解得很好，但顾客却并不买账。那么，销售人员应如何利用技术参数和车辆性能知识进行产品介绍，引导顾客、打动顾客呢?

其实，顾客最关心的并不是车的技术如何领先，而是这些技术对他们来说能带来什么好处。因此，销售人员首先必须非常清楚，一辆汽车可以从哪几个大的方面概括地向顾客介绍。

汽车是一个非常复杂的产品，销售人员向顾客介绍汽车的时候，不应将该车的所有特点都事无巨细地一一介绍，而是应该有针对性地将产品的各种特征概括为六个方面，那就是：①外形设计；②动力性与操控性；③舒适实用性；④安全性能；⑤先进科技；⑥性价比。如果顾客比较关注安全方面的问题，那么，销售人员就可以先从安全方面进行详细的陈述，其他五个方面可以简单说明。

总之，一名优秀的汽车销售员在车辆介绍过程中应该有针对性地概括产品特征，并且能根据顾客和场景等各种不同情况灵活应对。

例如，当顾客与汽车销售人员同站在车旁，准备进行介绍时，规范且奏效的介绍方法是“环绕法”，或叫六方位介绍法。环绕法，即在介绍车辆特征时，销售人员首先引导顾客站在展车前部，然后按照顺时针的方向，依前部、发动机室、乘客一侧、后部、驾驶员一侧、内部等六个方位顺序介绍车辆的方法。表6－1是汽车六方位特征要点介绍。

表6－1　汽车六方位特征要点介绍

部位	可强调的特征举例
前部	头灯、大灯、清洁设备、前挡风玻璃、保险杠、散热器罩、轮胎、车身、颜色、车漆
发动机室	布置形式、发动机形式、电气系统、电脑控制系统、转向系统
乘客一侧	倒车镜、座椅、脚垫、空调出风口、储物盒、内饰、安全带、安全气囊
后部	天线、行李箱、备胎、备用电池、倒车雷达、随车工具、后挡除雾装置
驾驶员一侧	座椅、方向盘、仪表台、变速箱形式、音响、车载电话、安全带、安全气囊
内部	空间、天窗、显示屏、内部装饰、豪华配置、人性化设计

在介绍每一个部位的时候，要注意根据顾客所站的角度、视线范围和此时所能想到的疑问出发，强调该部位的特征和最佳卖点。对于有条件的销售店来说，如果遇到的是比较专业的顾客，可以考虑利用升降机将车顶起，讲解底盘部分的构成等。

二、让顾客有优越感

每个人都有虚荣心，而让人满足虚荣心的最好方法就是让对方产生优越感。绝大多数人都想尝试一下优越于别人的滋味。所以，让顾客有优越感也成为车辆介绍的语言艺术。例如：

（1）顾客穿着讲究，销售人员可以夸奖他（她）衣着得体；

（2）顾客是知名公司的员工，销售人员可以表示羡慕他在这么好的公司工作；

（3）顾客住在高级生活区，销售人员可以表示渴望将来有那样的居住环境；

（4）顾客对车辆熟悉，销售人员可以夸奖他是个行家；

（5）顾客是带着家人一起来的，销售人员可以夸奖他的家庭看起来一定非常和睦，孩子很可爱；

（6）顾客是白领女士，销售人员可以夸奖她很有品位，比较个性……

顾客的优越感被满足了，初次见面的戒备心也自然消失了，彼此的距离也就越拉越近，从而使顾客对销售人员的好感向前迈进了一大步。销售人员可以从三个方面——尊重、体谅、使其快乐让顾客产生好感。只要能从这三个方面思考，就能够发现更多让顾客对销售人员产生好感的途径。

三、考虑顾客的立场

在与潜在顾客见面前，销售人员事先知道顾客面临哪些问题，有哪些因素困扰着他们。如果销售人员在介绍产品时能以关切的态度站在顾客的立场上表达对顾客的关心，让顾客感受到销售人员愿意与他共同解决问题，顾客必定会对销售人员产生好感。

销售人员在车辆介绍和销售过程中切忌出现以下几点：

（1）说得过多，夸夸其谈；

（2）为了达到目的，夸大其辞；

（3）顾客提出疑问，却无法得到正面的解答；

（4）一味地强调顾客不感兴趣的特征；

（5）在销售的过程中催促顾客；

（6）通过试车强迫顾客作出购买决定。

四、车辆介绍要尽快进入销售主题

当销售人员与顾客见面时，通过成功的接近技巧消除顾客初次见面的心理防线，并取得顾客对销售人员的了解和信任后，应该抓住时机，直接进入销售的主题。

进入销售主题前，虽然已采取了接近的技巧，但这个阶段销售人员还无法掌握顾客真正的购买动机。顾客的购买动机是非常复杂的，有时甚至连顾客自己都不太清楚他真正想要得到什么。因此销售人员在开场白之后，最好以能引起顾客的兴趣或注意的方式，陈述车辆将会带给顾客的一般性利益。在陈述一般性利益时，要注意观察顾客对哪些方面特别注意或特别感兴趣，尤其是汽车的最佳卖点，如这辆车配备有6个安全气囊，先进的导航系统等。

五、将车辆性能特征与顾客的需求和爱好联系起来

顾客产生了购买欲望，是因为他有了需求。只有有了买车的需求才会作出购买的决定，而不同的顾客，他的购买角度不尽相同。这样，作为一名成功的汽车销售人员来说，了解顾客的需求点与爱好，应是在作详尽而有针对性的产品介绍之前应做的工作。

大多数顾客来到展厅后，首先会拿一套自己想要买的车型的宣传资料，这个时候，按照销售店的要求，应该有销售员来对这个顾客进行全程跟踪了。那么销售员可以利用这个机会站在顾客旁边，引导顾客将他的需求点与喜好说出来。有的时候，销售人员自己也可以根据顾客的着装、言谈、讲话的口音等方面初步为顾客进行定位。

顾客是为了满足自己的需求而购买商品的，正如美国一位著名推销专家所说："顾客在没有弄清产品能满足自己的需求之前，是不会下定决心购买的。"汽车销售人员只有了解了顾客的需求，找到需求点，才能有针对性地强调产品所能带给顾客的利益，从而诱导顾客购买。不同的顾客，他们的需求也是不同的。有时，尽管他们买同一种商品，也是出自不同的购买动机。汽车销售人员只有在把握顾客需求的基础上，有针对性地说服，才能打动顾客。为此，销售人员要通过询问、观察、分析，来了解顾客关注的焦点，了解顾客的真正的需要，然后再针对这些需求向顾客介绍自己的产品，方可与顾客产生共鸣。

六、车辆介绍要语言简洁

销售人员在车辆介绍时如果不顾及顾客反应而滔滔不绝地讲述，会引起顾客的反感，顾客也不会反馈信息给销售人员。销售人员正确的做法应该是，把所要表达的话语浓缩，简单清晰地讲述后，静待顾客的反应。

一般来说，从敬业的角度出发，销售人员对自己所销售的车型必须有切身的体会。例如，有些客人问销售人员："丰田的锐志和本田的雅阁开起来哪一个感觉会更好？"我相信很多销售人员会回答不上来，原因就在于很多销售人员自己都没有开过这两款车。而优秀的销售人员会利用休息的时间去其他的销售店，试乘试驾各种竞争车型，并通过对方的销售人员了解竞争车型的优点，同时也学习对方的销售技巧，这样就能够对更多的汽车产品有一个更加清晰的了解和直观的感受。汽车经销店和学校不一样，它不会按部就班地教你去做每一件事，一切的工作都要靠自己去摸索、学习。如今的顾客会从电视、杂志等媒体得知许多现代资讯。因此，你为了工作的需要，要及时吸收专业的知识。除了这些之外，你自己感受到的驾乘感觉将会更具说服力。

因此，利用销售的空闲时间，销售员不妨去试驾自己销售的各种车型。在试过之后不妨想想这家商店的优点到底是什么？一分钟内你如果可以流利地说出商品的10项特点，那么你就是这行的专家了。每种商品都被认为会畅销厂家才会去生产，所以一定会有它的优点。如果怎么也找不出优点的话，可以趁着没有人的时候，和资深的销售顾问一起讨论，把产品的特色找出来也是可行的方法之一。有时候，顾客也会以其独有的方式说出其感受，这样你可以从客人那里得到驾车的感受。客人的资讯、使用的感受等都是非常宝贵的资料。掌握商品的特点是对销售人员的基本要求，但如果只会说"太棒了"、"很漂亮"、"很耐用"等一类的话，实在算不上什么行家。所以，只要你在注意这些事，并努力去做了，此类资讯自然会到你眼、耳之中。你得体地说明商品、推荐商品，顾客的行动才会因你而改变。

【范例】

关注客户利益，在产品介绍时增加互动

内容	销售顾问	客户
发动机动力大	陈先生，发动机是一辆车的心脏，我们先来看一下发动机吧。	好的。
	YY采用的是朝柴的发动机，是自主研发的，动力强CY4100，功率范围最高为95马力，在同类型车中是最大的。	不错。
	陈先生，您也是一位行家，我想请教一下：动力小，平时在使用中会产生什么问题吗？	费油、提速慢、承载能力小、爬坡能力也不够。
	看得出来，您对车性能也非常熟悉，不愧为公司的行家。我也是这样想的，一旦发生就有可能是小马拉大车的现象噢。	是的。

续表

内容	销售顾问	客户
发动机动力大	同时，车比较容易坏，必须增加维修及保养次数，这也是一件非常麻烦的事情啊！	是啊。
	陈先生，动力小还会导致运输的周期长吧，这样会有什么影响呢？	这样可能出现同一批货，别人拉三次，你可能就要拉四次或者更多了；而且可能会导致客户因为响应速度相对较慢而产生抱怨。
	是啊！陈先生，我想再问您一下：动力小，会对发动机及整车使用寿命方面产生什么影响呢？	发动机烧缸，甚至发生更严重的交通事故。
	万一发生交通事故，后果还是不堪设想的。车子需要修理，后续的服务也比较麻烦。	是的，所以我们比较慎重，希望选择相对动力大一些的车，油耗方面却不是非常重要的！
大梁比较宽	陈先生，要想多拉货，底盘与大梁是非常重要的，您说呢？	是的。
	在拉货过程中，大梁与承载有关，您对车的大梁感觉有什么问题？	大梁相对比较窄。
	那么，大梁窄对您车子承载方面有什么影响呢？	每次拉货都要控制，因此我们公司以前的车子，大梁必须加固，有时加固了还是会断的，已经换了三次了。
	大梁断的话，维修成本就增加了，不过这样的事情最好不要发生，但是至少对于载重有影响了；同时，拉货控制对您生意方面又意味着什么？	生意肯定会受到影响的，大梁维修方面也是非常重要的。
	那您每次大梁断了都有修理，您感觉服务方面有什么不满意的地方吗？	有，主要是维修时间长，有时一等就是二周，对公司的物流就有影响啊，而且还会导致销售部门及用户的投诉。
	这是个问题。陈先生，我来总结一下：您说大梁窄拉货的重量就必须控制，万一大梁断了麻烦更大，维修时间长，费用高，成本增加，客户产生抱怨，等等，是这样的吗？	是啊，所以，我们对大梁比较在意。
	陈先生，我感觉您是一个不错的商人，知道什么是问题的核心；同时，陈先生，假设解决了大梁窄的问题，对您有什么帮助呢？	不言而喻，增加利润，降低成本，节约时间，真正实现多拉快跑。
	假设能帮您解决这个问题，您有没有兴趣了解？	那真是太好了。

复习思考题

1. 对展示车辆有哪些具体的要求？
2. 对销售人员有哪些具体的要求？
3. 什么是FABE产品介绍法？
4. 什么是构图讲解法？
5. 什么是道具演示法？
6. 下列哪些是车辆的特性，哪些是车辆的优点，哪些是车辆的特殊利益？

（1）这辆车的行李箱容量为350升。

（2）车内有中央控制门锁，集中控制，能够增加车辆和乘客的安全性。

（3）这辆车的内外两面都采用镀锌的钢板，能防水防锈。

（4）“张先生，您提过，车内的音响被偷过，我们的音响安装好后呢，需要输入个人密码才能启动，而且，音响上有提示灯闪烁不灭，小偷只要看到是我们的音响，绝对会知难而退的，您再也不用担心音响遭窃的问题了。”

（5）后座装有暗锁，能够防止车子行进中，小孩子打开车门，发生危险。

第七章 试乘试驾

所谓“试乘试驾”，是指在汽车销售中，让顾客在汽车经销企业控制的场内或场外的公路上亲自乘车驾车的体验。通过试乘试驾往往能挖掘潜在顾客的购买需求。

许多车厂相继推出“有奖试驾”的活动，比如福特嘉年华推出了试驾送车模的活动，有的人可能会想，拿出新车让人开，还赠送礼物，这不是赔本的买卖吗？其实不然，商家无论什么时候也不会做出有损自己利益的事，商家是在利用这个机会发掘潜在顾客，帮助犹豫不决的顾客下定决心购买。一般能来试乘试驾的顾客都是有购车意向的人，通过举行这样的活动，能把有购车意向的人直接邀请过来亲身体验车辆的性能，效果远远大于“守株待兔”。对于那些犹豫不决的顾客，销售人员在做好前面车辆介绍的基础上，在顾客身临其境试乘试驾时，再一次向其介绍车辆各方面的性能，能起到事半功倍的效果。试乘试驾是使顾客真正意识到拥有该车将带给他利益最有效的方法之一，是许多顾客最终被征服的关键阶段。

第一节 试乘试驾的目的和作用

相对于车辆展示与介绍，试乘试驾是顾客对汽车进行真实直观地接触和了解，也只有在试乘试驾的过程中，顾客才知道这款车到底适不适合自己。尤其是车辆的动力性、提速能力，以及倒车雷达、隔音及音响效果，等等，单凭口头介绍是苍白无力的，让顾客在试乘试驾的过程中亲自体验，是最终促使顾客做出决定的最有效手段。

【案例 7－1】

引导顾客试驾

场景：三菱汽车的展厅内，一销售人员在用六方位介绍法向顾客展示三菱帕杰罗的时候，打开发动机盖后，销售人员开始向顾客介绍发动机的形式，同时有意识地引导顾客主动提出试驾的要求。

销售员：王先生，您请看，这款车采用的是六缸直列的形式，同时用到了三菱公司最先进的缸内直喷技术，这种技术在国际汽车业都是处于领先的地位，节气门用的是电子控制，较一般汽车上用的电子控制燃油喷射要有很大的优势。

王先生：技术方面我就不太懂了，你就给我说说实际开起来后有什么好处吧。

销售员：那我先用语言为您陈述一下，但我想大多数的车主都是要通过亲身体验，也就是试驾后，才能感受到它的好处。这种形式的发动机动力性极强，适应不同路面状况，在市区内驾驶就更加游刃有余了，坐在里面会感受到它无论从起步时的加速性，还是长时间行驶，都会很轻松，一脚油门下去，不会有太多阻力。

王先生：那你就尽快帮我安排试驾吧，让我亲身感受比较一下。

试乘试驾的目的和作用，归纳起来主要有两点：

第一，通过试乘试驾过程中动态的介绍，建立顾客对商品的信心，激发购买的欲望。如果仅仅凭借销售人员的口头介绍，往往很难让顾客有切身的体会，只有通过试乘试驾才能让顾客真正感受车辆的驾驶乐趣，才能真正建立起顾客对商品的信心。试乘试驾能够充分调动顾客的触觉、听觉、感觉等机能，从而全面体验驾驶的感受，更加感性地认识车辆，并最终激发起购买的欲望。

第二，收集更多的顾客信息，为促进销售作准备。试乘试驾的过程也是一个商品介绍的过程，销售人员可以通过顾客试乘试驾的感受和评价，了解顾客对车辆的认知度和对车辆最感兴趣的地方、不满意的地方、总体的评价等，从而在接下来的销售过程中有针对性地进行商品说明。另外，销售人员也可以结合试乘试驾前顾客对车辆的了解，以及顾客关心的问题，有针对性地在试乘试驾过程中进行讲解，让顾客亲身体验，消除顾客的顾虑，增强购车信心。

第二节　试驾前的准备

顾客愿意或者说希望试驾了，则意味着销售人员在销售的进程中又向成功的方向迈进了一步，作为一名销售人员，此时应该以满腔的热情，去帮助顾客尽快且妥善地安排好试乘试驾的一切事情。

不打无准备的仗，在试乘试驾前销售人员要做好以下几方面的准备。

一、了解试驾顾客的心理

在试驾过程中，销售人员要尽量使顾客对其建立信任感。而销售人员只有了解了顾客试驾的心理期望，才能对症下药，才能取得顾客的信任。

一般来说，顾客试驾的心理期望有三种：有需要别人对自己提出参考意见的，希望销售人员和他一起，在试车的时候能够随时给他提供信息，帮助他能够正确地操作；也有需要多次试驾不同车辆的，目的是扩大挑选范围，以便发现最适合自己驾驶的车辆；还有一种顾客，是属于不希望别人打扰的，如果他不能够单独试车，他也希望随同的销售人员保持安静，他需要一个充分自由的时间和空间来自己体会驾车的乐趣，以便了解这辆车子的性能是否满足他的要求。作为陪同试驾的销售人员应了解上述不同顾客的心理，有针对性地调整在试驾中的行为。

二、试车路线的选择和车辆性能展示

（一）试车路线的选择

在试乘试驾之前，销售人员应选择好试车路线，确保行车安全，并使顾客有足够的时间来体验车的性能；要尽量避开交通拥挤路段，以选择车流量较少、平直的路面为宜。另外，选择试乘试驾路线要结合车型特性来进行选择，若是越野车则应选择路况稍复杂的试车路线，以便顾客能充分体验到越野车独特的性能和魅力。

试车所选择的路段至少要满足10至20分钟的驾驶时间；所选择的路段应避开建筑工地和交通拥挤的地区；在途中有一地点可以安全地更换驾驶员。要将试乘试驾路线绘制成图，并摆放在展厅，以便于销售人员在试乘试驾前向顾客进行路线的说明。

（二）车辆展示

（1）加速性能　欲体现车辆更好的加速性能，所选择的路段应该尽量平直，干扰车辆少，交叉路口少，红绿灯少。在平稳加速或急加速前，销售员要有意识地提醒顾客注意加速时间、加速距离、最高时速和车辆的推背感等。

（2）刹车性能　刹车前要确保前后300米左右内没有车辆，道路平直，不要刚刚加速后就立即刹车。刹车前提醒顾客注意刹车距离，体会刹车时方向盘的稳定性，关注车辆有无跑偏或甩尾，等等。

（3）灵活性和转向　方向盘在打角度的时候的轻便性，助力转向的柔韧性；不同速度下转向时的侧倾程度。

（4）悬挂系统性能　过坑凹洼地时的减震效果，乘坐的舒适性。

（5）操纵性　主要体会换挡的平顺性、过弯时车身的稳定性等（转向系统的性能，方向盘既不要过重也不要过轻）。

（6）内部的安静程度　驾驶时产生的噪音主要来自发动机及相关部件工作时的噪音、轮胎与路面摩擦时产生的噪音、迎面来风与车体摩擦产生的噪音和车体钢板震动所产生的噪音之和。这些噪音是不可避免的，生产商在车辆出厂前就会考虑到以上因素，从发动机工作规律到车体结构上作改进，以尽量减少驾驶时的噪音。

三、试驾车辆的准备

顾客在购车环节中最看重的就是试乘试驾这一部分，因为它是顾客对自己看中的汽车做进一步了解的过程。试乘试驾是从纸上谈兵转化到实战演习，是选车过程中很重要的一项活动，所以销售人员要从思想上重视试乘试驾。为顾客提供一个舒适的试乘试驾环境，选择并保证试乘试驾车辆的车况就显得非常重要了。在选车过程中要尽量选择顾客喜欢的车型，如果车型不能完全符合顾客的要求，也要尽量找一辆接近顾客购买意向的车。

经销店必须准备专门的试乘试驾车辆。有些公司没有配备专门的试乘试驾车辆，而是拿公务用车来给顾客试乘试驾，由于没有专人负责管理，有些公务车的使用时间较长，行驶里程较多，车状较差，车内的装饰也老化，导致顾客在试车的过程中感觉不好，这样的试驾不但没有起到好的作用，反而带来负面的影响。因此，试乘试驾车必须专门用于试乘试驾，而不能用作公务车，并确定专人负责管理。具体而言应做到以下几点。

（1）确保车况处于最佳状态。管理员每天上班首先要检查车辆的行驶性能，包括发动机、变速箱、刹车系统、音响、空调、座椅调节、雨刮器、轮胎等系统是否正常，如发现问题要及时进行调整和维修，确保车辆处于最佳状态。每天检查油量，确保油箱内至少有1/2箱燃油。除此之外，还可以给汽车做一些锦上添花的工作，如配备一些CD、DVD，以便在驾车途中能享受到优美的音乐。

（2）试乘试驾车要定期美容，每天清洁，要像清洁展厅展示的新车一样来清洁试乘试驾车。整洁的车辆，能让顾客心情愉快，使他对未来产生美妙的遐想。

（3）试乘试驾车必须经过装饰，在车身贴上试乘试驾字样，并停放在特定的试乘试驾区，让顾客一进公司就能看到，从而引发顾客试乘试驾的兴趣，甚至主动提出要求试乘试驾。

（4）试乘试驾车的证照要齐全，必须是上好车牌的车辆，行驶证、保险卡、养路费、车船税等一应俱全，严禁用商品车进行试乘试驾。

（5）车内进行生活化的布置，让顾客感觉更加温馨。比如，放置漂亮的香水座，既美观又能改善车内的空气；加装生活化的座椅套、抱枕、头枕等；对于以女性顾客为主的车辆，可以摆放一些公仔和玩具；对于越野车，可以放指南针、坡度仪、导航仪。这样一方面能够让顾客将车辆与生活联系在一起，使他产生更多的联想，产生购买的冲动；另一方面也为车辆成交后的精品销售打下基础。

四、销售人员的准备

（1）陪同顾客试乘试驾的销售人员必须持有合法的驾驶执照，并熟悉试驾路线，经过系统的培训，知道在试乘试驾过程中的注意事项，以及试乘试驾中商品介绍的要点和时机，能够处理突发事件以及交通事故。

（2）销售人员驾驶技术不熟练的，可以由公司安排专人负责试乘试驾，对该负责人进行相关的业务知识培训，销售人员在试乘过程中陪同，也能确保试乘试驾的效果。

第三节　试乘试驾前

一、主动邀约顾客试乘试驾

在试乘的各项准备工作就绪后，销售就将进入试乘试驾的阶段了，但是，在顾客真正开始驾驶车辆前，一些具体事项必须重视：

（1）销售人员应在展厅或停车场显眼的位置上，设置“欢迎试乘试驾”的指示牌，以此吸引顾客试乘试驾。

（2）销售人员在商品说明之后，要主动邀请顾客试乘试驾。如果经销店没有条件，也可以利用周六、日的时间，组织试乘试驾会，调度试乘试驾车辆，邀请顾客集中试乘试驾，并举办一些活动进行配合，也能起到很好的作用。

【案例7－2】

主动邀请意向顾客试驾

销售员：沈先生，为了让您能够亲自体验我们这款车的性能、操控性及舒适感，我们特别为您安排试驾活动。相信您试过车之后会更了解这款车是不是符合您的需求。如果有需要改善的地方也请您不要客气，尽量提出来。

沈先生：好，那你就安排我试驾吧。

二、向顾客说明试乘试驾的相关事项

试乘试驾前，销售人员应向顾客说明以下相关事项：

（1）向顾客说明试乘试驾的流程。告知顾客先试乘再试驾，并配合销售员进行调查。

（2）向顾客说明试乘试驾的路线，告知沿途的道路状况和交通管制情况，请顾客严格遵守。

（3）查验顾客的驾驶证并复印存档，每台试乘试驾车上应有“欢迎参加试乘试驾”文件（含路线图、注意事项、登记表、同意书），便于顾客确认。

（4）向顾客简要说明车辆的主要配置和操作方法。

（5）了解并确认顾客驾驶经验。如果是没有驾照或缺乏驾驶经验的顾客，他们要提前申明可以由销售人员来完成本次驾驶，顾客坐在车内感受（即试乘），销售人员要用婉转的话语请顾客谅解。

试乘试驾最好是建立登记表。表7－1是一汽丰田试乘试驾登记表。

表7－1　试乘试驾登记表

欢迎您参加×××××试乘试驾

试乘试驾路线

试乘试驾注意事项：

1. 请严格遵守驾驶规章制度，保证安全；
2. 试乘试驾时请全程系好安全带；
3. 请按照线路图设定的路线试驾；
4. 试乘试驾过程中请遵从销售人员的安排；
5. 严禁在试驾时进行危险驾驶动作。

顾客姓名	顾客关注点	时间	销售员	公里数
	□启动　□加速　□制动　□转变　□静谧　□舒适			

注：正面

试乘试驾同意书

经销店名称：____________________

试乘试驾车型：____________________

本人于____年____月____日在__________经销店参加______车型试乘试驾活动，特此作如下陈述与声明：

本人在试乘试驾过程中将严格遵守行车驾驶的法规和要求，并服从公司的指示，安全、文明驾驶，尽最大努力保护试乘试驾车辆的安全和完好。否则，对贵公司造成的一切损失，将全部由本人负担。

试驾人姓名：____________________

驾驶证号码：____________________

联系地址：____________________

联系电话：____________________

注：背面

第四节　试乘试驾时

在完成前述准备工作后，将车开到指定地点让顾客亲自试驾。一切准备工作就绪，就可以按照事先设计好的试驾路线出发了，对顾客而言，这将是一个紧张而激动的时刻。在这个过程中，销售人员应让顾客集中精神对车辆进行体验，要避免多说话，让顾客通过试乘试驾感觉到满足其需求的车辆特性。在试乘试驾活动中必须遵循“顾客第一”“安全第一”的原则。

一、顾客试乘时的注意事项

销售人员首先请顾客先试乘，由销售人员驾驶，在这一阶段要注意：

（1）让顾客熟悉路况，为接下来的顺利试驾做好准备。

（2）销售人员在驾驶的过程中要向顾客讲解此次试驾的主要内容，让顾客了解在什么地方试加速性能、什么地方试刹车性能、什么地方试转向、什么地方体验悬架系统、什么地方感受静谧性，等等，这样在接下来的顾客自己试驾的过程中，顾客就知道应该试什么内容，在什么时候试。这样一方面提高了试驾的效果，另一方面也提高了试驾的安全性。

（3）销售人员在驾驶的过程中，要注意提醒顾客，体验乘坐的舒适性，并通过自己边驾驶边介绍，让顾客对车辆有进一步的了解。

（4）销售人员驾驶车辆时，要依据车辆行驶的状态进行车辆说明，全面展示车辆的动态特性，让顾客有更加切身的感受。

【案例7－3】

销售人员驾驶演示

场景：广州本田展厅里，销售员已安排好带着他的顾客赵先生一家三口同去试车。

销售员：赵先生，现在我们出去试车，先由我来开，你们感受乘坐时的感觉，熟悉一下路段，然后再由您来开，您看好吗？

赵先生：好啊！

赵先生一家和销售人员一行4人一起上了车，赵先生坐在了前排，他的妻子和儿子坐在了后排。

销售员：各位请看我的操作，如果有不太明白的地方马上说出来，我会重新解释。我先来演示座椅的调整，因为每一个驾驶员上了车后第一个动作就是要感受位置是否合适。座椅前后的调整就拨动这个钮，靠背的调整拨这个钮。一会儿，赵先生来试驾的时候，可以试一试。

赵先生：这和其他车没有太大区别呀。

销售员：是的，如果您以前经常开车的话，会很熟练的。然后大家看一下雨刮，通过方向盘下的拨杆控制频率。

赵先生的儿子：我要试试。

销售员：等你长大了再试好吗，先让你爸爸替你试。我们再来看看仪表板的各项显示及报警功能……

销售人员要尽量将驾驶过程中能涉及的部件功能及怎样使用讲解清楚，不要以为自己懂了，每一位顾客就都懂，宁可先详细地讲，也不要草草说几句就上路。如果遇到小孩子好动，应该用委婉的话语避开小孩子的操作。

另外，在试驾的过程中，为了营造良好的气氛，可以在车内的音响系统里准备不同类型的CD，在出发前就将悠扬的音乐播放出来，作为试驾的背景音乐，这样效果会更好。

【案例7－4】

试驾介绍引导

销售员：请看一看，我们这款车的流线型多好，最适合像您这样的人开了，尤其是银灰色是今年最流行的色调，您一开到大街上回头率一定很高，很多人都会把目光聚焦到您的这辆车上。

销售员：您再听一听这关门的声音“嘭”，怎么样，感觉很扎实吧，这就是高档车的基本条件了。

销售员：再让我们坐到里面来看看，有什么感觉？有没有感觉到座椅的包裹性很好？这是按人体工程学原理专门设计的。所以，当您在开车时，由于您的左右被包起来了，您会觉得很安全，会有很充实很踏实的感觉。

销售员：您再感受一下发动机，现在已经启动了，我踩一下油门您感受一下，怎么样？听没听到有一种低沉的轰—轰的响声，我跟您说，内行人一听就知道这个发动机的动力不错。挂挡跑起来看看，挡一挂上去，您看车子往下沉了吧，什么意思？它就像运动员要准备百米冲刺一样，有一种爆发力……

二、顾客试驾时的注意事项

试驾的过程对于顾客来说是一个比较兴奋的阶段，这个阶段，如果准备得充分，可能很快就可以帮助顾客下定购买的决心。让顾客通过亲身的体验和感受，加上销售人员周全的策划与热情诚恳的服务，必将起到意想不到的积极作用。

顾客试驾时销售人员要注意以下几个方面：

（1）在预定地点停车（确认其为安全地带），销售人员与顾客交换，由顾客进行试驾。

（2）再次提醒顾客安全驾驶的有关事项。

（3）销售员一定要在顾客的视线范围内换到副驾驶座，避免出现危险。换位后，不要让顾客急于启动，要协助顾客调整坐椅、后视镜、方向盘，空调的温度，以及音响的选曲和音量等，销售员还要确认顾客乘坐的舒适性后并协助其系好安全带。

（4）在顾客驾驶的过程中，销售人员的话就要少一些了，让顾客自己去体验。但销售人员不是完全什么都不用做了，而应该提醒顾客体验的重点。但总体来说，在顾客驾驶汽车的时候，销售人员应尽量保持安静。

（5）销售人员要仔细倾听顾客的讲话，观察顾客的驾驶方式，要耐心解答问题，发现更多的顾客需求。尽管试乘试驾之前销售人员在车辆介绍和试驾前准备工作里都已经为顾客作了详尽的解释，但只要一上路，顾客的问题马上就会跟上来。这是个好现象，因为销售人员希望的是互动式的交流，这样我们可以进一步了解到顾客的需求点。在解答顾客的问题时，要保持驾驶的稳定，回答问题的时候不要敷衍了事，不要因为刚才自己已经说过了，顾客又问而感到厌倦。如果顾客的问题是因为刚才自己忘记提及，我们可以先夸顾客有见解，熟悉车辆，是个专家级顾客，然后再给予解答。如果恰巧碰到了自己也不能马上回答的问题，尽量不要回答“这个我也不太清楚、不知道”等类的话，而应该说：“这个问题太专业了，稍后回公司我马上去问问技术人员。”

（6）当顾客在驾驶过程中有危险动作时，销售人员要及时、果断地请顾客在安全地点停车，并向顾客解释安全的重要性，获得顾客的谅解，并要求顾客由试驾改为试乘，由销售人员驾车返回经销店。

【范例7－1】

试乘试驾中引导客户体验感受的话术

感受项目	感受内容	话　　术
驾驶中的视觉感受	光线、视野、灯光等	您看仪表板的亮度是否合适？ 后视镜的角度是否合适，侧面的视线怎么样？需不需要调节一下？
驾驶中的听觉感受	发动机、噪声、音响等	您感受一下，发动机启动的声音。 您仔细感受一下，这款发动机的噪声是非常小的，几乎可以忽略不计。
驾驶座位的乘坐感受	座椅、空间大小、角度、舒适度等	您认为驾驶座的空间是否合适，头部、腰部、腿部是否都感觉舒适，您可以试一下能不能自由活动。尤其是车顶的空间，有没有长时间驾驶后的压抑感。
驾驶中温度的感受	空调的温度、舒适度	您现在体验一下车内的温度是否合适，这款车型的空调可以在18～28℃之间自由调节，制冷量相当于15平方米房间的程度。
驾驶中速度的感受	平均速度、启动速度、瞬时速度、直线加速等	您再感受一下直线加速的感觉。 您现在体验一下车辆在高速行驶中的稳定性、平顺性以及抓地的感觉。
驾驶中的舒适性感受	车辆在不平坦的路段上行驶的感受、车辆的爬坡性能	您再体验一下在路况不好的道路上行驶的感觉，怎么样？几乎感觉不到是在土路上行驶吧！

【案例7-5】

陪伴顾客试驾

场景：海马汽车销售人员与孙先生及其女朋友一起在试驾普力马这款车，之前由销售人员驾驶，在可以停靠的地方销售人员和孙先生进行了换位，由孙先生亲自来体验驾驭的乐趣。

孙先生：我们就按照你刚才走的线路走，是吗？

销售员：是的。您放心地开，但速度不要太快，到了中间那段路车少的时候您再加速就可以了。

孙先生：这我知道了。我们有一台车，但是是手动挡的，这回要买个自动挡的，我女朋友方便的时候也可以开。（启动）

销售员：孙先生，这里您可以慢慢加速了……

销售员：孙先生，前面200米左右有个小坑，可以适当减速了……

孙先生：我要试一下刹车性能了。

销售员：我看看后面有没有车。没问题，您可以试了……

销售员：前面有个转弯处，我们体验一下转向性能吧。

一路上，伴着美妙的音乐，销售人员陪同孙先生愉快地完成了试驾。

第五节　试乘试驾后

一般情况下，刚刚试驾后顾客的心情都比较激动，这时，销售人员要注意“乘胜追击”，提醒顾客进行后续洽谈工作；同时，试乘试驾也是销售人员获取顾客信息的大好时机，可以更加深入地发掘顾客的需求。

一、填写试乘试驾意见表

在顾客试车完毕后，引导顾客回到展厅，让其坐下来好好休息一下，可为顾客倒上一杯茶水，舒缓一下顾客刚才驾车时的紧张情绪，并适当地称赞顾客的驾驶技术，然后请顾客填写试乘试驾意见表，也可以建议由顾客口述意见，由销售人员执笔填写，然后由顾客签字确认。填写的目的在于，趁顾客刚试驾完车辆还处于兴奋状态时，取得顾客对车辆的认同，销售人员用此表诱导顾客给予车辆较高的评价，从而建立信任感，促成交易。表7-2是一例试乘试驾意见表。

表7－2　试乘试驾意见表

试乘试驾车型：________　　　　____年____月____日

1．请就以下项目对试乘试驾车型给出您的意见：

启动、起步	□好	□较好	□一般	□差	□很差
加速性能	□好	□较好	□一般	□差	□很差
转弯性能	□好	□较好	□一般	□差	□很差
制动性能	□好	□较好	□一般	□差	□很差
行驶操控性	□好	□较好	□一般	□差	□很差
驾驶视野	□好	□较好	□一般	□差	□很差
乘驾舒适性	□好	□较好	□一般	□差	□很差
静谧性	□好	□较好	□一般	□差	□很差
音响效果	□好	□较好	□一般	□差	□很差
空调效果	□好	□较好	□一般	□差	□很差
操控便利性	□好	□较好	□一般	□差	□很差
内部空间	□好	□较好	□一般	□差	□很差
内饰工艺	□好	□较好	□一般	□差	□很差
上下车便利性	□好	□较好	□一般	□差	□很差
外形尺寸	□好	□较好	□一般	□差	□很差
外部造型	□好	□较好	□一般	□差	□很差

2．您对随同试驾人员的满意程度：

□很满意　□满意　□一般　□不满意　□很不满意

3．您对经销店试乘试驾服务的满意程度：

□很满意　□满意　□一般　□不满意　□很不满意

4．您的其他宝贵意见和建议：

姓名：____________　　地址：____________

电话：____________　　E－mail：________

请顾客填写完《试驾意见表》后，销售人员可以适时地赠送一些纪念品，在给顾客一个意外惊喜的同时，也给顾客留下一个深刻的印象，让顾客认同所提供的服务，这样成交的几率也在无形中增加了。在试驾完毕的所有接触过程中，销售人员应主动征求顾客对车辆的感受，并对顾客关心或顾虑的问题给予重点说明。

二、试乘试驾后两种情况的处理

试驾结束后，一般存在着两种情况，一是对汽车的各项性能顾客感到满意，另外就是顾客还不适应车子带来的感受。这两种情况要注意区别对待。

（1）顾客感觉良好。这种情况下顾客对自己看中的汽车一般没有其他的意见，这时，销售人员可以根据顾客所表现出来的成交意愿，趁热打铁，着重强调顾客比较在意的特性和优点，以打动顾客，促成交易。

（2）顾客还有一些疑问没有得到解决。在这种情况下，销售人员应主动询问顾客在驾车的过程中还有哪些问题，根据顾客所提供的信息进行详细地解答，解答之后不妨问一句："那现在您的感觉如何呢？"

如果是顾客对汽车的性能不甚满意，而其解决之道并不在于汽车本身，就无须做无用功，可以转向介绍其他车型来弥补顾客的遗憾。

"试乘试驾"有三项关键工作：一是试驾前的准备，二是试驾的过程，三是试驾后的总结。试驾前的准备工作非常重要，销售人员要将车安排妥当，将试驾过程中的注意事项提前向顾客讲清楚，同时，设计好试驾路线。在试驾的过程中，先由销售人员驾驶，然后再转由顾客驾驶。在销售人员驾驶的过程中，销售人员不仅要尽量给顾客展现车辆的优异性能，而且要把顾客的需求点突出。顾客驾驶的时候，销售人员尽量少说话，关键时要起到提醒的作用；试驾后的总结能帮助销售人员更加了解顾客对车辆的感受，可以更有针对性地解决顾客关心的问题。

【范例7－2】

试乘试驾中几种客户情景的应对

客户情景	销售顾问	使用场合
客户不想进行试乘试驾	买车就像买衣服，您不亲自试一试，怎么知道适不适合自己呢？试乘试驾既可以让您提前过过车瘾，又可以让您详细了解这款车的性能。如果您觉得不好，那您不买也不会感觉遗憾；如果您觉得很满意，那您买起来就更放心了。您说是不是？	针对一般的意向客户
	俗话说，"是骡子是马拉出来遛遛"，我们这款车最大的优势就在于超一流的操控性，如果您不是亲自体验，是无法感受到的。所以我们欢迎您先试试车，试过之后您肯定会选择我们的。您看下周六还是周日方便呢？	针对在你与竞争对手之间摇摆不定的客户
	您真有眼光，这是我们最受欢迎的车型！常言道"不怕不识货，就怕货比货"，谁都说自己卖的汽车最好，检验的唯一标准就是通过试乘试驾定输赢。因此，您在作出购买决定之前一定要亲自试试我们的车，试过之后您买不买没有关系，但是千万不要因为省时间而作出了错误的选择。您后天有时间过来试驾吗？	针对倾向于选择其他品牌车的客户

续表

客户情景	销售顾问	使用场合
客户与几个同伴一起参与试乘试驾	大家好！非常感谢××先生/女士带大家过来参加试乘试驾，让我有机会与大家认识！我是小王，这是我的名片，下面麻烦××先生/女士给我介绍一下您的这几位朋友，好吗？	
	您好！很高兴认识您，××先生/女士多次在我面前提起您，说您是汽车方面的行家，还请您多多指教。	
	您好！在座的各位肯定都是行家，如果我有说错或做错的地方，请一定要多多提醒和多多包涵。	
客户认为这款车的车内空间有点小	其实一个人坐在车内的空间感是由腿部、肩部及头部的空间共同营造的，轴距长可以带来宽裕的脚步空间，但是头部和肩部空间是由车体的轮廓来决定。我们这款车的长、宽、高分别是××、××、××，轴距是××。这款车虽然轴距并不是很长，但车子比较高，采用比较垂直的坐姿，不会觉得空间小。您可以试一下腿部能否活动自如，腰部是否能感受到座椅的顶托，还有头部以上的空间是否压抑？如果感觉都还舒服的话，空间就不小了，您说呢？	
	其实车内空间的大小是相对而言的，如果您是一个190cm的大个子，那这辆车的空间确实有点挤了，但您不是啊，你们一家三口都是健康苗条，要那么大的空间干什么呢！大车虽好，但购置费高、油耗大，停车也是个难题。像您这样的三口之家，选择这样的三厢小车就足够了。实际上只要驾乘者感觉舒适，就不存在太小的问题了。您说对吧？	

复习思考题

1. 试乘试驾的目的是什么？
2. 试驾前的准备工作有哪些具体内容？
3. 邀请顾客试驾，销售人员应做哪些事项的说明？
4. 试乘试驾过程中，销售人员应注意哪些问题？
5. 试乘试驾后，销售人员应完成哪些工作？

第八章 顾客异议处理

卡耐基说过："推销是从被拒绝时开始的，不要害怕顾客的拒绝，时刻做好迎接被顾客拒绝的准备，你才能坦然面对每一次推销，并最终成为一个优秀的推销员。"

的确，顾客的拒绝是每一位推销员在推销中必然要遭遇的问题。事实上，每一桩销售都会受到顾客的怀疑，即使有人已经完全准备要购买你的产品和服务，他也会对这桩买卖的某些方面提出疑惑和异议。特别是在汽车这种大宗耐用消费品的销售过程中，买卖双方一拍即合的情况是极为少见的，顾客在做出决定的过程中，往往会非常慎重，常常会做出这样或那样不利于成交甚至拒绝成交的反应，表现为对购买行为的否定。在整个汽车销售过程中，从向顾客介绍车辆、试乘试驾到交车、售后跟踪，每一个阶段顾客都有可能提出各种各样的不同意见或怨言，这些不同意见或怨言可能来自不同方面，可能是技术方面的，也可能是产品质量方面的；可能是有效的，也可能是无效的；可能是针对产品的，也可能是针对销售人员的……也就是说，异议处理贯穿在汽车售前、售中和售后的每一个阶段。作为汽车销售人员只有正确地认识和把握顾客异议，适时地采用恰当的方法、策略与技巧进行处理，才能最终说服顾客，促成交易。因此，正确对待和妥善处理顾客异议是销售人员必备的基本功。

第一节 销售从异议开始

异议处理贯穿于销售过程的始终。销售人员在寻找顾客到达成交易的整个过程中，不可避免地会遇到顾客的各种异议。销售过程实质上就是处理异议的过程。只有妥善处理了顾客的异议，销售才能得以继续。所以说，异议并不都是消极的，有时它不但不会阻碍销售，反而可以使销售人员找到成交的捷径。因此说，通过各种异议的处理才使销售人员具有丰富而娴熟的异议处理技巧。

所谓顾客异议，是顾客对销售人员或其销售活动所作出的一种在形式上表现为怀疑或反面意见的一种反应。简单地说，被顾客用来作为拒绝购买理由的就是顾客异议。广义的顾客异议不仅指顾客的意见、提出的各种各样的问题，还指在销售过程中顾客对销售人员的任何一个语言或举动的不赞同、质疑的行为。

对顾客异议应该怎么看，是积极应对还是消极回避，这是每个销售人员都必须做出的选择。

一、正确对待顾客的异议

销售人员首先要认识到汽车这种商品不同于小件商品，能来展厅看车的顾客不会像逛商店的女士那样漫无目的，可买可不买，只是随便看看。来展厅看车的顾客有80%以上是有购买倾向的，对于他们提出的异议，销售人员应该基本上把它们划归到有效异议上来。这种异议大多数都可以揭示出顾客的需求点，可从中了解更多的信息，帮助销售人员有针对性地向顾客销售汽车。

（一）异议是顾客的必然反应

通常持有异议的顾客才是真正的买家。然而，异议是平时销售人员工作中最不喜欢碰到的问题。很多人认为异议是负面的，如果顾客有异议，就会对销售工作产生障碍。但事实上，如果顾客对某一商品无动于衷，毫无兴趣，他是不会提出任何异议的。顾客每次提出异议，都是有的放矢的，这表明他对商品产生了兴趣，顾客真诚地提出异议，实际上也是在暗示着销售人员是否有成交的可能。正确对待顾客的异议，恰恰是成功销售的起点。销售人员能意识到顾客异议的真正含义，掌握处理不同性质的顾客异议的技巧，就能冷静、坦然地化解顾客的异议；并能通过异议了解到顾客的想法，知道顾客对哪些满意、对哪些不满意，以便采取对策。而且，每化解一个顾客异议，就摒弃了顾客与销售人员之间的一个障碍，拉近了与顾客之间的距离。

如果顾客什么也不说，或者不说“不”字，则销售人员的销售技巧也无处可用。因此，销售人员应该欢迎顾客提出异议，主动询问顾客的异议，并尊重提出异议的顾客。如果销售人员不接受顾客提出的异议，或者对异议一概加以反驳，则会使顾客产生反感，会使整个销售工作毁于一旦。在实际销售中，有些销售人员害怕顾客提出异议，一碰到异议，就灰心丧气，认为生意做不成了，该画上句号了。这是患了“异议恐惧症”，销售人员必须克服这种心理障碍。

（二）顾客异议既是销售的障碍，也是成交的前奏与信号

顾客对销售人员与汽车产品等提出异议，当然为进一步销售设立了障碍。但是，障碍的出现使销售人员有了与顾客进行沟通的机会，使成交出现了希望。顾客一旦提出了异议，销售便进入了双向沟通阶段。因为顾客提出的异议可能是在告诉你：我对你的产品或服务已经发生了兴趣，但我还需要更进一步地了解商品的功能与价值，才能做出最后的决定。销售人员可以抓住这个机会，做更详细的说明，把产品的功能、特征及商品的使用价值解释得更清楚。所以说，顾客提出异议是表明销售已向成交跨近了一步，使销售有了进一步发展的基础。因此销售人员既要看到顾客的异议为销售工作设立了障碍，亦应看到解决顾客异议就可成交的前景。

销售人员面对顾客的异议，应持的态度是：异议是体现顾客真实需求的最好标志；异议经妥善处理能缩短取得订单的时间；没有异议的顾客才是最难处理的顾客；异议表示销售人员给顾客的利益目前仍不能满足他的需求；注意聆听顾客的话，从而辨别真正的异议、假的异议及隐藏的异议；不使用华而不实的话来处理异议，当不知道问题的真正所在时，坦诚地告诉顾客自己不知道，但会尽快找到解决问题的方法；异议是顾客希望获得更多的信息；异议表示顾客仍有求于销售人员。

二、顾客异议的类型

顾客异议是多种多样的，不同的顾客会有不同的异议。对同一内容的异议又会有不同的异议根源。因此，销售人员必须善于观察判断顾客的言谈举止，洞察顾客的动作表情，把握顾客的心理活动。正确理解顾客异议的内容，区别与判断不同的异议根源，才能有的放矢地处理好顾客异议。顾客异议的类型主要有：

（1）沉默型。

任凭销售人员怎么说，顾客都是沉默不语，既不表示同意，也不表示否定，让销售人员一头雾水，不知所措。销售人员越说心里越没底，不知是刚才说错了什么，还是哪里说得不清楚，更不知道接下来该说什么。这种顾客是比较难应付的，对待这种类型的顾客异议，销售人员只能从产品所能提供给绝大多数顾客的优点着手，耐心地讲解，直到最终将顾客的嘴撬开为止。

（2）借口型。

可能销售人员的销售活动早已结束，顾客根本就不认同销售人员所销售的产品，但又不想正面否定销售人员的工作，就会找一些借口来拒绝销售人员。如顾客说，“这款车就没有其他颜色了吗，你们现有的这几种颜色我都不太喜欢”；“这车不能加长吗，我需要的是那种加长型的”；“现在买车有没有优惠呀，去找找你们经理，看看可不可以打折，不能打折我就不要了”……

这种类型的异议，对于有经验的销售人员来说，可能一听就能听出其中的意思，就不会再作太多的无用功，或朝着错误的方向走下去。

（3）批评型。

这种异议形式很明显，顾客会抓住一点或几点他不赞同的地方，直接提出反对意见，如顾客说：“你们这种车呀，我不看不知道，看了才发现，车身这么薄，隔音太差了；起步加速太慢了，油耗又大；这车仪表板布置有问题，看起来不舒服。”

（4）问题型。

顾客以提问、设置疑问的方式拒绝购买，提出一些离谱的问题，让销售人员说不出让他购买的理由。例如顾客说：“这种车有没有八缸的发动机？这车的保修期才2年和4万公里呀！这么贵的车，怎么连后排的安全气囊都没有呀，能选装吗？”……

（5）表现型。

这种异议是通过顾客的表情、举手投足等肢体语言体现出来的，需要销售人员用心留意。比如，销售人员还在向顾客满怀热情地介绍时，顾客隔两分钟打个哈欠，要么眼睛转来转去地看其他地方，要么两手交叉放在胸前，要么两手放在裤兜里……

（6）主观型。

顾客只凭自己过去的经验或朋友的建议下结论，销售人员往西说，他的主观思想就往东去。这种顾客一般都比较顽固，即便销售人员说的都是为他好，他也会认为销售人员的话里含有虚假的成分。例如，顾客在来看车之前，问了他已经买了同种车型的朋友，由于朋友未正确操作，导致油耗偏高，超过提供给顾客的数据报告上的数据（一般这种报告是在限定条件下进行的，得出的都是较好的数据），当销售人员在向他说明油耗的时候，任凭销售人员怎么解释，顾客都认为那是假的，只有他朋友说的才对。

（7）怀疑型。

持有这种异议的顾客与他们的性格及处事方式有很大关系，往往是属于忧郁型的性格，比较追求完美，即便是事实也会用怀疑的心态去对待。遇到这种顾客，销售人员尽量多举实际例子，用客观事实来说服顾客，或者让其他顾客来做现身说法，少用话来打动他。

（8）真实型。

顾客对销售人员的产品不满意或抱有偏见。例如，从朋友处听说这款汽车容易出故障、油耗太高等。

(9) 虚假型。

虚假的异议分两种：一是顾客用借口、敷衍的方式应付销售人员。这类顾客很可能对汽车比较了解或自认为很了解，目的是不愿意和销售人员会谈或不希望被销售人员打扰，而自己去寻找答案；二是顾客有很多异议，但这些异议并不是他们真正在意的地方。如“这车的外观不够流线型”“内饰的颜色怎么是灰色的?”等等。虽然听起来是一项异议，但却不是顾客真正的异议。这种现象表明，顾客希望以上帝的身份出现，得到销售人员的恭维与尊重。

(10) 隐藏型。

隐藏的异议指顾客并不提出真正的异议，而是提出各种真的或假的异议，目的是要借此假象形成隐藏异议，使自己处于有利位置。

隐藏型异议如下：

①听说这款车油耗蛮大的、动力也不足；

②在我们买车之前，每一个经销商都说自己的售后服务这也好那也好，其实，谁知道呢?

③你的价格怎么比另一家的高呢?

④你的这款车上的进口件所占的比率怎么这么少呀?

⑤如果买了以后不久又降价了怎么办呢?

⑥车身比人家短，空间怎么会大呢?

(11) 其他类型。

①需求异议　顾客主观上认为自己不需要所销售商品的一种异议。

②财力异议　顾客以支付能力不足或没有支付能力为由而提出的一种购买异议。

③权利异议　顾客以自己无权决定购买产品而提出的异议。

④产品异议　顾客对产品的内在素质、外观形态等方面提出不同看法和意见而形成的异议。

⑤价格异议　顾客认为产品的价格与自己的估价不一致。

⑥购买时间异议　顾客认为自己购买商品的时机还未成熟。

⑦政策异议　顾客对自己的购买行为是否符合有关政策的规定有所担忧进而提出的一种异议，如说小排量的车是否会受到限制。

⑧心理原因　大多数人对生活中的某些改变会产生抵触情绪，对新事物的接受需要过程，如果让顾客从原来用的品牌转到另一个品牌更是难上加难。

⑨情绪原因　如果正碰到顾客的情绪处于低潮时，没有心情进行商谈，顾客容易提出异议。假如说销售人员正在向他展示汽车的过程中，他突然接了个电话，电话那边告诉他，他的股票暴跌，那可想而知，他暂时是没有心情再看车了。

从以上分类来看，顾客异议根源有必然因素又有偶然因素；既有可控因素也有不可控因素；既有主观因素也有客观因素；既有顾客愿意说明的原因，也有顾客不愿说的，还有连顾客本身也说不清、道不明的原因。

从顾客的异议中，销售人员能获得更多的信息，能判断顾客是否有需求，能了解顾客对建议接受的程度，并能迅速调整销售策略。

总之，在销售过程中，顾客异议是销售人员经常遇到的，只有正确地认识、妥善地处理，才能有效地促成交易。顾客异议是一种自然现象，销售人员要做的工作，就是充分利用顾客提出异议这一契机，及时给顾客以满意的答复，策略性地使顾客加深对商品的认识，改变顾客原来的看法。

【小知识8-1】

几种常见的客户异议的隐含信息

客户异议	隐含信息
我觉得这款车性价比不高	你必须证明你的车物有所值
我没听过这牌子	你必须证明你们公司值得信赖
我还想再看看其他的车型	你必须证明本车比其他车型更好
这款车对我好像不太适合	你必须证明产品符合客户的需求
我只是过来看看，并不打算买	你必须说服客户甘心购买

第二节　处理顾客异议的原则与时机

一、处理顾客异议的原则

面对顾客的异议，销售人员的回答应简明扼要，不要偏离主题；既要尽量避免长篇大论的谈话方式，又要尽量避免用销售人员个人的看法去影响顾客。在处理顾客异议时，要把握好以下几个重要原则。

（一）向顾客提供利益

处理顾客异议的方法和技巧有很多，但最基本的方法只有一种——向顾客提供利益。这就要求销售人员真正做到从顾客的立场出发，了解顾客的真实想法，为顾客提供帮助，满足顾客的利益要求，充分说明顾客所能获得的利益及其程度。这是销售人员能否说服顾客、促进顾客异议转化的关键。从顾客的立场出发看待顾客异议，设身处地地为顾客着想，通过这种换位思考，可以进一步了解对方的情感，缩小与顾客的心理距离，有利于正确对待和处理顾客异议，达到成交的目的。有些销售人员往往认为顾客提出异议是小题大做，觉得“不至于那么严重”，因而对顾客提出的异议不认真对待。但如果从顾客角度出发，就会认识到，一个不合格的零件会产生重大的交通事故；交货误期一天，可能会打乱一个企业的生产计划，类似的“小问题”对顾客可能产生严重后果。因此，销售人员要想妥善地处理顾客异议，就必须尽可能地满足顾客的意愿和要求。

（二）不要回避顾客异议

回答顾客异议时应注意对顾客可能产生的影响，要经常向顾客询问是否满意，不要搪塞顾客的要求和异议，否则将达不到好的效果。如果顾客心存异议，在这些异议消除之前，他是不会决定购买的。同时，有些异议是必然要涉及的，销售人员也很难回避。因为，相对于顾客的各种要求而言，商品不可能是十全十美的，有时缺点还是比较明显的、无法掩盖的。一般来说，应尽早让顾客提出异议，并设法予以解决。但也不能一概而论，如价格异议，在商品没有引起顾客的注意和兴趣之前，不宜谈及价格问题，自己更不能主动提出这个话题。

在交易过程中，有的顾客总是盯着你的商品的缺点，以使自己处于有利的交易地位，争取有利的交易条件。作为销售人员则必须了解自己商品的优点，并恰当地让顾客认识到这些优点。

（三）尊重顾客异议

尊重顾客异议，首先要求销售人员诚恳地欢迎提出异议，因为顾客异议对每一个成功的销售人员来说都是一种帮助。顾客提出异议并不可怕，重要的是对顾客异议作出令人满意的解答，使顾客感到你重视他的见解，对解决他提出的异议有诚意；其次，尊重顾客异议，要求销售人员认真地倾听顾客异议，使顾客感到销售人员很重视并在考虑他的意见。有些销售人员，当顾客话说了一半，就马上插话，并试图辩解，这是最不能原谅的错误。顾客会认为你不尊重他，所以，即使你说得天花乱坠，顾客也听不进去。同时，销售人员只有听清楚顾客的意见，才能有针对性地回答顾客的意见；再者，销售人员对顾客的尊重，也是对自己的尊重，如果认真倾听顾客的不同意见，他认为你尊重他，他也会尊重你，也比较容易接受你的观点，乐于听你的解说。

（四）永不争辩

销售洽谈过程，也是一个人际交流过程，销售人员与顾客保持融洽的关系，是一个永恒的原则。销售人员在对顾客异议做出反应时，应注意避免与顾客发生争论。因为与顾客争论，即使是销售人员在争论中获胜，也可能会因此而失去顾客，并且还可能由于给该顾客留下不良印象而影响企业的形象和声誉。即使在顾客完全错的情况下，销售人员也应注意措辞，尽量避免争论。

有一位卡车销售员，过去是司机，他对自己销售的卡车非常熟悉。在销售中，只要有人挑剔他的车，他就立即与之争论。因为他经验丰富，他经常是争论的胜者，每当他走出顾客办公室的时候，他总是自豪地说："我又教训了他一次。"事实上他确实以其丰富的知识和经验教训了许多顾客，可是最终他也没有卖出几辆车。这个事例说明，销售人员赢得了争论，就会失去顾客，因为你伤害了顾客的感情和自尊。销售人员必须时刻提醒自己，你是来销售的，最终的目的是达成交易。当然，不与顾客争论不是不敢否定顾客的异议。在某些情况下，直接地否定顾客异议，往往可以有效地吸引顾客倾听你的意见，收到良好的效果；一时难以处理的异议，也可以适当转移话题，以分散顾客的注意力，避免过于集中讨论某一方面的异议。

永不争辩的原则，需要把握一个合适的度，既要使对方注意到你的意见的正确，又不使对方难堪而产生对立情绪。

（五）给顾客留"面子"

有时有的顾客确实是过于挑剔，但是如果这时候汽车销售人员与他针锋相对，势必会影响到双方的沟通。成熟的销售人员此时往往善于给顾客一个"台阶"，让对方恢复心理平衡，这样既能赢得顾客，也能平息双方的矛盾，使顾客在购买产品时保持愉悦的心情。

在“上帝”面前，无论顾客的意见是对是错、是深刻还是幼稚，销售人员都要表示对他的尊重，绝对不能表现出轻视的态度，如不耐烦、轻蔑、走神、东张西望、绷着脸、耷拉着头等；相反，要双眼正视顾客，面部略带微笑，表现出全神贯注的样子。同时，也不能生硬地对顾客说：“您错了，连这您也不懂”；不要显得比顾客知道得更多，如“让我给您解释一下……您没搞懂我说的意思，我是说……”，因为这些说法是明显地抬高自己，贬低顾客，会挫伤顾客的自尊心。

【案例 8－1】

不要故意制造异议

不当的销售“对话”

销售员：这款车是刚上市的新车，最大的卖点是在同排量、同级别的车中，油耗最低，甚至比××牌的汽车还要低 1.2 升。

客　户：你说的好像有点夸张，我的朋友开的就是××牌的车，油耗没有你说的那么高，而且我听说你们这款车实际油耗比说明书的要高。

销售员：我们这款车的确是油耗最低的，因为发动机采用的是全铝设计。

……

正确的“对话”

销售员：这是刚上市的新款车，最大的卖点是在同排量、同级别的车中，油耗最低，达到 100 千米 4.8 升。这位先生，您在购车时对油耗的高低感兴趣吗？知不知道其他车的油耗？

客　户：应该说，像我们这样的情况肯定在买车的时候会特别注意油耗的高低，某品牌的××车听朋友说实际油耗是 100 千米 7.2 升。

销售员：如果这样的话，那更应该选择这款车，该车经过数百位消费者的跟踪，发现即使在上下班停停开开的情况下，油耗也没有超过 100 千米 5.5 升，比您刚才提到的那款车还低。是不是很值得您考虑？

客　户：除了油耗低还有哪些优点呢？

销售员：……

二、处理异议应讲求时机

在处理顾客异议的过程中，选择适当的时机来回答顾客的提问，对消除顾客异议起着决定性的作用。很多时候，同样的问题，同样的答复，只是由于回答的时机不同而产生不同的结果。因此，选择适当的处理时机是处理顾客异议的一个好的办法。销售人员应根据顾客异议的性质、销售会谈的状况，以及顾客的个性特征等具体情况来确定时机的选择，以期达到预想的效果。

销售人员选择答复顾客异议的时机通常有四种情况。

（一）在顾客异议尚未提出时解答

防患于未然，是消除顾客异议的最好方法。销售人员觉察到顾客会提出某种异议时，最好在顾客提出之前，就主动提出并给予解决。这样可使销售人员争取主动，先发制人，从而避免因纠正顾客看法或反驳顾客意见而引起顾客的不快。

销售人员完全有可能预先揣摩到顾客异议并抢先处理，因为顾客异议的发生有一定的规律性。例如，销售人员谈论产品的优点时，顾客很可能会从最差的方面去琢磨；有时顾客没有提出异议，但他们的表情、动作以及话语和声调却很可能有所流露，销售人员觉察到这种变化，就可以抢先解答。

（二）异议提出后立即回答

面对真实的异议，销售人员必须视情况而定，立刻处理或延后处理。其中绝大多数异议需要立即回答。这样，既可以增强顾客购买信心，又对顾客表示了尊重。需立刻处理异议的情况有：顾客提出的异议是属于他关心的重要事项时；必须处理异议后才能继续进行销售的说明的情况；异议处理后，能立刻下订单的情况。

（三）暂时保持沉默或推迟回答顾客提出的异议

对有些顾客异议若急于回答反倒是不明智的，此时可选择暂时保持沉默或推迟回答。其主要有：对销售人员权限外的或不能确定的事情，要承认自己无法立刻回答，但保证会迅速找到答案；当顾客在还没有完全了解产品的特性及利益前，提出价格问题时，销售人员最好将这个异议延后处理；当顾客提出的一些异议，在后面的产品说明中能够更清楚解决时；异议显得模棱两可、含糊其辞、让人费解时；异议显然站不住脚、不攻自破时；异议不是用三言两语可以解决得了的；异议超过了销售人员的能力水平；异议涉及较深的专业知识，解释不易被顾客马上理解，等等。在这些情形下急于回答顾客的异议是不明智的。经验表明，与其仓促回答顾客提出的十个异议，不如从容地回答一个异议。

（四）无需回答的异议

在有些情况下，当顾客提出许多异议，其中有一些可能只是顾客一时的想法，顺口提一提，并不一定对交易产生大的影响，所以不必每问必答。例如，无法回答的奇谈怪论、容易造成争论的话题、废话、可一笑置之的戏言、异议具有不可辩驳的正确性、明知故问的发难，等等。

销售人员不回答时可采取的应对技巧有：沉默、装作没听见；按自己的思路说下去；答非所问，转移对方话题。

【案例8-2】

妥善应对价格异议

场景：日产汽车的展厅里，张先生已经基本看好了日产蓝鸟这款车，但当最后要交定金的时候，张先生提出了异议。

张先生：相比别的车，这车怎么贵了2万多？

销售员：张先生，同档次的车中，这款车技术含量高，零配件质量好，本身日系车的质量就较好，况且日产车在驾驶过程中故障出现率是很低的。您买了车后，可能只要花一些保养费用就可以了，在保修期内，保养的话还能免工时费。您这回再算算，您是买贵了还是便宜了。

张先生：那也不至于贵2万多呀！

销售员：您看，刚才我帮您分析了贵的原因，如果您把隐性的价值算在里面，您所能得到的实惠可不止2万多喔！

第三节　处理顾客异议的程序

一、倾听顾客异议

如前边所说，顾客异议是指顾客的反对意见。表面看来，顾客异议不利于销售，但实际上，它具有两重性：当顾客不能得到销售人员的满意答复时，就不会发生购买行动；如果销售人员能恰当地解决顾客提出的问题，使其对产品及其交易条件有充分的了解，则可能做出购买的决定。可见，顾客异议是顾客兴趣的指示器，是销售人员了解顾客对销售介绍反应的依据之一，能否正确处理异议对能否达成交易关系甚大。销售人员要正确处理异议，需要两个必不可少的条件：一是要让顾客公开自己的异议，二是销售人员要认真地倾听顾客异议。只有让顾客畅所欲言，公开自己的不同意见，销售人员才有可能了解顾客的内心世界，以及顾客要求解决的问题，才能依据异议的难度和数量来判断顾客购买的可能性，以选用适当的销售策略和技巧，促进交易达成。因此，对于顾客的异议，无论有无道理和事实依据，销售人员都应仔细倾听，不要打断，表现出一种欢迎的态度，以示对顾客的尊重。而尊重顾客，倾听顾客异议，往往能让顾客感到销售人员是真诚、严肃地对待自己所提出的问题，从而有助于转变其态度，建立双方间的理解与信任，进而促进交易。

二、分析顾客异议

倾听了顾客的异议后，销售人员必须借助自己的知识和经验，对异议进行深入地分析和考察，找出隐藏在异议背后的真正根源，从而采取相应的处理对策。然而，要了解顾客异议背后的真正动机并不是件轻而易举的事情，因为在销售人员面前，大多数顾客都会以各种借口或不真实异议来掩盖真实意图，而不会直言不讳地道出自己的真实想法。例如，顾客往往会以对商品挑三拣四、嫌这嫌那来掩盖自己买不起或根本没打算购买的真正意图。

因此销售人员要想有效地化解顾客异议，探测异议的真正根源，就必须深入分析顾客提出异议的真正意图，设法探测到掩盖在表象后面的真正问题。分析探测顾客异议的一个有效方法，是以提问或反问的方式重复顾客异议的主要观点。例如问：“您认为这种车型不适合您，是吗?”“您是说这个车型比其他同类车贵一些吗?”

通过带有提问或反问的异议复述，销售人员不仅可以知道自己是否真正理解了顾客异议，而且还可以从顾客回答反问问题的根据来判断顾客提出异议的依据是否充分。一般来讲，顾客提出的异议越是没有依据，他就越难以回答反问的问题。当顾客回答反问或提问时，还有助于销售人员从中发现异议背后的真正动机，赢得思考应变的时间，从而对症下药，较好地处理异议。

三、处理顾客异议

如前所述，在销售过程中总会有一些异议发生，几乎每一笔交易中都会遇到顾客异议，因此，事先规划好处理异议的方案，做好处理异议的准备，对于有效处理异议，促使交易达成是非常重要的。

（一）应对顾客异议的心理准备

销售人员要从心理上做好应对顾客异议的精神准备，应充分认识到在销售中遇到顾客异议是很正常的。销售工作，实际上是从顾客说“不”字开始的，正是有顾客异议，才有销售人员发挥其所长的机会。因此，面对顾客的反对意见，不必惊慌失措，也不必恐惧，而应持正确的态度，既不贬低，也不夸大。如果贬低它们，顾客可能认为你对此并不太重视；如果夸大它们，则是给自己找麻烦。同时，异议本身说明了顾客对其产品有兴趣，正等待销售人员的进一步介绍，因而可能是一个销售的机会。总之，正确看待出现的每个异议，仔细研究其特性并以不同的策略对待它们，才能更接近顾客、理解顾客，获得更多信息，最终达成交易。

（二）处理顾客异议的工作准备

处理异议的具体准备工作，包括销售人员要充分了解自己的产品、价格、交易条件及企业的销售政策，特别要对销售车型的性能、优缺点、使用和维修保养方法等内容了如指掌。同时，要了解市场动态，掌握同类产品的特点、行情及竞争对手的情况，所销售车型的供求趋势等。此外，还要对顾客或谈判对手的兴趣爱好、个人经历、业务情况、经营实力等有所了解，并根据自己的实践经验，模拟提出一些顾客最可能提出的意见与问题，设计回答这些问题的方法和答案。

（三）灵活应对需求异议

在销售过程中，顾客提出需求异议，通常有三种可能的原因：一是对商品的需求缺乏认识或认识不足；二是顾客的需求发生了变化从而举棋不定；三是顾客提出财力异议，以此作为拒绝购买的借口。不论顾客的需求异议是出于何种情况，销售人员都要以积极的态度来处理。

对于第一种情况，可以采用需求启迪法，即销售人员指出顾客在需求方面的问题，帮助其转变观念，提高对商品需求的认识，使顾客对商品发生兴趣，并产生强烈的购买欲望，促成购买行为的实现。

对于第二种情况，主要是由一些不可预测因素引起的。例如，顾客即将结婚，原本需要购买一台经济型车，后因亲戚赠送了一辆，因而不再需要购买该汽车了。这种情况往往是销售人员难以预料的。这就要求销售人员学会对市场环境进行观察、分析与判断，密切关注顾客及有关方面的动态，提高自己对顾客需求状况变化的预测能力，以便捕捉到更多的销售机会。

对于第三种情况，表明顾客对销售品存在需求，有购买的欲望，只是在支付能力上有困难。销售人员应根据具体情况，采取如下的合适对策进行处理。

1. 调整顾客的需求欲望

顾客的财力异议在很多情况下是由于需求欲望超过了自身的经济条件所造成的，产生的根源可能是爱虚荣、攀比、追求新潮、崇尚名牌等心理因素。销售人员要针对顾客的心理特征和实际情况，帮助顾客认清自己的需求状况及经济条件，适当地降低顾客的需求欲望，使其与顾客自身的支付能力相符合，即常言所说的量力而行，帮助顾客树立正确的消费观念，抛弃那些不切实际的消费观。这样，销售人员就可以向顾客推荐既能满足实际需要，又支付得起货款的产品。

2. 采取分期付款或延期付款的方法

倘若销售人员采取降低顾客需求欲望的方法仍然解决不了顾客财力异议的实际问题，并且顾客一次性支付货款又确实有困难，在这种情况下可以采取分期付款的方法。如果顾客目前购买商品所需资金不足，但在短期内能够筹措所需资金，则可采取延期付款的方法，以消除顾客的财力异议。

在实施分期付款与延期付款这两种方法处理顾客的财力异议时，销售人员一定要对顾客的信用状况进行调查，绝不可贸然实施。若顾客信用状况欠佳，则不宜采用这两种方法。

【案例 8－3】

灵活应对需求异议

场景：国产宝马的展厅里，范小姐和她的家人正在销售人员的引导下看3系宝马，他们半年前就有买车的打算，价格控制在45万元左右，今天是第二次来这里。第一次来的时候，通过交流，销售人员得知他们买车主要就是为了谈生意。

销售员：范小姐，您好，考虑了几天，决定了吗？

范小姐：上次我忘记问你了，这款车的市场定位是怎样的？

销售员：面向家庭的高档用车。

范小姐：如果是家里人开，的确很舒服，但我们买车主要是为了谈生意，那就不太合适了。

销售员：范小姐，有一点我要向您澄清，虽然这款车是面向家庭，但在同价位的车里，宝马车的知名度和豪华程度不亚于任何一款车。您说要用来谈生意，这绝对是佳选中的佳选，开宝马车一定有助于您打动顾客的心，将每一单生意做成、做好。

范小姐：哦，是这样！

四、整理与保存顾客异议资料

销售人员要注意将平时在销售活动中所遇到的各种异议记录下来，进行加工整理后，作为资料保存下来，供日后参考之用。整理和保存异议，不仅可作为一种销售经验的积累，还可用以增加销售人员的知识和阅历，起到温故知新的作用。因此，对每一个从事销售工作的人来说，都应该重视并做好这项工作。

第四节　处理顾客异议的方法

处理顾客异议的方法有许多，下面介绍常见的几种。

一、五步法

第一步：回避异议。即暂时不愿涉及的异议采取回避。在没有弄清顾客提出异议的真实意图之前，千万不要急着去达成交易。

第二步：弄清异议。即了解顾客的异议的真实含义。

第三步：重新界定。即按销售人员有利的方面重新界定顾客的异议。

在销售人员试图让顾客带着异议去达成交易之前，把这个异议变为简单的问题去解决。如果销售人员不断去练习这个技巧，就会把几乎所有的异议变为下列三个简单的异议了。

①“您的意思是，您需要考虑您的预算?”或“您希望根据您的购车预算制订方案，我说得对吗?”

②“我已经明白了，您希望得到更优惠的价格，我说得对吗?”

③“听起来，您想知道自己的选择是不是正确的，我说得对吗?”

第四步：孤立异议。即孤立顾客的异议后进入成交阶段。

当销售人员把顾客引入交易阶段时，顾客仅有一个异议，销售人员一定要让顾客同意不再提出更多的其他异议。销售人员要孤立对方的异议的关键词是：“除了……以外，……”

记住：解决顾客提出的异议的过程就是交易的过程，而且顾客每次提出异议实际上就给销售人员提供了成交的机会。

第五步：化解异议，达成交易。例如：

①“我就是拿不准这是不是我想要的车。”

②“这车的颜色（或配置）不对。”

③“我要再考虑一下再决定。”

④“等等，我喜欢这款车，但我要更好的价格。”

⑤“我要和我的妻子（丈夫）商量一下。”

⑥“我在别的车行得到更好的价格。”

面对顾客异议，销售人员要冷静清醒、仔细观察，认真分析原因，想出应对措施。

化解顾客异议的一般处理程序是：认同顾客异议→探询问题与原因→从另外一个角度再一次解释表述、以更有力的工具证明→促成交易。

二、讨价还价法

价格是销售活动中不可避免的顾客异议。这是因为：一方面，价格总是直接涉及顾客的实际利益，是顾客购买时考虑的主要因素；另一方面，在产品成本既定的情况下，价格的高低决定了企业经济效益的高低，也决定了购买者的初始成本。价格往往成为销售活动中买卖双方讨论的主要议题。因此，销售人员能否妥善处理价格异议，直接关系到交易的成败。妥善处理价格异议很重要，它是讨价还价成功的关键。

讨价还价的成功就是达成买卖双方都同意的价格。总体而言，讨价还价的过程可以分为三个步骤，即出价、吊价和让价。

（1）出价。出价分为两个方面，一是卖方出价，一般的汽车销售都有一个报价；二是买方出价，当销售人员确定顾客非常喜欢某款车型，并且该车也符合他的要求，而他又对报价感到不满时，即可引诱买方出价。

谈判中有句行话说："先开口的是奴隶，后开口的是上帝。"这句话就是说在讨价还价时"后开口"的将掌握谈判的主动权，所以在顾客不能接受报价而又有价格下调的余地时，销售人员要尽量让顾客主动出价。

（2）吊价。无论买方第一次出价多少，一定要加以拒绝。如果销售人员在顾客第一次出价就成交的话，顾客不但会认为销售人员所报出的价格太虚假了，而且连他的出价都高了，否则销售人员不会那么爽快地就答应他的出价。

事实上，很多时候顾客潜意识里最担心销售人员随随便便地为他降价和打折，在他们看来，商家永远都是追求利润的一个实体，绝不会做赔本的生意。因此无论销售人员如何强调促销和打折扣原因（如开业、店庆等），顾客永远相信商家还有利润，否则就是产品有问题。最让人不解的是，顾客往往还会因为销售人员给了他折扣和实惠，反而怀疑起商品的实际价值和标价是否合理；如果折扣的获得十分顺利，他们会怀疑是不是可以获得更低的折扣。

（3）让价成交。当销售人员确定买方在极力争取价格，并且非常喜欢本商品或显得很急迫时，通常可以确定已经到达成交边缘，只要给出适当的让价，顾客就会马上成交。此时，如果价格在销售人员可接受的范围之内，就可以给顾客适当的让价，以促成交易马上达成。

【案例 8－4】

巧妙"让价"

（商品价目表：26.8 万元；销售人员的价格权限：26 万元。）

销售员：张太太，您认为我们的价格太高，那您觉得多少钱合适呢？（让买方出价。）

顾　客：26 万元。

销售员：张太太，您太会开玩笑了。要知道，我们的价格是根据成本来制定的，这个价格是绝对不可能的。

顾　客：26.3 万元。这是我所能承受的最高价了。

销售员：张太太，说真的，我也很乐意帮您，可是这个价格我还是没有办法接受的。我要是卖给您，老板就要炒我鱿鱼了。

顾　客：不会的。你们领导夸你都来不及，怎么会开除你呢？这个价格可以啦。

销售员：张太太，您就别让我为难了。这样吧，我帮您向经理申请看看能否给您优惠 4000 元。如果您觉得这个价格可以接受，我就马上给经理打电话。

顾　客：好吧。

三、价格分摊法

价格分摊法，是将产品目前的价格按产品的使用时间或者次数进行分摊，这样计算出来的单位价格就会是一个很小的数字，从而使顾客觉得这个价钱其实很合理。

【案例8－5】

用“价格分摊法”处理顾客异议

顾　客：18万元？这车也太贵了吧？

销售员：您说得不错，对于普通的老百姓来说，现在汽车还是属于高档消费品。但是，和其他日常消费品不同，汽车不是用一两年就会坏的，何况您又不跑长途，用上十年八年都不成问题。不要说10年，就以6年来算，您1年只需要支出3万元，就能拥有一辆属于自己的汽车，过上有车一族的生活了。而如果没有车，像您这样做生意的，每天的打的费用都要一两百元吧？

顾　客：汽车本身我是没有什么可挑剔的了，就是这价格好像太高了，我按月付款的负担还是很大的，能不能便宜点？

销售员：沈先生，按照每月付款方式，您只需每月支付××元，也就是说，每天还不到××元。可是，您可知道，汽车租赁公司出租这种型号的车，每天收取的费用却是××元？想一想自己驾车的乐趣，难道您还会觉得买得不值吗？

顾　客：听上去有些道理。

对于大宗的消费品来说，把总体的价格告诉给顾客，虽然顾客心理上本来有所准备，但是听起来还是很大的一笔数目。其实，销售人员可以给顾客算一算，把很大的一个数目分摊到每一个细化的单位当中，这样，尽管价格总数没有变，但不会让顾客觉得很突然。

四、说理比较法

说理比较法的目的是通过其他类型产品的价格状况说明不同品牌、不同型号的价格不相同。

【案例8－6】

用“说理比较法”处理顾客异议

顾　客：奇怪了，我上次在某某车行也看到天籁230，可是你们这边价钱比他们高出了4万元哦，到底有没有这么贵啊。

销售员：同一种品牌的不同款式也有不同的价格，您刚才所提到的天籁是230JK，我们刚才看的是230JM。这4万元的差价就在于JM有NAVI卫星导航系统、7英寸彩色多功能液晶显示屏、倒车影像监视系统、AS－CD定速巡航系统等，功能更为完善。

顾　客：原来是这样，那可能是我没看仔细。

运用说理比较法时，不可以随便比较一些没有可比性的产品，不要说自己的品牌好，别人的品牌不好，这样是难以取得顾客信任的。销售人员最好举出一些不同类型产品的价格现状。比如，可以用电器产品的不同价格来举例：“您看电器产品，松下的彩电与国产彩电的价格就是不同，但就没有人说松下的贵，品牌不同嘛。”

五、“缓兵之计”法

“缓兵之计”法是在顾客对某一品牌车型还没有全面了解之前，最好先别急于同顾客讨论价格，而要引导顾客，向他全面介绍该车型及其价值，让顾客先喜欢上该车型，认识到它的优点和价值。

【案例8－7】

用“缓兵之计”法处理顾客异议

顾　客：这种款式的车卖多少钱？

销售员：您先别急着讨论价钱，先看看它符不符合您的要求再说，关键是您要喜欢。您说呢？

顾　客：这辆车看起来不错，要多少钱呢？

销售员：有道是一分钱一分货，您先了解一下它的性能，看看是否能满足您的需求。

顾　客：那你先给我介绍一下吧。

销售员：好的。

价格是销售的最后一关，支付能力与支付意愿之间是有差异的。在购买意愿没有形成之前，谈论价格是没有意义的。也就是说，没有购买欲望，就没有价格谈判的必要。

六、转移比较法

转移比较法是在顾客身上找出一件价格很贵的产品，反衬出销售人员现在所推荐的产品并不昂贵。

【案例8－8】

用转移比较法处理顾客异议

顾　客：这车好贵，能不能少点？

销售员：您想想，当初买一辆进口的皇冠车需要60万元，现在国产后才30多万元，您还会觉得贵吗？

七、“三明治”法

“三明治”法，就是把价值再添加附加价值，说明价格高是有道理的。

【案例8－9】

用“三明治”法处理顾客异议

顾　客：不会吧，28万？××车才20万不到呢！

销售员：您说得没错。我想请教您一个问题，您出差在外，是住三星级宾馆还是五星级宾馆呢？

顾　客：当然是五星级啦，三星级住起来太不舒服了。

销售员：那就对了。三星级和五星级肯定是没法比的。开这款车和开××车的感觉肯定是不一样的，否则就不会有那么多的老板喜欢开这款车了。

八、“逼”购法

有时候，顾客会说“今天我没带那么多钱，以后再来买吧”，这并不代表着顾客一定会再来买，他很可能因为看到别的产品而放弃购买，为此，最好是让顾客在有购买欲望的时候就促使他购买，这才是最为稳妥的办法。

“逼”购法适合于顾客谈好价钱却又不能马上购买的情况，这样可以促使顾客迅速做出购买决定。

【案例8－10】

用“逼”购法处理顾客异议

顾　客：好吧，那就这么定了，25.8万。我下周过来签合同。

销售员：肖先生，我们这款车销售很好，如果您下周再来，恐怕会被别的顾客先买了。

顾　客：可是我今天取不出那么多钱啊！

销售员：那这样吧，您先下个定金，我们为您保留着。您觉得可以吗？

顾　客：好的，那我就先放5000元定金吧。

还有些顾客可能是以“今天我没带那么多钱，以后再来买吧”为借口，让销售人员降价，这时候尽量不要妥协，而应采取一些为他解决眼前困难的方法使他放弃降价的念头。

九、攻心法

攻心法是让顾客感觉到销售人员确实是在为他着想，为他争取最大的利益，这样他是不会让销售人员为难的。比如，经过洽谈，销售人员同意给予顾客9.8折的优惠，可是顾客还是不满意，那销售人员就可以告诉顾客："这可是我为您拉到的内部价。我们的价格是实在的，即使老板的亲戚，也只能享受到9.8折的优惠。所以，您可是享受到和我们领导亲戚一样的待遇了。"

【案例8-11】

用攻心法争取举棋不定的顾客

场　景：宝来车展厅里，洪先生带了一位业内人士一起来看车，对于性能、外形及售后服务方面都已经认可，但谈来谈去，洪先生还是拿不定主意。

销售员：近期内宝来车没有促销活动，所以价格上不会有大幅度的调整。

洪先生：但我看杂志分析说年底大部分车型都要降价，尤其这种家庭用车。

销售员：这些我也知道，但现在是年中，还有半年时间才到年底，您愿意这半年还处于无车的状态吗？早买早受益嘛。

洪先生朋友：降价是大趋势，但像这样的车性价比已经比较合理了，降的话的确也不会有太大的空间。

销售员：我们的销售业绩一直比较稳定，没有说因为大多数顾客为了等待年底降价而影响我们销售的。

洪先生：这倒是，我看我同事最近新上牌的车不少。好，我先交了定金吧。

十、隔离法

隔离法，就是当顾客对这个价格不能接受或者他不愿意支付的时候，销售人员要学会让顾客明白产品的价值要远远超越价格，让他了解到价格与价值之间还有一定的差异性。

【案例8-12】

用隔离法处理顾客异议

顾　客：你所说的这个价格我无法接受。

销售员：我知道这辆车的价格比较贵，但它的性能真的很不错。根据我们的调查，这款车的车主都反馈说很满意，也很少需要去修理厂维修的，相对其他品牌的汽车来说，这可以为您省下不少维修费用。与其说买一辆经常需要"治疗"的汽车，还不如买一辆不怎么"生病"的汽车。事实上它们本身的价格也相差不了多少，没多久，你就会把这差价赚回来的。总体来说，这价格还是很划算的。

顾　客：你说得也对。

在汽车销售的过程中，每个环节都有可能碰到顾客提出的各式各样的异议，销售人员在遇到这些异议的时候，不要消极地认为这就是销售的障碍；相反，销售人员要积极地把异议变成销售成功的起点。首先分析顾客异议产生的根源，找到根源后将其按不同类型分类，接下来想方设法解决顾客异议，最后总结各种方法技巧，积累工作经验。工作中讲究战术和战略，就可以取得辉煌的业绩。

【范例】

几种典型的价格异议处理的话术

价格异议	话 术
这款车还行，就是太贵了。	您说得对，这车系出名门，又是最新款式，价格确实是贵，但像您这样的成功人士就该坐这样的好车！因为只有这样的好车才能带给您既豪华又安全的感受，彰显您与众不同的身份和地位，您说对不对？
车市我每周末都逛，就你们价格高。	看来今天遇到行家了！事实上价格的高低是相对而言的，就像五星级酒店绝对要比小旅馆的价格高，因为它的硬件和服务相差好几个档次。同样道理，将我们这样的品牌专营店与一般的路边店比较是没有意义的。购买汽车这样的大件商品，最重要的是要挑选一家实力雄厚、信用可靠、具备相应资质的经销商，这样才买得心安用得放心，您说是吗？
这辆车的报价为什么比网上高出3000元。	是这样的，您看到的信息可能是某个经销商搞活动的促销价，虽然表面上看便宜了3000元，但您也知道买了汽车就离不开维修保养。以往很多车主买车时对售后服务的花费和质量顾及不多，殊不知对车的维修保养要终其一生，不间断地花销。虽然买车时在价格上占了点小便宜，但在修车保养的支出上却吃了大亏。而我们4S店为您提供的是“汽车终身服务解决方案”和星级式的售后服务，保证您买得放心，用得放心。您算一下，当然在我们这里买更划算了。
我是你们的老客户介绍过来的，可以优惠多少？	您放心，优惠肯定是有的！我们都非常欢迎老客户介绍朋友来买车，这是对我们最大的认可和支持。请问介绍您来的朋友是哪位？我们已经为他准备了1000分的感恩卡积分，他可以换购礼品或服务。 您应该也知道我们的价格一直非常实在，而且车子的质量一流，售后服务等方面也非常完善，这也是我们赢得像您的朋友张伟那样的很多老客户的厚爱的原因。正常情况下，第一次买车是没有优惠的，但您是张先生介绍过来的，应该享受特别的待遇，所以如果您今天定下来的话，我会向公司申请为您打个9.8折，并赠送一套脚垫给您，您现在就定下来吗？
同样是这款车，B专卖店比你们便宜多了！	看来您是有备而来的啊，您知道我们为什么在价格方面比B店贵3000元吗？因为在我们这里买车会赠送一年的车险、一年免费洗车服务以及一年的免费保养，这些东西价值超过6000元，而且样样都是买车后必须用到的。他们的车子是便宜3000元，但据我所知他们并不赠送任何东西，总的算来我们还是比他们更优惠，不知道那边的销售员有没有跟您讲清楚呢？

续表

价格异议	话　术
你们跟A品牌配置差不多，为什么价格高那么多?	虽然贵两万元，但80%以上的客户详细比较后还是选择我们，为什么呢？就是因为我们的车子贵得有道理，贵得有价值！您看我们车子的车身，一体成型的侧围外板，让前、后门框和A、B、C柱成为完整一体，长达41165毫米的激光焊缝，在国内的中级车中是绝无仅有的。还装备了ESP系统和TCS系统，大大提高了行驶的稳定性。在舒适配置上还安装双分区自动空调、定速巡航系统，长途驾车更轻松愉快。只要多付出两万元，您就可以每天都享受这样舒适和安全的感觉了，您还犹豫什么呢?

复习思考题

1. 如何看待顾客的异议?
2. 顾客异议有哪些表现形式?
3. 处理顾客异议应把握哪些原则?
4. 处理异议时，如何把握恰当的时机?
5. 处理顾客异议的程序包括哪些步骤?
6. 处理顾客异议的常用方法有哪些?
7. 根据下面一段展厅接待的情景对话，分析销售人员做得是否妥当，如有不妥之处请给出建议。

销售员：您看，我们这款车采用了新设计的VVT发动机，输出功率是108千瓦/小时，输出转矩是200牛·米，在同级车中是最优的。同时，采用了智能手自一体变速器，手动换挡模式和自动换挡模式融为一体，挡位变换迅捷平顺。

客　户：怎么刚才那家店的销售顾问告诉我，你们的变速器只是四挡的，而他们的却是五挡的，两者的价格也差不了多少。

销售员：没错，我们是四挡，他们是五挡，在这一点上，他们的变速器要比我们的好，但那款车没有ESP，也没有随动转向双氙气大灯。

客　户：……

第九章　报价与成交

汽车销售经过了接待、沟通、商品说明、需求分析、试乘试驾等环节，就将进入成交阶段。所谓成交，是指顾客接受销售人员的建议及销售演示，并且立即购买商品的行动过程。

在汽车销售过程中，成交是一个独特的阶段。它是整个销售工作的最终目标，其他的销售阶段只是达到销售目的的手段。换言之，其他销售阶段的活动都是在为最终成交准备条件。只有到了成交阶段，顾客才决定是否购买所推荐的汽车。因此，成交是销售过程中最重要、最关键的阶段。没有成交，销售人员所做的一切努力都成为徒劳。因此，一个优秀的销售人员应该具有明确的销售目的，千方百计地促成交易。

第一节　如何进行报价

当顾客进入成交阶段，销售人员对销售价格进行说明称为报价。报价是最后促进顾客购买决定的关键环节，如何做好报价说明，是销售人员必须掌握的基本技能。

销售人员在向顾客说明价格的过程中一定要注意，不能仅仅说明车辆的零售价，而要在报价的同时，说明车辆带给顾客的利益和产品的价值。这在汽车销售中称为“三明治报价法”，如图 9－1 所示。

图 9－1　三明治报价法

报价的程序为：

（1）请顾客先确定所选定的车型及颜色，了解顾客保险、按揭、代办上牌服务、精品加装的意向；

（2）根据顾客的需求，制作“商谈 Memo（备忘录）”，将车辆价格、优惠、保险价格、精品加装价格、上牌费等价格分别列出来，以书面的形式提供给顾客；

（3）说明价格之前，要向用户再次总结商品的主要配置及给顾客带来的利益，重点强调产品的价值，让顾客觉得物超所值，然后再进行价格说明；

（4）根据“商谈 MEMO”的内容详细地向顾客说明各种费用，耐心回答顾客的问题。

在报价的过程中，还可以根据需要，使用相应的报价工具，使用户更容易理解和接受。常用的工具包括：商谈 MEMO、保险报价单、按揭计算表、上牌服务收费明细单、精品报价单等。表 9－1 为商谈 Memo 样表。

表 9－1 商谈 Memo 样表

TOYOTA

商谈 Memo

〇〇〇〇一汽丰田销售服务有限公司
地址：〇〇〇〇〇〇〇〇〇
销售热线：〇〇〇－〇〇〇〇〇〇〇〇〇
服务热线：〇〇〇－〇〇〇〇〇
总经理：〇〇〇

年 月 日

购车订购人	新购 增购 更换	名称（联系人）	签名/盖章			身份	
		地址		邮编		身份证号	
		出生年月	年 月 日	单位	TEL	FAX	
		性别	职业/行业			E－mail	

登记名义人	同预定人	登记名称	签名/盖章			身份	
	非预定人	地址		邮编		身份证号	
		出生年月	年 月 日	单位	TEL	FAX	
		性别	职业/行业			E－mail	

车名		型号		SFX		颜色		台数	

	金额（人民币）	百	十	万	千	百	十	元	角	分
应付款	车辆价格									
	A. 厂家特别规格价格									
	B. 商品选购价格									
	C. 经销商提供选择价格									
	合计 ①									
	D. 购置附加费用 ②									
	E. 保险费 ③									
	合计（①＋②＋③） 1									
应付订购金 11										
余款	合计（1－11）									
	现付									
	按揭									

现付方法： 1. 现金 2. 汇票、支票 3. 转账

D 购置附加费用明细										
	车辆购置附加税									
	车船税									
	养路费									
	上牌费用									
	其他 1（ ）									
	其他 2（ ）									
	购置附加费用合计									

E 保险明细											
	车辆损失险										
	第三者责任险										
	附加费	全车盗抢险									
		车上责任险									
		无过失责任险									
		玻璃单独破碎险									
		自燃损失险									
		不计免赔特约险									
		其他（ ）									
		保险费合计									
保险公司											

订购金额 付款确认	金额	（小写）
		大写
	到账日： 年 月 日	

选车、选购明细		商品编号	数量	金额
	商品名 A			
		合计		
	B			
		合计		
	C			
		合计		

按揭利用明细		
	签约金融机构：	抵押方式：
		车辆
	期限：	履约保险
	还款截止日：	其他（ ）
	利息代结：	

其他

预定交车日期	

销售部长/销售经理	销售员	TEL
	代码	

一汽TOYOTA

第二节　成交的基本策略

在向顾客作完价格说明后，成交也就成为销售的最终目的了。在这个阶段，销售人员不仅要继续接近和说服顾客，而且要帮助顾客作出最后决定，促成交易并完成一定的成交手续。如何实现成交目标，取决于销售人员是否真正掌握并灵活运用成交的基本策略和成交技术。一个积累了丰富的经验、掌握了有效的策略和方法的销售人员，知道应该在什么时候、用什么方式来结束各个不同的销售过程，他们能够本能地把握成交的机会。

经验来自实践。但我们可以了解一些基本的成交策略和方法，为将要从事的销售工作打下基础。成交的基本策略有下列几种。

一、识别顾客的成交信号，促成交易的策略

成交信号是指顾客在接受销售的过程中有意无意流露出来的各种成交意向，我们可以把它理解为一种成交暗示。在实际销售工作中，顾客出于所处地位的特殊心态，往往不首先提出成交，更不愿主动地明确地提示成交。其目的是为了保证自己所提出的交易条件，取得心理上的优势。但是，顾客的成交意向总会通过各种方式表现出来。对于销售人员而言，必须善于观察顾客的言行，捕捉各种成交信号，及时促成交易。在实际销售工作中，成交信号取决于一定的销售环境和销售气氛，还取决于顾客的购买动机和个人特性。

成交信号的表现形式十分复杂，常见的有下列几类。

（一）语言信号

顾客有了购买欲望后，往往会发出一些购买信号。有时候，这种信号是下意识地发出的，顾客自己也许并没有强烈地感觉到或不愿意承认自己已经被你说服，但他的语言或行为会告诉你可以和他做买卖了。语言信号是在顾客与销售人员的交谈过程中通过顾客语言表现出来的成交信号。语言信号的常见表现如下：

（1）顾客经过反复比较挑选后，话题集中在某款车型。

（2）顾客对目前没车的生活表示不满。

（3）顾客对汽车销售人员的介绍表示积极的肯定与赞扬。

（4）顾客（专心聆听、寡言少语的顾客）仔细询问付款及细节。

（5）顾客将销售人员提出的交易条件与竞争对手的交易条件进行比较。

（6）反复提出已经答复过的或已弄清的问题。

（7）进一步压低价格，当出价合理时，仍然坚持压价。

（8）要求作出某些保证，如“买了你们的车，出了故障怎么办”。

（9）表达一个直接的异议，如“这里有一点小划痕，应该怎么处理”。

（10）使用与购买相关的假设句型，如“假如一次性付款，能优惠吗”。

（11）询问交货及付款方式等事项。

（12）提出附加条件，如“还有其他优惠吗，有没有赠送什么东西”。

（13）开始询问同伴的意见，与同伴低语商量。

（14）询问售后服务、保修里程、维修地点等事项。

在顾客的这些言谈中，尽管没有明确提出成交，但已明确地流露出成交的意向了。

（二）行为信号

行为信号是指在销售人员的销售过程中，从顾客的某些行为中表现出来的成交信号。行为信号的常见表现如下：

（1）十分关注销售人员的动作和谈话，不住点头。

（2）反复、认真翻阅汽车彩页广告、订购书等资料。

（3）使用计算器或在纸上试算，翻阅日历或记事本思考。

（4）离开了又再次返回。

（5）认真地查看汽车有无瑕疵。

（6）姿态由前倾转为后仰，身体和语言都显得轻松。

（7）擦脸拢发，或者做其他放松舒展等动作。

（8）转身靠近销售人员，掏出香烟让对方抽表示友好。

（9）突然用手轻声敲桌子或身体某部分，以帮助自己集中思路，最后定夺。

（10）靠在椅子上，左右相顾后突然双眼直视销售人员。

（三）表情信号

表情信号是指在销售人员的销售过程中，从顾客的面部表情和体态中所表现出来的一种成交信号。例如，微笑、下意识地点头表示赞成你的意见；对此次展示的商品表示关注，等等。表情信号的常见表现如下：

（1）面部表情从冷漠、怀疑、深沉变为自然大方、随和、亲切。

（2）眼睛转动由慢变快、眼神发亮而有神采，从若有所思转向明朗轻松。

（3）嘴唇开始抿紧，似乎在品味、权衡什么。

（4）当汽车销售人员说明有关细节和付款方法时，顾客显出认真的神情。

（5）向与同来的伙伴使眼色，彼此相互对望，或者眼神里传递着“你的意见怎么样”这种神情。

（四）事态信号

事态信号是在销售人员的销售过程中，就形势的发展和变化所表现出来的成交信号。例如，顾客要求看销售合同；顾客接受销售人员的重复约见；顾客对销售人员态度逐渐转好；在面谈中，顾客主动向销售人员介绍自己所在企业的有关负责人或高级决策人。这些事态的发展都明显地表现出顾客的成交意向。

【范例】

根据客户不同情况促成交易示例

情　景	销售顾问	客　户
价格	张先生，很高兴与您愉快地交流，这是您看中车型的价目表。	好，我看看，还能再优惠吗？
	张先生，贵公司是大公司，生意一直非常好，关键是要买到性能好、品牌声誉好的车子，是吗？	是的，杂牌车我们不会买，我们一次买几辆车，价格上再优惠一点。

续表

情　景	销售顾问	客　户
价格	张先生，贵公司是我们的老客户了，我们一直是给贵公司最低价的，价格实在不能再低了。	是吗？看来我只能到别的地方去看看了。
	请问贵公司是现金付款还是分期付款？	现金付款。
	好，如果您用现金付款，我再给领导申请一下，看能不能再给您优惠1%，分期付款不能再优惠了。	好。
	张先生，为了保障贵公司的利益，我们还推出了降价退款的保证，如果一个月内同型号的车价格下降，我们将把差价退还给贵公司，这样您可以放心了吧，贵公司领导绝对会满意的。	好的，还有其他优惠吗？
	张先生，我们是多年合作的老朋友了，为了以后更长期的合作，我们送您一张VIP卡，您可以在我们这边享受长期的免费洗车服务，可以吗？	好吧。
	张先生，有关证件您带来了吗？我帮您办相关手续。	好的，给你。
	手续办完了，我们去挑新车吧。	好的，走。
维修	张先生，像贵公司这样好的生意，车子用得比较多，车辆需要经常维修，是吗？	是的。
	我们的维修网点是当地最多的，配件也都是原厂生产的，不但方便，而且维修质量好。	这个我知道，买你们的车就是因为质量好，服务方便。
	现在购买，还可以享受一次免费的全面保养，一个月后到这边来做，可以使您的车更经久耐用。	太好了。
	另外，购买我们的车还可以享受一年的免费维修，在免费维修期间，相关配件也只收成本费，对贵公司来说绝对是物超所值的，贵公司领导肯定会高兴的。	好，你们有上门维修服务吗？
	有的，在本市区内，我们提供24小时免费上门维修服务，在本市区之外，收取适当的上门费用。	那出现意外情况就不用担心了。

二、保持积极的成交态度，促成交易的策略

成交的障碍主要来自两个方面：其一是顾客异议，是属于顾客方面的成交障碍，也是比较明显的成交障碍，销售人员可以利用有关的技巧和方法加以适当处理，消除障碍；其二是成交心理障碍，是属于销售人员方面的成交障碍，主要是指各种不利于成交的销售心理状态。销售人员的态度是与顾客会谈成功的基础。只有树立正确的成交态度，加强成交心理训练，才能消除各种不利的成交心理障碍。

以下是部分销售人员在建议购买和促成交易时容易产生的心理障碍。

（一）害怕拒绝

有的销售人员不能主动地向顾客提出成交要求，因为害怕提出成交要求后，如果顾客拒绝会破坏洽谈气氛，一些新销售员甚至对提出成交要求感到不好意思。据调查，有

70%的销售人员未能适时地提出成交要求，许多销售人员失败的原因仅仅在于他们没有开口请求顾客订货。美国施乐公司前董事长波德·麦克考芬说："销售人员失败的主要原因是不要订单，不提出成交要求，就像你瞄准了目标却没有扣动扳机一样。"这种情况是要避免的，因为没有要求就没有成交的可能。顾客的拒绝也是正常的事。美国的研究表明，销售人员每达成一次交易，至少要遭到顾客6次拒绝。销售人员只有学会接受拒绝，才能最终与顾客达成交易。

（二）等待顾客先开口

有的销售人员认为顾客会主动提出成交要求，因此他们等待顾客先开口。这是一种错觉。一位销售人员曾多次前往一家公司推销产品无果。一天该公司采购部经理拿出一份已签好字的合同，销售人员愣住了，询问顾客为何过了这么久才决定购买，顾客的回答竟然是："今天是你第一次要求我们订货。"这个例子表明，绝大多数顾客都在等待销售人员首先提出成交要求。即使顾客主动购买，如果销售人员不主动提出成交要求，买卖也难以成交。

【案例9-1】

"等"失良机

某汽车销售店的销售人员小刘接待了一位购车意向较强的顾客，从接待、洽谈、产品介绍到替顾客排忧解难，所有环节顾客都比较愉快，也比较满意。但就是到了关键时刻，没有主动地抓住机会向顾客提出购买的建议，而是由着顾客把话题转到了与销售不相干的问题上。当顾客一支烟即将抽完的时候，顾客接到了朋友打来的电话，要他马上回去"救火"，就是俗话打麻将三缺一。这个顾客对销售人员小刘说："明天再说吧。"就急匆匆地走了。结果是这个顾客没有到小刘所在的销售店购车，而是在他那个打麻将的朋友的怂恿下，去了另一家同品牌的销售店购买了相同的车辆。

（三）放弃

还有一些销售人员把顾客的一次拒绝视为整个销售过程的失败，而不继续努力。研究表明，一次成交失败，并不代表着整个成交工作的失败，销售人员可以通过反复的成交努力来促成最后的交易。销售人员对成交的成败要保持正确的态度，主要包括以下几个方面：

1. 应以积极、平静而坦然的态度对待成交的成败

有些销售人员缺少工作经验，对成交的成败缺乏足够的心理准备，总是疑虑成交失败，因而在销售中出现急于求成的现象，表露急于求成的心情。这种表现，必然引起顾客的疑心。他们会认为你的产品没有人要，卖不出去；你急于脱手，其中必有缘故。这种疑虑会影响顾客作出购买决策。

而销售人员在经历了几次失败的销售之后，担心成交失败的心理障碍愈为严重，以至产生成交恐惧症，导致心态上的恶性循环。实际上，即使是最优秀的销售人员，也不可能使每一次销售洽谈都能成交。在销售活动中，真正达成交易的只是少数。销售人员应该充

分地认识到这一事实，鼓起勇气，不怕失败，坦然接受销售活动可能产生的不同结果。坦然、平静的心态有利于销售人员取得心理上的优势，让顾客感到销售这种产品对你来说是一件十分平常的事情；你的产品和服务很受欢迎，交易成功对双方都有利可图。

2. 要克服职业自卑感

由于社会的成见，以及销售人员本身的思想认识，导致了不同程度的职业自卑感。这种自卑感在销售人员与顾客的交往中往往产生消极的影响。一个人只有充分了解自己工作的社会意义和价值，才能为自己的工作感到自豪和骄傲，才会激发出巨大的勇气和力量。但人要战胜自己、克服自卑感不是一件容易的事情。销售人员应当认真学习现代营销学和销售学基本理论和基本技术，提高职业思想认识，加强职业修养，培养职业自豪感和自信心。

3. 不要坐等顾客提出成交要求

有些销售人员往往认为顾客会自动提出成交要求，所以在销售洽谈中总是被动地等待，认为顾客在面谈结束时会自动购买商品。实际上，这是一种严重的心理障碍。事实证明，绝大多数顾客即使具有购买意向，也都采取被动态度，需要销售人员首先提出成交要求，否则就会错过成交时机。因此，销售人员应该纠正上述错误认识，主动提出成交要求，并适当施加成交压力，积极促成交易。

三、保留一定的成交余地，促成交易的策略

保留一定的成交余地，有两个方面的含义：

一是在某次销售面谈中，销售人员应该及时提出销售重点，开展重点销售，去说服和吸引顾客。但不能和盘托出，因为顾客从对你的销售产生兴趣到作出购买决定，总是需要一定的过程。到了成交阶段，销售人员如能再提示某个销售要点和优惠条件，就能促使顾客下最后的购买决心。有些销售人员不了解顾客心理，一开始就将优惠全盘托出，这样既不利于顾客逐步地接受销售信息，又不利于最后成交，使自己在成交时处于被动地位。所以，为了最后促成交易，销售人员应该讲究策略，注意提出优惠的时机，留有一定的成交余地。

二是即使某次销售过程的成交不能实现，销售人员也要为顾客留下一定的购买余地，希望日后还有成交的机会。因为顾客的需求总是在不断地变化的，他今天不接受你的产品，并不意味着他永远不接受。一次不成功的销售之后，你如果留下一张名片和产品目录，并对顾客说："如果有一天你需要什么的话，请随时与我联系，我很愿意为你服务。在价格和服务上，还可以考虑给你更优惠的条件。"那么，就会有回心转意的顾客回来找你。

四、掌握成交时机，随时促成交易的策略

一个完整的销售过程，要经历寻找顾客、接近顾客、销售洽谈、处理异议和成交等不同阶段。但并不是说每一次成交都必须逐一地经过每一个阶段。这些不同的阶段相互联系，相互影响，相互渗透，在任何一个阶段里，随时都可能成交。销售人员必须机动灵活，随时发现成交信号，把握成交时机，随时促成交易。

掌握成交时机，要求销售人员具备一定的直觉判断能力。一般来说，下列三种情况可视为促成交易的好时机。

（一）重大的销售异议被处理后

在解决了顾客的重大异议后，销售人员可以立即提出交易。因为，重大异议通常是顾客决定是否购买的主要障碍，如果异议得到解决，就等于顾客已经承认了商品的价值，也就是说他的购买障碍可能已经扫除了。既然如此，就应该赶紧用恰当的语气提出成交要求，比如说："您看，现在基本上没有什么问题了，那我们就这么定下来吧。"

（二）重要的产品利益被顾客接受时

也就是说，在销售人员说明完一个销售的重点后，就要适时提出成交的要求。这样，如果顾客同意了销售人员的成交要求，那销售人员就成功了；即使顾客暂时还不同意成交，销售人员也可以借此确认自己所讲述的这个销售重点是否就是顾客所关注的利益点，并进一步探寻顾客不能成交的原因所在。否则，很可能是在辛苦忙碌了几个小时之后，销售人员才发现顾客对自己所讲述的重点并不感兴趣，这样不但浪费了销售人员的时间，也浪费了顾客的时间。而且，销售人员讲得越多越深入，顾客就可能提出越多的异议，从而对销售人员的销售造成更大更多的障碍。

（三）顾客发出各种购买信号时

顾客发出的各种购买信号前面已有讲述。

总之，顾客的情绪、态度和成交的机会复杂多变，机会需要及时把握，同时也需要不懈地作出努力；即使在销售洽谈中销售人员多次提出成交都没成功，也不能放弃最后的机会。在正式洽谈以后，顾客没有成交的心理压力，心情变得轻松和愉快。他们会同情销售人员，并且也会担心错过购买的好机会。销售人员如果善于利用这一时机，则很有可能是"山重水复疑无路，柳暗花明又一村"。在成交过程中，销售人员要讲究一定的成交策略，坚持一定的成交原则，并配合相应的成交技术和成交方法，才能成功地促成交易，完成销售任务。

五、建议成交，引导顾客作出决定的策略

当销售人员发现顾客出现前面所述的购买信号时，就应该考虑建议成交了。当然，在提出成交建议时，首先需要做好以下工作：

（1）确定顾客所喜欢的车型。在建议成交之前，销售人员还应确定顾客所喜欢的到底是哪一种车型，以进行最后的成交攻势。

（2）停止介绍其他车型。既然顾客已经对所介绍的车型产生兴趣，就没有必要再向顾客介绍其他车型了，否则不但会分散顾客的注意力，还会使顾客的购买兴趣转移，暂时不想购买该车型。

（3）确认顾客的主要异议得到解决。在建议顾客成交时，汽车销售人员要确认顾客的主要异议已经解决了，也就是说只有顾客对产品基本满意了，才有必要建议成交。

销售人员不可能等顾客无休止地犹豫下去，所以对于一些没有主见、摇摆不定的顾客，可以大胆地建议顾客购买，以结束销售。销售人员可以说："我觉得这个车型可以，建议您签购车合同。"

如果顾客是面对两种产品而不知如何选择时，销售人员就可以说："我觉得米黄色的那辆更好一点，比较有个性。"还可以说："我建议您买××款式的，这更适合您。"

有些时候，顾客也会请汽车销售人员帮忙挑选。这时候，销售人员就要愉快地接受顾

客的请求，尽心尽力地为其做好参谋，根据顾客的要求和各款汽车的实际情况，大胆果断地帮其挑选，千万不要觉得不好意思。要知道，顾客要销售人员帮忙挑选就是一种信任，销售人员应抓住顾客的这一心理，将其对（汽车）销售人员的信任转移到商品上来。

但要注意的是，销售人员不要替顾客承担决策责任。不要说“我包您满意”、“相信我一定没错”这样绝对化的言语。否则，万一顾客在我们的劝说之下买了车，但在使用中却觉得不好，就会把责任推到销售人员身上，认为是销售人员骗了他。

第三节　促进成交的方法

成交方法是在成交过程中，销售人员在适当的时机，用以启发顾客作出购买决定，促成顾客购买的销售技术和技巧。向顾客介绍车辆时，销售人员要根据顾客的性格及具体情况，采取不同的介绍方法，按不同顾客的特点促成交易。当向顾客报价促成成交时更要抓住时机、讲究方法。尤其要注意把握不同顾客的特点，例如：

（1）男性顾客比女性顾客的决定速度快，这是由性别特征所决定的；

（2）公务车的购买速度比私人用车的购买速度快，一旦用车单位有了购车指标，并指定了车型，即不需要比较，讨价还价后就可以立刻签购买合同；

（3）买高档车的顾客比买中低档车的购买速度快，因为高档车高在哪里，就高在每款高档车都有独特的功能特性，买高档车的顾客购买目的非常明确，买哪款车以及要从车中享受什么都已清楚，而中低档车多集中在家用车上，每款车的个性不是很鲜明，所以给车主很大的选择空间，同样配置，外观略有差异，价格参差不齐，导致车主选来选去，延长购买的时间；

（4）经济发达城市的居民选择时间短于不发达城市的居民；

（5）对于要购买新下线投入市场的车的车主，他们的决定速度相对快一些；

（6）自己做生意的车主比公务员类车主或普通打工者的决定速度快，尤其那些买商务车的老板，一旦他觉得对他的生意有帮助，基本上看过一次后就会作决定；

（7）说话快，不喜欢转来转去；走起路来步子大，动作幅度大的顾客的购买速度较快；

（8）对性格温和的顾客，可以把节奏放缓慢一些，待时机成熟后，再稳操胜券地提出购买建议，否则会过犹不及。

以下介绍几种根据不同顾客的特点促进成交的方法。

一、观察法

在与顾客面谈时，须不断留意对方，在改变话题时观察顾客表现出什么样的状态。有时表情状态的改变就是改变主意的信号。例如，从不想买转变为想买，顾客的表情就会从面无表情到略带微笑地盯着销售人员的眼睛。以下数种情形是前面所述的部分顾客“购买欲望信号”。

（1）脸部表情　一直在环视周围的顾客，然后突然凝视着销售人员。

（2）动作　例如，进入沉思，或者把身体移过来，改正坐势，或是重新端详说明书，查看车身，反复询问优缺点，等等。

（3）谈话情形 例如，在和销售人员的商谈中一直随声附和敷衍了事的顾客，突然开始询问交货日期、付款方式等，这时说明顾客已有购买的欲望，销售人员宜立刻试行促成交易的策略。

二、试探法

仅由观察还无法捕捉顾客的购买欲时，就需要做些试探，以试探顾客的意向。在试探顾客的购买欲时，切不可笨拙地问“那么，就这么定了吧?”虽然在销售技术中认为用“问句”比较好，但到了建议成交时，“问句”就显得笨拙了，因为人们都有许多“硬颈”的倾向，所以即使顾客有了购买欲，当你说：“就定下来吧?”他便可能会说：“我还得考虑考虑”，而把话题又叉开了。

我们可以在领悟谈话内容时多作试探。只要销售人员从顾客的实际行动与表面印象中可以看出他对于销售人员所提的事情的确感兴趣，就可作此试探。如果他还没有决定要买，他是会明白地告诉你的，这对于你的试探并无伤害。如果他确已准备购买，那么你这一试探就可以使你自己和顾客都能节省时间，而且不至于错失成交良机。这样不断地试探下去，一直等到你真正相信他的确不想买了，或者等到你认为讲下去可能会引起他的反感时为止。

【案例9－2】

试探法促成成交

场　景：展厅里，于先生已经是第二次来看车了，这次来了后他详细问了该款车的配置和价格，以及可以附送的礼品，和销售人员聊了一个多小时。

于先生：手动挡的和自动挡的差这么多钱呀!

销售员：是呀，您以前也开过车，也知道手动变速箱和自动变速箱在技术含量上相差不少，贵也是合情合理的。您夫人的驾驶技术如何？平时谁开车的机会多一些?

于先生：新手开自动挡的好一点，我夫人开车技术就不太熟练，要买还真得买个自动挡的。以前我们家的那台手动挡车都是我开，每天还得像司机一样接送她上下班。

销售员：一看就知道于先生是个好老公，时刻都想着您的爱人。那么就这样，现在交定金，如果采取分期付款的方式，可能就需要等上一个月的时间，但如果是一次性付清，只要等一周的时间就可以。您准备选择哪种付款方式呢?

于先生：我和我太太商量好了，这次要买款自动挡的。因为我们以前那款车已经放在二手车市场寄卖了，听那边的评估师说，车一放在那边，就有买主出了不错的价钱定了，这样，我们准备一次性付款。

销售员：那太好了，我们公司在搞活动，对于这个月的5号到下个月的5号期间买车的车主，不管是买的哪款车，怎么付款，都可以享受我公司送的全车防爆膜、倒车雷达和三次保养送机油的优惠。怎么样，于先生，您看一下这份合同，如果没有什么异议可以考虑在上面签字享受新车了。

于先生：好，我再看看合同，签好后给你。

三、请求成交法

请求成交法是指销售人员直接要求顾客购买其销售品的一种成交方法。这是一种最简单、最基本的成交方法，在许多场合下，也是一种最有效的成交方法。通常，在下列几种情况下可用请求成交法。

（1）对老顾客。因为买卖双方已建立了较好的人际关系，并且销售人员了解顾客的需求，顾客也已经接受了商品。因此，顾客一般不会回绝你的购买建议。例如，面对老顾客，销售人员可以轻松地说："你好！近来生意可好？昨天刚有新车型到，你打算要什么颜色的？"

（2）顾客已发出购买信号时。顾客对商品产生好感，已有购买倾向，但一时又拿不定主意，或不愿主动提出成交需求，用请求成交法可以促成顾客的购买行为。例如，一位家庭主妇对销售人员推荐的奇瑞车型感兴趣，反复询问它的安全性能和价格，但又迟迟不作购买决定。这时销售人员可以用请求成交法帮助她作出购买决定。销售人员可以这样说："这种车型既实用又美观，买下它吧。价格上给你特别的优惠，希望你向亲友、邻居推荐一下。"

（3）顾客对销售人员推荐的产品表示出感兴趣，但思想上还没有马上意识到成交的问题。此时可用直接请求法来提醒顾客考虑购买问题，作出购买决策。销售人员在回答了顾客的提问或详细介绍完销售品后接着说："清楚了吗？你看什么时候给你办理上牌？"或者说："产品的质量没问题，厂家实行保修。请你填一下订单。"其实，这样的请求并非一定就是要马上成交，而只是集中顾客的注意力，让顾客意识到应该对是否购买这个问题作出考虑。

请求成交法看似简单，实际应用上也有一定的难度。许多销售失败的原因就因为销售人员没有开口请求顾客填写销售订单。这是因为销售人员有成交心理障碍，他们不敢提出成交，怕顾客回绝他们的建议，于是错失良机。在实际销售中，顾客通常不愿首先提出购买，一方面为争取主动，以便提出各种条件；另一方面是为维护自己的尊严。所以，销售人员应该战胜自己，克服成交心理障碍，把握时机，主动提出成交请求。可以说，请求成交法是销售人员应该掌握的最基本的成交技术。

但是，运用请求成交法必须把握时机。如果时机不当，可能会给顾客造成压力，破坏成交的气氛，反而使顾客产生一种抵触成交的情绪，甚至可能使汽车销售人员失去成交的主动权。一般来说，只要顾客表现出要求成交的信号，都可以运用直接请求成交法。

【案例9-3】

请求成交法成交

销售员："宋先生，是否能把您的身份证给我，让我帮您办理购车手续。"
顾　客："好的，在这里。"
销售员："手续办完了，这边请，我们去挑选一辆新车吧！"

四、假定成交法

假定成交法是指销售人员假定顾客已经接受销售建议，在同意购买的基础上提出一些具体的成交问题，需要顾客对某一具体问题作出答复，从而要求顾客购买的一种成交方法。这种方法人为地提高了销售人员与顾客谈判的起点，而销售人员所表现的对于成交的自信心，会感染顾客，增强顾客的购买信心。假定成交法回避是否购买的问题，以减轻顾客的心理压力，只就有关具体问题与顾客商议，让顾客感觉自己已经决定购买，从而自然过渡到成交的实质性活动上。例如，销售人员可以说："苏小姐，现在没有什么问题了吧？那您准备什么时候提车？"

只要使用得当，假定成交法会是一种很有效的方法。它最大的优点是节省销售时间，从而提高销售效率；又因为它是暗示成交，可以把销售提示转化为购买提示，适当减轻顾客的成交压力；还可以把顾客的成交意向直接转化为成交行动，促成交易。假定成交法是最基本的成交技术之一，是选择成交法、次要问题成交法等其他成交技术的基础。

假定成交法的局限性也十分明显。首先，这种方法使用不当，会使顾客形成心理压力，破坏成交气氛；其次，顾客已接受了销售人员的心理暗示，不利于他做出自由选择；再次，这种方法以销售人员的主观假定为基础，顾客会认为销售人员自以为是，强加于人，并对此产生反感情绪，不利于成交。所以，在使用这种方法时，要注意下列几点：

（1）善于分析顾客，有针对性地使用假定成交法。一般来说，依赖性强、性格比较随和的顾客以及老顾客，可以采用这种方法。但对那些自我意识强、过于自信的顾客，则不宜使用这种方法。

（2）善于把握机会，适时地使用假定成交法。一般须在发现成交信号、确信顾客有购买意向时才能使用这个方法；否则会弄巧成拙。

（3）善于制造销售气氛，自然地使用假定成交法；要尽量使用亲切、温和的语言；切忌语气咄咄逼人，形成高压气氛，使顾客望而却步。

五、选择成交法

所谓"选择成交法"，也就是"非此即彼法"或"二者择一法"。其是指汽车销售人员通过提出选择性问句，让顾客在提供的选择范围之内作出回应。这是常用的、非常受欢迎的方法，它的要点就是使顾客无法回避要还是不要的问题，堵住顾客说出"不"字。

"选择成交法"是汽车销售人员为顾客提供的一种购买选择方案，并要求顾客立即作出购买决策。它将顾客带到购物的情境中，在假设顾客一定会购买的基础上为其提出购买决策的选择方案，即先假定成交，后选择成交。例如，销售人员可以说："您要蓝色的还是红色的？"

选择成交法适用的前提是：顾客不是在买与不买之间作出选择，而是在产品属性方面作出选择，诸如产品价格、规格、性能、服务要求、订货数量、送货方式、时间、地点等都可作为选择成交的提示内容。

选择成交法表面上是把成交主动权让给了顾客，而实际只是把成交的选择权交给了顾客，只要他作出任意一种选择，都已经是购买了，即"不是A，就是B"。记住，向顾客提出选择时，尽量避免向顾客提出太多的方案，最好就两项，否则他就会有机会犹豫而不去选择。

【案例9-4】

选择成交法成交

销售员：张小姐，您是喜欢自动换挡的还是手动换挡的？

顾　客：我想还是自动换挡的吧。

销售员：那好，对于颜色您是喜欢珍珠白还是喜欢苹果绿呢？

顾　客：我比较喜欢这种珍珠白。

六、利益汇总法

当销售人员经过努力，采用各种方法把车的特性、优点展现给顾客后，顾客可能当时并没有在意，过了一段时间后，销售人员要有意识地将顾客可以获得的认可的利益进行汇总。利益汇总法是销售人员把先前向顾客介绍的各项产品利益，将特别获得顾客认同的地方，一起汇总，扼要地再提醒顾客，加强顾客对利益的感受，同时要求达成协议。它是销售人员经常用到的技巧，特别是在做完产品介绍后，可运用利益汇总法向顾客提出订单的要求。

【案例9-5】

利益汇总法促成成交

场　景：销售人员和两位顾客围坐在小会议桌旁，顾客认可销售人员对车辆的推荐，气氛比较轻松。

销售员：总之，这辆车的油耗比同档次同排量的车要低，外观也符合您的个性，越野性强，底盘高，您所期望的都可以满足，而且可以说是超出你的预想。

顾　客：是，我对要买的车的要求，你这款车都可以达到，我挺满意的。

销售员：是呀，价格又适中，对，说到价格，您准备采用什么样的付款方式？

七、暗示成交法

暗示成交法，是指向顾客作有意的肯定暗示或购买暗示。如果销售人员的言辞能深得人心的话，就一定能够对顾客产生影响。

在运用暗示成交法之前，销售人员必须先在顾客心中散播些“想象和暗示的种子”。这种“想象和暗示的种子”可使顾客更为积极，是让顾客也想尽早达成交易的一种催化剂。虽然这是销售人员所安排的手段，但顾客一直到成交时，仍误认为是自己所设计的。例如，销售人员可以这样说（暗示）：

"先生，在夕阳西下时，如果您与女朋友开着这款敞篷宝马在环岛路上兜风，肯定让人羡慕死了！"

"在这个经济不景气的时期，购买我们的卡车一定可以让您赚大钱。"

当销售人员做出"暗示"之后，要给顾客一些时间，让这些暗示逐渐渗透到顾客的思想，进入顾客的潜意识中。

只要在交易一开始时，利用这种方式，提供一些暗示，顾客的心理就会变得更加积极。一旦进入交易阶段，顾客虽然会考虑你所提供的暗示，却不会太过认真。但当你试探顾客购买意愿时，他可能会再度想起那个暗示，而且还会认为是自己所发现的。

八、前提条件法

所谓"前提条件法"，就是当顾客已经表达了销售人员是否能满足其某种需求时，销售员就应该利用顾客的需求来说服他。

在销售的过程当中，有时候难免会碰到一些难缠的顾客，他们要求销售人员按照确切严格的标准提供产品或服务。这时关键是要敢于迎接这种挑战，如果销售人员能够满足顾客的要求，就要将皮球踢还给顾客，促使顾客作出决定。

【案例9－6】

前提条件法成交

销售员：这辆车，您已经看过两次了，看得出您对它十分满意。请问还有什么其他的问题需要帮忙的吗？

顾　客：要是分期付款，今天能提车吗？（很显然，顾客的附加条件是在考验汽车销售人员，而并不是真的要当天提车）

销售员：按照银行和保险公司的规定，分期付款至少也得3天时间。不过如果您现在就能定下来，那我们可以马上派人协助您办理手续，尽快让您提车。

但要注意的是，类似这种问题，采用前提条件法是有风险的：这个方法并非是水到渠成的方法，毕竟顾客要求销售人员改变常规的销售模式，对此汽车销售人员也应该采取非常规的手段来应付。

九、不断追问成交法

不断追问成交法，是对付那些犹豫不决、考虑再三的顾客。有些顾客会说："我正在考虑是否购买。"这表示他目前根本不想买。面对这种顾客，销售人员必须要比平时多付出一些热诚，同时要专心倾听顾客所说的话，千万不能妄加批评。

"如果不仔细考虑的话……"像这样的说法，接下去的话，一定不是明确的拒绝，而是一句毫无意义的话。把这些模棱两可的话，变为明确的决断，便是汽车销售人员的责任。假如能做到这一点，那么你就可以说服顾客了。

当顾客说："如果不加以考虑的话……"销售人员可以用充满诚意和乐观的语气说：

“我正洗耳恭听，您认为对这辆车还要加以考虑，不知是什么原因呢？（接着说下去）是我们公司不符合您的要求吗？”

如果顾客说“不是”，销售人员要赶紧问下去：“那么，是这款车的动力不好吗？”顾客又说“不是”，销售人员再紧接着问：“是因为价格吗？”

最后顾客只好说实话了：“是呀！我所考虑的就是价格太高了呀！”

销售人员要不断地连续发问，直到问出眉目来才罢休。

此时，问话绝不能停顿，不留给对方犹豫的机会。如果销售人员只是机械地说：“是呀！凡事总得多考虑一下。”那就糟了，如果真的对顾客这样说，交易也就接近失败了！

十、订单方式成交法

当顾客表示出某种购买承诺时，销售人员可以这样说：“先生，让我来说明书面的内容吧！”并同时拿出订货单来，接着问：“请问大名怎么写？”如果顾客并未阻止销售人员开订单的话，那就表示成交了。

但如果顾客阻止销售人员开订单，表示他一定存有无法购买的理由。销售人员不妨先按他的意思行事，等到问题解决后，再作出已达成共识、要办正式手续的姿态，再一次开订单。等一切手续办妥，销售人员必须先签字，然后慢慢地交给顾客，补充说一句：“先生，您也必须在此处签字，签好后，表示已经承认成交了。”顾客看着销售人员充满自信的态度，也会安心地签字了。

采用这种方式，在提示合同内容时，必须将空白订单放在顾客面前。顾客既然已看过合同文本，签字就不会感到不安，同时合同也不会对他产生压迫感了。

十一、诱之以利法

所谓“诱之以利法”，是通过提问、答疑、算账等方式，向顾客提示购买所能带给他们的好处，以充分调动其“机会难得，不能坐失良机”的心理效应，营造成交气氛。例如，折扣、抽奖、送礼物等，从而打动顾客的心，刺激他们的购买欲望。每个消费者都会对自己想拥有的东西存在失去的担心，这就是怕错过购买心理。利用这个心理可以促成成交。例如，销售人员可以这样说：

“这款车只有一辆了，你要的车已经有别的顾客想要了，不过如果你今天订车的话……”

“促销期快过了；价格上升了……”

“许小姐，如果现在购买，优惠甚至可以达到8000元，还有送汽油活动，同时还可以参加我们车行的购物抽奖活动，特等奖是欧洲风情十日游哦。”

“这是我们市里面惟一的一款花冠了，其他商家早已经断货了。”

十二、本杰明·富兰克林成交法

这是美国著名政治家富兰克林发明的，其核心内容是：销售人员把顾客购买产品所能得到的好处和不购买产品的不利之处一条一条地列出，用列举事实的方法增强说服力。例如，销售员说：“谭先生，我来给您分析一下，看看您现在购买我们的汽车值不值得。第一，您觉得它的动力稍差一些，但是它的油耗也相对较低；第二，您认为它的工艺不够精细，但是价格合理，而且不会影响到汽车的行驶性能；第三，您说它的车身太短，不够气派，但是现在很多人都青睐这种两厢式的汽车，因为有个性、很时尚，同时车内空间也相对大、价格相对低。您还有什么可犹豫的呢？”

在该法使用中，销售人员可用纸张列出汽车的不利点和有利点（如表9－2所示），然后同顾客一起进行比较，得出该辆车的有利点远远多于不利点，达到顾客接受的目的。

表9－2 不利点与有利点比较

不利点	有利点
动力稍差 工艺粗糙 两厢式、不气派	油耗低 价格合理 维修方便 后续费用低 储物空间大 生活、休闲两用

使用中，本方法针对那些犹豫不决或还要考虑一下的顾客比较有效。

【案例9－7】

本杰明·富兰克林成交法的运用

情景：张先生喜欢这款车，已经试过车，而且同意购买。现在却说他需要考虑一下再作决定。

销售员：张先生，我知道如果您不是认真的话，您也不会花那么多的时间来试驾了。

顾　客：我们是认真的。我们需要一些时间考虑一下。

销售员：您知道吗，张先生，当我面对这种重大决定的时候，总是想到本杰明·富兰克林，他是美国最有智慧的人之一。他是美国一个靠自己的能力成为百万富翁的人。他在做重要的决定时有一个办法。当他遇到像您今天这样做重要决定的情况时，与您一样要确认动用较多资金的决定是否正确。如果是不正确的事，他就确认自己不做那样的决定，我完全能够理解您的处境和感受。

顾　客：对！我们喜欢这辆车，但对我们来说，这个决定太重大了。

销售员：富兰克林遇到这样的难题常常这样做。他会取出一张纸，会在中间划条直线（如上图）。

顾　客：好！

销售员：（给顾客纸和笔，将前面与顾客达成同意的所有事项都让他写下来，然后，说）那是……所有的吗？您还有其他“YES”的吗？

顾　客：没有了，那是所有的了。

销售员：现在您可以把不能决定买车的理由写下来了（这时销售人员最好不出声，给顾客一点时间）。看看我们得到什么？（销售人员可以拿着这张纸，但张先生可以看到，数“YES”1，2，3，…然后数“NO”1，2，3，…）

最后销售员站起来，微笑着与顾客握手说：“看来决定是正确的，您要把车挂在您个人的名下还是公司的名下?”

十三、价格成交法

这种方式通常作为最后使用的方法，也是个最最下策的成交法。这种方法将使销售人员的佣金减少，一般情况下不用。这种成交方式是建立在价格基础上，而不是在价值基础上的，但对某些顾客又是奏效的。当你已经使用过所有的技巧还没有得到购买承诺，无计可施时就只能使用价格成交法了。在运用价格成交法之前，要得到顾客的购买承诺。

第四节 成交与签约

以上介绍了一些常用的成交方法和技巧。在实际销售工作中，销售人员要抓住有利的成交时机，看准成交信号，针对不同的销售对象，采用不同的成交策略，灵活运用各种成交技术，及时有效地达成交易，以实现销售目标，创造销售业绩。

当顾客决定购买之后，销售员应及时与顾客签订购车合同或订单，并详细说明合同的条款，务求让顾客能详尽了解合同的具体内容，包括各项费用及相关的责任条款等。为了体现光明销售与顾客明明白白购车，销售人员在成交阶段的签约、履约过程中应注意以下事项。

一、签约前的准备

签约是一个正式的销售环节，一定要做好事先的准备工作，才能防范签约阶段可能出现的风险，避免在成交后再引起争议。签约前需要准备的资料见表9-3。

表9-3 签约前需要准备的资料

资料名称	说　明
正式的合同样本	一份拟好条款的正式的合同样本，同时，销售顾问必须对其中的所有条款十分熟悉，以确保可以向客户准确解释每一条的含义
一份最近三个月成交客户的清单	清单内容应包括购车客户的名字、所购车型、购车日期、数量等内容。那些购车后特别满意的客户的资料尤为重要
过去三个月成交客户合同的复印件	最好选择那些成交价格较高的合同，不用太多，五份就足够了
过去一个月的潜在客户的名单	应包含客户的个人资料，喜欢的颜色、车型、用途等
现有库存的车型清单与数量	销售顾问应确保对车库的车辆熟悉

二、确认合同内容时应注意的事项

（1）请顾客确认报价的内容　根据报价单的内容确认合同中各项费用的数额，包括车辆价格、保险费、上牌费、精品加装的费用等内容，确认费用的项目、单价、合计数是否正确，避免出现差错。

（2）确认交货期　在汽车销售的过程中，由于受车型、颜色的影响，一般的经销店都会存在货源不足的情况，有些车型和颜色可能需要订货。因此，在签订合同之前，销售人员一定要再次检查库存状况，对于没有现车的车型，要确认车辆的到货时间，并向顾客说明，得到顾客的认可，才能在合同中注明交货时间；决不能为了促成交易而欺骗顾客。

（3）准确填写合同中的相关资料　一般汽车销售店的合同都是打印好的格式文本，销售人员在填写的时候一定要认真，特别是在车型、车辆识别代码、颜色、规格、顾客资料等内容的填写上不能出现错误，并要求顾客进行最后的确认。

（4）交销售经理审核　在签订合同之前要先交给销售经理进行审核，特别是确认销售的价格、优惠的幅度、交货期等主要内容，要在得到销售经理的认可后，方可与顾客签订购车合同。

三、签约与付款的注意事项

（1）专心处理、杜绝干扰　签约是销售过程中最为关键的环节，此时不允许出现任何的失误。如果这时顾客再改变主意，对销售人员的打击将是巨大的。因此，在与顾客签约的过程中，必须专心处理顾客的签约事宜，谢绝外界的一切干扰，不要接听电话，更不要去接待别的顾客，以表示对顾客的尊重。

（2）请销售经理出面　销售人员要协助顾客确认所有的细节，并请销售经理出面，向顾客致谢、寒暄问候，以示对顾客的重视。然后请顾客在合同上签字，顾客签字后把合同书交一份给顾客。

（3）交款及安排车辆　销售人员带领顾客前往财务部交款，并开出发票，销售人员要审核发票内容是否正确，并让顾客再次确认；对于订车的顾客，先交纳订单，并开出订金收据。顾客交款后，由销售经理安排配车。

四、履约与余款处理的注意事项

在与顾客签约后，履约的工作同样重要，如果不能按合同的内容履行合约，则会造成严重的后果，除了降低顾客的满意度之外，甚至还会引起法律纠纷。因此，在签约到交车的过程当中，销售人员要与顾客保持密切的联系，进一步加强与顾客之间的感情维系。

（1）销售人员要根据实际情况与顾客约定交车时间，特别是订货周期比较长的用户，更要明确交货时间，避免因无法交车而给顾客的工作和生活带来不便，并将交货日期写入合同中。

（2）对于订货的顾客，在顾客等车的过程中，要保持与顾客的联络，及时告知车辆的情况，如何时开始生产、是否发运，以及预计到货时间等，从而增强用户等待的信心。一旦出现延迟交车的情况，一定要提前告知顾客延迟的原因，以求得顾客的谅解。切不可等到用户主动询问到货情况时再告知，这样顾客就会对经销店和销售员产生不信任感。

(3) 在车辆到店前一天通知顾客准备提车，告知余款金额，以及交车时需带的资料（订单、收据、身份证等），并了解用户的付款方式以及来店时间，告知顾客交车所需要的时间，以便顾客安排出足够的时间来办理交车手续。

(4) 从签约到交车是销售人员与顾客进行感情维系的有利时机，如等车期间恰逢节日或顾客的生日，邮寄一份小礼物表示心意，往往能拉近销售员与顾客的距离，提高顾客的满意度和忠诚度。

(5) 销售人员要进行余款交纳的跟踪确认，在交车前确认各种款项已全部支付，并核对开出的发票，直到顾客交齐所有款项才能交车。

五、签约后注意事项

(1) 顾客签约后，应尽快告辞并提供下一阶段的服务。“时间就是金钱”，无论是对顾客，还是对销售人员来说都一样，过多地闲谈，既浪费自己的时间和精力，又容易引起顾客的不满。

签约后，销售人员通常会比较高兴，甚至兴奋。但不宜过多地在顾客面前流露。过分的喜悦，会让顾客觉得销售人员在这次交易中获得了意外的利益。应该留给顾客这样的印象：销售人员对交易的成功感到高兴，但会经常获得这样的生意，这次的成交并无特别之处。这样做的目的是为了避免给顾客心中留下疑虑。

(2) 安排好对顾客的电话回访。回访的目的，一是为了向顾客表明自己对销售品充满信心，而不是只待汽车商品出手便逃之夭夭；二是为了向顾客表明自己愿意提供周到的售后服务，愿意与顾客建立良好的关系。对于汽车这种耐用消费品和高新技术产品，成交后的再访是必要的。顾客购买这一类商品是一项较大的投资，通常都希望得到持续的售后服务。对于这种需要长期售后服务的顾客，销售人员不仅要进行成交后的再访，还要帮助顾客与企业的维修部门建立长期的联系。

复习思考题

1. 什么是“三明治报价法”？
2. 报价有哪些基本的程序？
3. 促成成交的基本策略有哪些？
4. 常用的成交方法有哪些？
5. 成交阶段，销售人员应注意哪些事项？
6. 确认销售合同时，应注意哪些方面？
7. 履约与余款处理过程中应注意哪些问题？

第十章　交车及交车仪式

交车是让汽车销售人员很有成就感的一件事情，因为这是对前面销售工作的肯定。如果在交车这项工作上做得好的话就更是锦上添花，让顾客由满意变成感动。

交车的时候是很令人兴奋的时刻，顾客和销售人员都实现了自己的心愿。在这个激动人心的时刻，销售人员要将每个环节都做得尽善尽美，不出任何差错，为整个销售工作画上完美的句号。

第一节　交车是销售的关键环节

交车的过程是顾客最为关注的环节，也是销售人员最容易出现问题的环节，在销售过程中顾客投诉最多的也是交车环节存在的问题。为什么会出现这种现象呢？我们首先来看一下图 10－1，销售过程中顾客和销售员的兴奋心理曲线图：

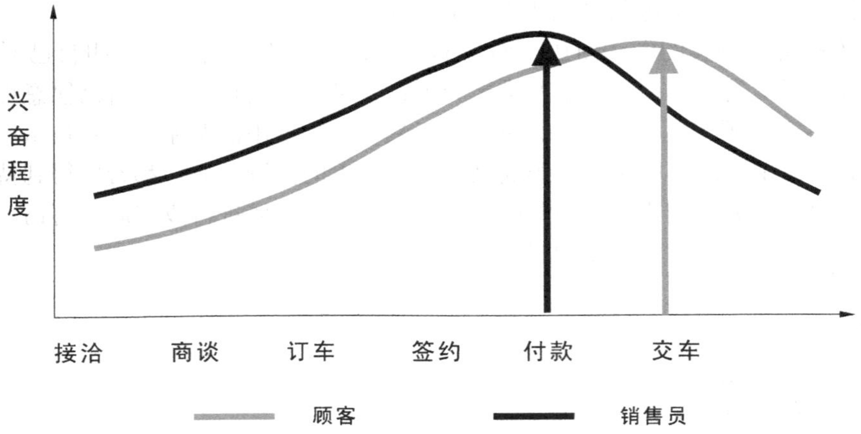

图 10－1　顾客与销售员兴奋心理曲线图

从图 10－1 中的曲线可以看出，交车是顾客最兴奋的时刻，在这一刻，顾客盼望已久的新车马上就能交付使用了；同时，顾客拥有汽车的梦想也即将实现，有车一族的新生活也将在这一刻开启，因此，顾客都会满怀着喜悦和激动的心情到销售店办理交车的手续。从图中我们可以看到，销售人员在顾客付款，也就是交付定金之后是最为兴奋的。对于销售人员来说，这一单业务已经成交。而到了交车环节，对于销售人员来说只是办理例行的交车手续，销售人员的兴奋度已经开始下降。因此，在交车的过程中，常常出现这样的现象：顾客满怀喜悦，而销售人员却毫无察觉。这样，顾客会觉得销售人员对自己的情感没有回应，会有一种被冷落的感觉，从而使顾客产生反感和抱怨。因此说，交车环节是非常关键的环节，销售人员要善于迎合顾客的情绪，通过交车激发起顾客的热情，感动顾客，从而与之建立起长期的关系。

要做好交车工作，销售人员首先必须了解提车时顾客的心理和期望，然后有针对性地开展交车说明和提供相应的服务。

第二节　顾客提车时的期望

顾客在提车时心情是兴奋而紧张的，如果发现有一点缺憾都有可能影响交车的顺利进行。顾客在提车时的期望如下：

（1）能够真的如其所愿，交车期间不出问题；在得到承诺之后，汽车就已准备好，随到随取，油箱中有足够的燃油……

（2）拿到手里的是一部从来没有人用过的新车，因此希望所提的汽车内外一尘不染，好像自己是第一个坐到汽车里的人；也希望销售人员不仅在售前做详细而耐心的讲解，而且在车子买回去后遇到问题时可以随时找到他，得到及时的帮助。

（3）在提车当天希望经销商对汽车的保修和保养计划作完整的介绍。在车开始正常使用后，销售商能定期提醒顾客该做什么项目的保养以及定期保养的时间，时刻体现对顾客的关注和关怀；希望与负责维修服务的经理见面并介绍维修服务的程序；希望销售人员对汽车非常了解，能够回答顾客提出的问题，并愿意为顾客查找答案；希望汽车相关手续已经办妥，如保险、牌照等；希望可以提供所有应提供的材料和承诺附送的礼品，包括保修手册、顾客使用说明书等。

销售人员一定要记住，最影响顾客满意度的是能否按时交车，如果不能在顾客预期的时间内交车，就会给顾客带来极大的不满，不论采用什么样的解决方式，都会使顾客产生不愉快。

【案例 10－1】

准时交车的重要性

2004 年 7 月上旬的一天，吴先生来到某汽车销售店，询问君威 Regal GS 3.0 豪华版 AT 钛银色轿车的订货时间。他告诉汽车销售员小梁，自己已经在别处订过一次同款车型了。

在广告业界工作的吴先生一直想买一款新车，经过很长时间的观望以后，吴先生把目光锁定在君威 Regal GS 3.0 豪华版 AT。没有过多的考虑，吴先生就在另外一家经销商处交了定金。可没想到的是，对方作出的短期内交车的承诺成了空头支票，这让吴先生很恼火。经过一再的催促，直到近一个月后，对方才为吴先生提回现车，但见到的现车却从原来预订的钛银色变成了黑色，失望的吴先生最终只得放弃，拿回了定金，另找经销商。

他在小梁手里再次交下了定金，说了句很实在也很沉重的话："诚信和服务是最重要的啊。"这一次，小梁没有让吴先生失望。没过多久，吴先生就如期地见到了他那辆心仪已久的汽车。

第三节　交车前的准备工作

要做好交车工作，首先应做好交车前的准备。只有进行充分的准备，才能保证在交车过程中不出现差错。具体的准备工作包括以下几个方面。

一、车辆的准备

当准备把一辆新车交付给顾客使用前，汽车销售公司必须自检该车是否合格，合格才可以把它交给顾客。在交车给顾客前，销售人员也要对车辆作全面而细致的检查。

（一）车辆性能的检查和确认

在新车交车前，要委托售后服务部对新车的各项性能进行检查（PDS 检查），确保车辆性能优异，各种开关操作正常，还要校正时钟、调节收音机频道。表 10－1 为新车检查表（PDS）。

表 10－1　新车检查表

新车检查表（PDS）

A. 作业准备	OK	调整修理
01. 轮胎气压计、扭力扳手、21 寸套筒、万用表、工具		□
02. 座套、翼子板布、把套、脚垫、布、垫板		□
03. 安装随车附件		□
B. 目视检查		
01. 检查警告灯、蜂鸣器（钥匙、大灯）	□	□
02. 检查发动机的启动性、稳定性、异音及振动	□	□
03. 电器件的工作状况	□	□
大灯、小灯、雾灯、控制台灯光	□	□
尾灯、牌照灯、后雾灯	□	□
刹车灯、倒车灯、光束调整系统	□	□
转向灯、双闪	□	□
雨刷器、雨刷喷嘴、喇叭	□	□
除雾器、点烟器	□	□
音响（调频）、时钟（设为正确时间）	□	□
遮阳板、化装灯	□	□
室内灯	□	□
天窗开关	□	□
座椅加热情况	□	□
04. 检查车内后视镜、门后视镜（调整为正常状态）	□	□
05. 检查角度及高度可调方向盘动作	□	□
06. 检查储物箱及杯架、烟灰缸	□	□
07. 检查座椅、安全带的工作、污损情况	□	□
08. 检查发动机盖、后备箱、加油孔盖的开启情况	□	□
09. 检查车门玻璃的工作情况	□	□
10. 检查车门、门锁、遥控门锁的工作情况	□	□
11. 检查儿童锁	□	□
12. 检查行李箱灯	□	□
13. 行李箱内衬、垫板的检查	□	□
14. 检查备胎的气压和安装状况	□	□
15. 检查千斤顶、工具和牵引挂钩等	□	□
C. 检查发动机仓		
01. 检查油液类的量及其质量	□	□
发动机油	□	□
转向助力油	□	□
自动传动桥油	□	□
制动液、离合器液	□	□
雨刷清洗液、防冻液	□	□
电瓶液	□	□
02. 检查油类的渗漏情况	□	□
03. 检查电瓶桩头的安装情况	□	□
04. 测量电瓶的电压（V、标准值 12.2）	□	□
05. 检查电瓶充电情况	□	□

D. 下部检查	OK	调整修理
01. 确认轮胎螺母的扭矩	□	□
02. 调整轮胎的气压	□	□
03. 检查轮胎的损坏情况	□	□
04. 安装随车附件	□	□
05. 拆除前弹簧隔垫、制动器防锈罩	□	□
06. 检查油液类的渗漏情况	□	□
07. 检查安装坚固情况	□	□
08. 检查损伤、生锈情况	□	□
E. 路试		
01. 检查踏板的游隙、高度和踩后余量	□	□
02. 检查发动机的启动性、平稳性、异响和振动（暖机）	□	□
03. 行驶性能（加速、匀速、减速、灵敏性等）	□	□
04. 检查仪表、指示灯的工作情况	□	□
05. 检查离合器、传动桥	□	□
06. 检查制动性能、异响、驻车制动	□	□
07. 检查转向情况	□	□
08. 检查异响、噪音、振动、平稳性	□	□
09. 检查暖气、空调	□	□
10. 自动传动桥的检查	□	□
11. 检查卫星导航系统	□	□
12. 检查定速装置工作情况	□	□
F. 最终检查、清洁		
01. 取下不要的标签及覆盖物	□	□
02. 检查内装部分的安装、污损情况	□	□
03. 确认驾驶员手册等相关资料	□	□
04. 安装轮毂盖	□	□
05. 洗车、驾驶室内清扫	□	□
06. 检查漆面的不良、损坏情况	□	□
07. 检查外装部分的安装、损坏情况	□	□

外观备注

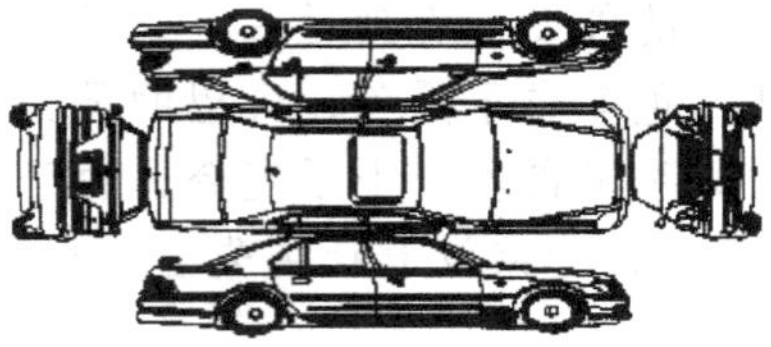

工单号：________ 走行公里：________ km	备注	
检查员：	质检员：	服务部长确认：
VIN：	检查日期：	经销商名称：

（二）车辆的清洁

交车的当天必须对新车进行清洁，要做到一尘不染。在车内地板上铺上保护纸垫，车内的工具、备胎摆放整齐，要让顾客觉得这是一辆没有人开过的全新的车辆。

在交车前车辆检查重点应为：漆面是否有刮伤、剥落、凹痕、锈点的痕迹；饰条是否松脱；缝隙的大小和均匀度等；电线束的束紧和吊挂；车窗和车厢、引擎及行李箱等是否污脏；有没有不必要的标签或会扎人的物品；汽油箱内至少有1/4箱汽油；车辆必须经过实际的操作，确认所有的功能正常（把它当作自己的车子看待），以保证提车的顾客的满意度。

二、销售人员的准备工作

（一）交车前一天工作

（1）确定顾客来店提车的具体时间，并提醒顾客遵守约定的时间。例如，销售人员可以说："好的，那么我明天下午三点钟准时恭候您的光临，期待与您再次会面，谢谢，再见。"

（2）确认顾客的付款方式，询问顾客是付现金还是付支票或是刷卡，不同的付款方式可能会影响到交车的时间，最方便的方式是刷卡。因此，尽量说服顾客采用刷卡的方式进行付款，这样可以提高交车的效率，如果顾客提供的是支票，必须说明要等支票的款到账后才能提车。

（3）告知顾客交车的主要内容及所需时间，以便顾客提前做好时间安排。很多销售人员在交车前没有提前告知交车所需的时间，待顾客来提车时，由于没有安排出足够的时间，最后造成很多交车说明事项没有时间说明，导致顾客在车辆使用过程中出现问题。

（4）告知顾客交车所需携带的资料、文件和证件。交车过程中，需要顾客提供的订单、收据、身份证、驾驶证等，应在交车前告知顾客，否则可能因顾客在交车时未带齐资料而造成无法提车，就会影响顾客的满意度。

（二）交车当天的准备工作

（1）销售员必须保证交车区明亮、整洁、清新，最好备有桌椅、饮料、点心（销售人员可事前确认），以便销售人员将各种车辆资料在很庄重、轻松、愉悦的气氛下交给顾客，提高交车的满意度。

（2）销售人员准备好交车的资料和物品，包括：随车资料、合格证、交接单、订单、交车贵宾证等，以及交车仪式中要用到的照相机、礼物、鲜花、礼炮等。新车交车时，会有很多表格、手册类东西需要填写，销售人员应该在顾客到来之前将这些资料准备齐全，同时，熟知每一张表格的填写要求、规范及如何填写，如果需要顾客提供某原始数据及资料，应提前通知顾客一同带来。在顾客填写表格的时候，销售人员应在一旁指导，毕竟顾客不经常接触这些东西。有些地方不需要顾客本人填写的，销售人员可以代劳，如免费办理会员卡需要填写的资料等。

(3) 销售人员在展厅门口设置交车恭喜牌(见图10-2),让顾客一进展厅就能看到,感受到一份尊重,同时也给来展厅的其他顾客感受到顾客在公司所受到的尊重,让他们对公司的服务留下更深刻的印象。

(4) 通知销售经理、服务人员以及相关人员,告知参加交车仪式的时间,以及顾客的信息。

交车前与顾客进行充分的沟通是十分必要的,顾客在历经了几番周折后终于决定了要买车,而交车的日子对于他们来说显然意义重大。如果能够在一个合理的时间里面完成这一活动,顾客显然会更加满足。所以汽车销售人员要从顾客的角度出发,在交车前做好充分的准备,为他们留下一个难忘的历史时刻。

图10-2 交车恭喜牌

第四节 交车过程

交车过程是顾客最兴奋的时刻,也应该是销售人员比较高兴的时刻,在这个时刻每个环节都要迎合顾客的这种喜悦心情,并在交车的过程中,详细说明车辆使用的注意事项以及售后服务的内容,办理车辆的交接手续。具体内容如下。

一、对顾客的接待

(1) 交车顾客到达时,销售人员要预先到门口迎接;态度要热情,并恭喜顾客购买了心仪的车辆,同时感谢顾客对自己的信任。

(2) 为顾客挂上交车贵宾证(见图10-3),并让顾客注意到展厅门口的欢迎牌;每位员工见到戴有交车贵宾证的顾客都要立即道喜祝贺,突显对顾客的尊重,同时也感染在展厅看车的其他顾客,使他们对公司的优质服务有更深入的了解。

(3) 引导顾客到交车区就座,并提供饮品等,再次说明交车的流程、内容及所需时间。

图10-3 交车贵宾证

二、费用的说明

(1) 根据新车订购单上所填写的内容,再次说明各项购车费用。新车订购单详见表10-2所示。

表10-2　新车订购单

TOYOTA

编号：

新车订购单

○○○○一汽丰田销售服务有限公司
地址：○○○○○○○○
销售热线：○○○-○○○○○○○○○
服务热线：○○○-○○○○○
总经理：○○○

> 此订购单是用户向经销商提出购买意向的文件，请认真阅读有关受理的相关条款，在对内容充分认可的基础上，签名或盖章确认。

协议号：　　　　销售区：
年　　月　　日

购车订购人	新购 增购 更换	名称（联系人）		签名/盖章				身份	
		地址			邮编		身份证号		
		出生年月	年　月　日	单位		TEL		FAX	
		性别	职业/行业					E-mail	
登记名义人	同预定人	登记名称		签名/盖章				身份	
	非预定人	地址			邮编		身份证号		
		出生年月	年　月　日	单位		TEL		FAX	
		性别	职业/行业					E-mail	

车名		型号		SFX		颜色		台数	

		百	十	万	千	百	十	元	角	分
应付款	金额（人民币）									
	车辆价格									
	A. 厂家特别规格价格									
	B. 商品选购价格									
	C. 经销商提供选类价格									
	合计　①									
	D. 购置附加费用　②									
	E. 保险费　③									
	合计（①+②+③）　1									
应付订购金　11										
余款	合计（1-11）									
	现付									
	按揭									

现付方法：　1. 现金　2. 汇票、支票　3. 转账

D购置附加费用明细	车辆购置附加税									
	车船税									
	养路费									
	上牌费用									
	其他1（　　）									
	其他2（　　）									
	购置附加费用合计									

E保险明细	车辆损失险										
	第三者责任险										
	附加费	全车盗抢险									
		车上责任险									
		无过失责任险									
		玻璃单独破碎险									
		自燃损失险									
		不计免赔特约险									
		其他（　　）									
	保险费合计										

订购金额　付款确认	金额	（小写）
		大写
	到账日：　　年　月　日	

		商品名	数量	台数
选车、选购明细	商品名 A			
		合计		
	B			
		合计		
	C			
		合计		

按揭利用明细	签约金融机构： 期限： 还款截止日： 利息代结：	抵押方式： 车辆 履约保险 其他（　　）

其他

预定交车日期	

销售部长/销售经理	销售员	TEL
	代码	

注　具体条款各经销店在不违反国家法律法规的前提下自行订立

第一联财务留存

一汽TOYOTA

（2）利用相关手续和费用清单说明其他相关的费用明细。上牌手续和费用清单详见表10－3。

表10－3　上牌手续及费用清单

上牌手续及费用清单	
顾客姓名：________	联系电话：________
上牌手续	费用
（1）行驶证 □	
（2）登记证 □	
（3）购车发票（两联） □	
（4）购置税交费发票及凭证 □	
（5）环保绿标 □	
（6）检字 □	
（7）牌照及牌照号 □	
（8）检测 □	
（9）拓号 □	
（10）停车 □	
（11）复印 □	
（12） □	
（13） □	
（14） □	
（15） □	
总计：	
备注：	

＊以上手续完备、费用结算完毕

顾客签收：________　　　　经办人：________

日　　期：________

（3）计算购车余款的金额，并得到顾客的确认，无误后销售人员领顾客到财务部办理交款手续，并由财务部开具发票。

三、车辆的验收

（1）销售人员陪同顾客对车辆进行检查，确认车辆外观和性能完好。

（2）顾客确认车辆的型号、规格、颜色与所订车型是否一致。

（3）销售人员陪同顾客进行试乘试驾，通过亲身体验确认车辆性能完好。

四、交车说明

（一）操作说明

在顾客对车辆进行确认之后，销售人员应针对车辆的操作进行详细地说明，包括车内各种设施的使用，各种操控键的作用和使用方法，工具的使用，销售人员可以利用《驾驶员手册》向顾客介绍新车的使用知识。

（二）安全注意事项的说明

销售人员要向顾客说明车辆的安全配置以及使用的规范和要求，告知在行车过程中的安全注意事项。例如，如何正确使用安全带，儿童锁的使用方法；不要将可乐罐和矿泉水瓶放在驾驶员座椅下面，一旦滚到刹车踏板下面去，将会产生严重的安全事故等。

（三）上牌程序的说明

销售人员要向顾客说明车辆上牌的手续以及办理的地点，如果是代办上牌的，要与顾客预约上牌的时间，并告知相关的收费标准。有很多顾客是第一次购车，对上牌的手续不了解，因而常常在上牌过程中出现问题。例如，上了牌却没有办理备案，没有及时购买养路费和车船税，最终导致车辆无法年审，还要接受高额的滞纳金。因此，上牌的说明是十分重要的。

（四）磨合期注意事项的说明

磨合期的使用对一辆车的性能起到至关重要的作用，因此，销售人员在交车的过程中，要向顾客说明磨合期应注意的关键点。比如，磨合期要控制车速，发动机的转速尽量控制在3000转/分以内，避免急加速和急刹车，避免在不平坦的道路上行驶等，同时要告诉顾客磨合期保养的时间和相关的费用（不同的车型会有较大的差别）等。

（五）保修条件和保修范围的说明

在交车的过程中销售人员要让售后服务部的专业人员向顾客讲述车辆保修的条件和保修的范围，根据《保养手册》的内容解释车辆检查和维护的日程及其重要性，重点介绍保修期限和保修项目等重要事项。很多顾客认为在保修期内，车辆有任何的问题都是属于保修的范围，这是不对的，如果在交车的时候不说清楚，在今后的使用过程中买卖双方容易产生矛盾，引起不必要的争端。例如，车辆的玻璃、雨刮片、灯泡、轮胎在使用过程中正常损耗是不属于保修范围的，如果不说明，很多顾客就不知道，一旦说过了，顾客就容易理解。特别要向顾客说明强制保养的规定以及重要性。有些顾客就是没有按厂家的规定进行强制保养，最后不能享受厂家的免费保修，给自己带来很大的损失。另外，售后服务部的工作人员还要向顾客介绍售后的服务网络，以及本经销店的营业时间、预约项目、24小时救援服务项目等。

（六）售后服务和满意度调查的说明

在车辆销售之后，公司会为顾客提供全方位的售后服务，因此，售后服务部门会定期与顾客进行联系，了解顾客车辆的使用情况，并及时提醒顾客进行车辆的保养。有一些厂家和经销商还会对顾客进行满意度调查，这些工作都需要顾客耐心地配合，因此，在交车的时候就要向顾客说明，希望顾客能够给予支持和配合。

（七）精品加装的确认

对于加装了精品的顾客还要进行精品加装项目的确认，并检查安装的质量，同时向顾客说明精品的使用和相关的操作。例如，加装了防爆膜的车辆，由于膜没有干透，要告诉顾客两天之内车窗玻璃不能升降；加装了导航系统的，要告诉顾客各种功能和操作方法等。

五、新车资料和随车物品的交接

资料的交接必须利用新车交车确认表和文件确认表一项一项地与顾客进行交接和确

认，双方确认无误后，销售人员与顾客签字，一式两份，一份交给顾客，一份由公司存档。新车交车确认表详见表10－4（丰田公司），文件确认表详见表10－5（丰田公司）。

表10－4　新车交车确认表

交车时间	年　月　日

新车交车确认表

●新车说明一览

□外观设计
□门窗开关及上锁的方法（车门儿童安全锁等）
□驾驶位置的调整方法（座椅、方向盘）
□安全带的使用方法
□外后视镜和内后视镜的调整方法
□钥匙和发动程序
□组合开关的操作方法（大灯、雾灯、转向灯、紧急指示灯、雨刮器、定速巡航控制等）
□大灯清洗装置说明
□仪表盘及各项指示灯说明
□变速器的操作方法
□各类开关的操作方法和位置指示（发动机盖、行李箱盖、燃油箱盖）
□DVD语音电子导航系统说明及演示（设回家路线）（若配备）
□空调系统操作说明
□音响系统操作说明
□天窗的操作说明
□后排座椅调整方式说明
□丰田汽车的防盗系统
□童椅固定装置说明
□五油三水及胎压检查说明
□随车工具和千斤顶位置指示和使用方法
□备用轮胎

●车辆确认（外部）

□车辆外观清洁
□检查车身无划痕、污渍
□检查玻璃无划痕、污渍
□检查轮胎、车轮无划痕、污渍

●车辆确认（内部）

□清洁车辆（特别是烟灰缸、随车工具等）
□安置车厢内脚踏垫（未订购时可用脚垫纸代替）
□检查内饰颜色，无划痕、污渍
□确认电动装置能正常工作
□确认随车附件和工具：备胎、卸胎工具、千斤顶、点烟器、烟灰缸等
□确认订购装备
□设定收音机频道和时钟
□确认DVD电子语音导航系统的运行状况
□确认汽油量（有1/4箱燃油）
□车辆钥匙____把，遥控器____把
相关材料完备（驾驶员手册、保修手册、保险证、行驶证等）

●其他项目

□VSC/TRC/HAC操作说明（若配备）
□智能钥匙和一键启动操作说明（若配备）
□AFS（前大灯智能随转系统）说明（若配备）

以上内容准确无误，验收完毕

销售人员签名	
顾　客签　名	

一汽TOYOTA

表 10－5 交车过程及文件确认表

交车时间	年 月 日

交车过程及文件确认表

新车类型		订单号码	

● 交车前准备

- □交车前三天的电话预约
- □交车前一天电话预约，告知交车时间（>45 分钟）
- □付款状况的确认
- □车辆 PDS 和车辆清洁确认
- □交车区和参与人员的确认

● 顾客接待

- □迎接顾客
- □交车内容概述

● 费用与文件说明

- □购车费用说明（合同）
- □开具发票和《出门证》
- □上牌手续和票据说明（上牌手续与费用清单）
- □关于保险的说明（保险单）
- □车辆维护保养说明（驾驶员手册，保养手册）
- □免费保养的说明（保养手册）
- □保修事项说明（保修手册）
- □售后服务说明

● 车辆文件交付

- □发票
- □合格证
- □保险单
- □购置税
- □养路费
- □车船税
- □车检证明
- □驾驶员手册
- □保养手册
- □保修手册
- □维护保养注意事项
- □安全驾驶注意事项
- □车辆技术参数表
- □进口货物证明书
- □商检单
- □其他

● 车辆验收与操作说明

- □车辆验收（新车点交表）
- □精品附件确认（新车订购单）
- □操作说明（新车点交表）
- □安全事项说明（安全注意事项）
- □告知 3 日内电话确认车辆使用状况

销售人员签名	
销售部长签名	
车辆颜色	
VIN	
顾客签名	

以上内容准确无误，验收完毕

交车时间
始：
讫：

六、参观维修部门

为了向顾客证实买车后可以提供的售后服务，同时为了展示经销店的维修实力，可以带顾客参观维修车间，向顾客介绍维修部门的负责人和维修设备。因为顾客买了车后，是肯定要和维修部门打交道的，通过对售后服务部门的介绍能增强顾客对经销店的信心，一旦他有朋友买车，就会想到介绍给这家经销店。

交车时最关键的内容就是必须将车辆的使用方法明明白白地告知顾客，让顾客能正确地使用车辆，同时了解车辆在使用过程中的注意事项，减少问题的发生，即使出现问题也能够知道如何处理，解决顾客用车的后顾之忧。因此说，交车过程中的说明是十分必要的环节，务求认真细致，切不可为赶时间而一带而过。

第五节　交车仪式

由图 10－1 我们可以看到，交车是顾客最兴奋的时刻，而销售人员的兴奋度却在下降。为了能迎合顾客的心理，在交车的过程中举行交车仪式，能很好地激发销售人员的热情，同时也带给顾客一个惊喜，大大提高顾客的满意度。

交车仪式力求简短、隆重、热烈，通过交车仪式让顾客拥有一段难忘的经历，留下深刻的印象。举行交车仪式应该注意以下几点：

（1）总经理或销售经理亲自参加交车仪式，到场向顾客表示祝贺和感谢，并赠送鲜花和礼物。公司领导参与交车仪式会让顾客感受到尊贵感，能够使交车仪式的效果更好，也使用户的心理得到最大限度的满足，从而使顾客从满意转变为感动，提高顾客对经销店的忠诚度。

（2）由总经理亲自介绍销售经理、售后服务经理、顾客服务部经理、保险专员等相关人员与顾客认识，并交换名片，让顾客了解今后车辆使用过程中出现问题可以找谁来解决，解除顾客的后顾之忧。

（3）经销店有空闲的工作人员都列席交车仪式，鼓掌以示祝贺，营造一个热烈、温馨的交车氛围。

（4）与顾客合影留念，并将照片冲洗出来后寄给顾客。有条件的可以鸣放礼炮或播放事先准备的背景音乐，体现热烈的气氛。

交车仪式一方面是为了提高顾客的满意度；另一方面也是通过这样一种方式来影响在经销店看车的或是修车的顾客，让他们感受到作为我们的顾客所受到的礼遇和尊重。那么，当他需要再次购车以及亲属、朋友购车时，就会想到我们。可以说，交车仪式是非常有效地提高顾客满意度的方式。

【案例 10－2】

热诚交车

场景：一个交车现场。

销售员：如有服务不周之处，请多多见谅。

顾　客：（兴高采烈）哪里哪里，我很满意，我还要谢谢你呢。

销售员：（趁势）哎呀，这怎么敢当呢，不用谢不用谢。其实，如果您能在您周围的朋友面前多美言几句，帮我介绍几个想买车的顾客来，我就感激不尽了。哦，对了，过几天，当您回来做“首保”时，请一定事先通知我，到时候我哪儿也不去，在公司里专候您的到来，并且陪您一块去做车辆保养。

顾　客：那太好了，我一定帮你多介绍几个顾客来。

销售员：（非常高兴）谢谢您。

顾客通常都担心车买了以后就没人再关心他了。通过交车仪式，顾客感到销售人员帮助他，而且是“专候”，能不高兴吗？从此，顾客就有可能成为销售人员的朋友了。

【案例10－3】

用心交车

乔治·吉拉德在销售汽车的过程中除了很用心、很仔细地将锃亮的车子交给顾客外，在交车时以及交车以后他还会做以下几件事，即一照、二卡、三邀请。一照是指：在将车子交给顾客的那一刻，除了将车钥匙、证件交给顾客外，乔治·吉拉德还会同顾客和顾客的新车一起拍张合影照片；拍完照片后，乔治·吉拉德会尽快地洗出照片送给顾客，以致过了相当长的时间，每当顾客看到或者其他人看到这张照片时，都会引起一段美好的回忆，而这一点帮助“乔”赢得了不少的订单。二卡是指：第一张卡片是关于买这辆车子的交易过程，包括车子以后的维修记录等，叫车辆管理卡；第二张卡片是顾客管理卡，与顾客有关，记录所有与顾客有关的信息，如顾客的姓名、出生年月日、喜好、家里有几个孩子、在哪里念书、太太在哪儿工作，等等，全部列入管理内容。三邀请是指：乔治·吉拉德每年邀请这位顾客到公司来三次，顾客回来后，首先到车间去保养和检查一下车辆，然后回到汽车展示中心，把新车及其相关的信息再向他作一下介绍。

第六节　客户管理

交车后，销售人员的主要任务是客户管理。一名优秀的销售人员应该成为顾客终生的用车顾问，保持与顾客的联络。要利用交车仪式后顾客心情愉快的有利时机，进一步深入地了解顾客的家庭及个人情况，为今后的售后维系提供资料上的准备。

一、填好客户管理卡

将客户的基本情况和车辆的相关信息都填入客户管理卡。内容包括：客户的家庭成员、生日、联系电话、E－mail、车型、颜色、价格、保险项目、精品加装项目、车架号码、发动机号码等。客户管理卡详见表10－6。

表 10－6　客户管理卡（C 卡）

<table>
<tr><td colspan="9">×××××××汽车销售服务有限公司</td><td rowspan="2">C
卡</td></tr>
<tr><td colspan="4">销售员：</td><td colspan="5">建档日期</td></tr>
<tr><td colspan="10">车主基本情况</td></tr>
<tr><td>订车人</td><td colspan="2"></td><td colspan="2">身份证号码</td><td colspan="2"></td><td>联系电话</td><td colspan="2"></td></tr>
<tr><td>车　主</td><td colspan="2"></td><td colspan="2">身份证号码</td><td colspan="2"></td><td>生　　日</td><td colspan="2"></td></tr>
<tr><td>工作单位</td><td colspan="4"></td><td>E－mail</td><td colspan="2"></td><td>传真</td><td></td></tr>
<tr><td>联系地址</td><td colspan="7"></td><td>邮编</td><td></td></tr>
<tr><td colspan="10">CR 方式调查</td></tr>
<tr><td>电话</td><td colspan="9">（请注明与顾客联络的最适宜方式和时间）</td></tr>
<tr><td colspan="2">□住宅</td><td colspan="3"></td><td colspan="5">□上午　□下午　□晚上</td></tr>
<tr><td colspan="2">□公司</td><td colspan="3"></td><td colspan="5">□上午　□下午　□晚上</td></tr>
<tr><td colspan="2">□手机</td><td colspan="3"></td><td colspan="5">□上午　□下午　□晚上</td></tr>
<tr><td>邮寄</td><td colspan="9">□住宅　□公司　邮编</td></tr>
<tr><td>地址</td><td colspan="9"></td></tr>
<tr><td colspan="10">车辆信息　商品名称</td></tr>
<tr><td>车型</td><td></td><td>规格</td><td></td><td>价格</td><td></td><td>颜色</td><td></td><td>车牌号</td><td></td></tr>
<tr><td>车架号码</td><td colspan="3"></td><td>发动机号码</td><td colspan="3"></td><td>发票号</td><td></td></tr>
<tr><td>保单起止日期</td><td colspan="3"></td><td>保单号</td><td colspan="2"></td><td>保险公司</td><td colspan="2"></td></tr>
<tr><td>付款方式</td><td colspan="3">□一次性付款　□按揭</td><td>投保方式</td><td colspan="5">□自投　□我店出单</td></tr>
<tr><td>交车日期</td><td colspan="9"></td></tr>
<tr><td colspan="10">CR 计划及实施</td></tr>
<tr><td></td><td colspan="2">计划时间</td><td colspan="2">商谈内容</td><td>CR 方式</td><td colspan="2">CR 时间</td><td colspan="2">经理确认</td></tr>
<tr><td>1</td><td colspan="2"></td><td colspan="2"></td><td></td><td colspan="2"></td><td colspan="2"></td></tr>
<tr><td>2</td><td colspan="2"></td><td colspan="2"></td><td></td><td colspan="2"></td><td colspan="2"></td></tr>
<tr><td>3</td><td colspan="2"></td><td colspan="2"></td><td></td><td colspan="2"></td><td colspan="2"></td></tr>
<tr><td>4</td><td colspan="2"></td><td colspan="2"></td><td></td><td colspan="2"></td><td colspan="2"></td></tr>
<tr><td>5</td><td colspan="2"></td><td colspan="2"></td><td></td><td colspan="2"></td><td colspan="2"></td></tr>
<tr><td>6</td><td colspan="2"></td><td colspan="2"></td><td></td><td colspan="2"></td><td colspan="2"></td></tr>
<tr><td>7</td><td colspan="2"></td><td colspan="2"></td><td></td><td colspan="2"></td><td colspan="2"></td></tr>
<tr><td>8</td><td colspan="2"></td><td colspan="2"></td><td></td><td colspan="2"></td><td colspan="2"></td></tr>
</table>

二、制订顾客维系计划

顾客维系计划具体内容包括：

（1）预估顾客到达目的地的时间，致电确认安全到达，并致谢。

（2）交车一周内致电顾客，向顾客表示感谢，并询问顾客车辆使用的状况，了解顾客在车辆使用过程中的满意度，及时听取顾客的意见和建议。

（3）交车一个月内致电顾客，了解顾客的行驶里程，提醒顾客维修保养的时间。

复习思考题

1. 为什么说交车环节是最影响顾客满意度的环节？
2. 交车前的准备工作包括哪些内容？
3. 交车过程包括哪些步骤？
4. 交车说明的主要内容有哪些？
5. 顾客管理的基本内容有哪些？

第十一章　售后维系

我们有时听到顾客抱怨："销售人员在购车之前对顾客殷勤体贴，有时甚至一天好几个电话，但是一旦买了车，就再也接不到销售员一个电话，真是太势利了。"

顾客提车走后，是否已经意味着交易的成功、销售的结束？从现代销售概念的角度看，答案是否定的。成交前的刻意奉承，不如售后的周到服务。成功的销售员把成交之后继续与顾客维系视为销售的关键。他们信奉的准则是："真正的销售始于售后。"

美国推销大王乔·坎多尔弗就十分注重交易结束后的服务，在他看来，"优良的服务就是优良的销售"。他曾说过："要想与那些优秀的销售员竞争，就应多关心你的顾客，让他感到到你这儿有宾至如归的感觉。销售人员要让顾客永远记住你的名字，你也应该记得顾客的名字，应该确保他们会再次光临，并且会介绍他的同事或朋友来购车。能够实现这一切，路径只有一条——售后维系。"

第一节　售后维系的意义

售后维系是现代销售理论的一个新概念，是成交签约后销售人员继续与顾客交往、并完成与成交相关的一系列售后跟踪服务、从而更好地实现销售目标的一系列行为。

现代企业的竞争已经由产品的竞争转为对市场的竞争，而市场竞争的关键是对顾客的争夺，追求顾客忠诚度成为商业中永不过时的哲理。汽车产品的更新换代越来越快，产品的优势越来越脆弱。在2006年，仅中国市场就平均每3天有一辆新车上市，可以说，依赖产品优势打天下的时代已经一去不复返了，今天的商业价值将以经销商与顾客的关系来进行衡量。如果你能比竞争对手更胜一筹地与顾客建立良好的双向互动关系，顾客在你这里获得了高度的满足，他们就能放心地从你这里购买商品而不会被任何竞争对手"挖走"，使你在竞争中获胜。销售人员需要发展与顾客的关系，于是售后维系就成为整个销售过程中一项重要的工作，具有重大的意义，具体表现如下。

一、提升企业销售利润

在汽车销售行业，售后维系工作的重要性已经得到越来越多企业的重视，整个汽车工业的发展情况也验证了这一点。目前，汽车销售的利润在不断地下降，在市场竞争日益激烈的情况下，提高顾客对企业的忠诚度，使顾客在车辆使用期间重复惠顾，接受维修、保养、保险、精品加装、美容等后续的服务，增加购买次数与购买金额，就可创造更大的利润和业绩。做好顾客的售后维系工作，就能够使顾客在车辆的使用期内持续地接受公司提供的服务和产品，从而给公司带来源源不断的业务和利润。

二、增强企业的核心竞争力

良好的顾客关系可以为企业赢得良好的口碑，增强企业的核心竞争力。美国商业研究报告指出：一个老顾客可比一个新顾客为企业多带来20%以上的利润。业绩优异的汽车经销店，40%以上的新顾客是通过老顾客推荐赢得的。多次光顾的顾客比初次登门者，可为企业多带来20%～35%的利润。固定顾客数目每增长5%，企业的利润则增加25%。而公司减少5%的顾客流失率，所带来的利润增长将超过25%。一家汽车销售店的销售业绩是其他经销店的2倍，取得这样的业绩主要得益于他们将顾客的流失率始终控制在5%以下，而同行业流失率的平均水平是30%。因此，售后维系已成为企业的竞争优势之一，可以帮助企业在竞争中脱颖而出，立于不败之地。企业与顾客之间的关系越牢固，企业的地位也就越稳固。

三、降低营销成本

据美国管理学会估计，开发一个新顾客的费用是保持现有顾客的6倍。新顾客不仅开发费用高，而且成交机会也少得可怜。平均而言，将产品或服务向一位曾经成交的老顾客推销的成交机会却有50%。因此企业必须采取措施尽最大努力维系顾客，防止顾客流失。若是流失一名最好的顾客，企业要多花7～10倍的力气去寻找一名替代顾客，或找更多的普通顾客来弥补业绩及利润的损失。某公司最好的顾客月平均消费为3 500元，而普通顾客平均消费为275元。该公司每次只要损失1名最好的顾客，就要找到13名普通顾客才能弥补3 500元的业绩。想想看，这需要耗费多少成本。

四、获取市场信息

经营顾客关系的前提就是要了解顾客，时刻关注顾客的需求变化，获取顾客对产品数量、质量、花色品种、价格等方面要求的信息。企业对市场信息反馈越迅速及时，就越能有效地解决顾客的问题及抱怨等，就能更好地服务顾客、留住顾客，还能挖掘顾客潜在的需求，开发出顾客乐于接受的新产品或新的服务项目。

"你忘记顾客，顾客也会忘记你。"这是成功销售员的格言。在成交之后，持续不断地关心顾客，了解他们对产品的满意程度，虚心听取他们的意见；对车辆使用过程中存在的问题，采取积极的弥补措施，才能防止顾客的流失。只要销售人员与顾客保持密切的关系，就可以在竞争中取胜。

【案例11－1】

主动关心，积极维系

销售员：王先生您好，8月份欧蓝德促销时您买了一部2驱手动挡的车，开了这段时间，感觉怎么样？

顾　客：已经跑了11 000千米了，总体感觉还不错，特别是高速公路上，跑180千米很轻松，和路虎、宝马都飙过，不次于它们；高速平均时速150千米的话，每100千米12升油，市内10升油，刚开始时我曾经市内跑过8.5升油，并且开空调，当然是严格按照节油方法开。我还是很喜欢现在的车，最近听说行李架的价格降了很多，我考虑安一个，不过总觉得还会再便宜，正在等时机。

销售员：根据我掌握的资料来看，这段时间的行李架是比较便宜的，过些日子不会降反而会涨。您看看吧，如果需要的话就去装一个，现在装还是很划算的。

顾　客：谢谢你给我提供的消息。你的服务很周到，我的几个同事也想要买车，改天介绍他们到你的店里来看看。

销售员：非常感谢您。

【案例 11－2】

以顾客（组织化）跟踪方式促进销售

在澳大利亚，汽车销售以后，经销商通常会在一周内给顾客一个电话，而且在电话中必须表达三层意思：第一层意思是，感谢顾客从自己的车行购车。这个做法实际上向顾客表明车行不只是为了一笔交易，而是从交易开始，双方能够建立一种关系；第二层意思就是新车开得怎么样，是否有需要帮忙的地方，上牌照是否需要帮助，是否需要提供出外远游所需的地图。这种做法的目的是，让顾客感到不是交易一完成，双方的关系就结束了，而应该是一个全新关系的开始。这样做的结果是，70%的顾客在3年以后购买他们的第二辆车时，仍然会选择回来。这个做法的另一个目的是，将汽车的保养、维修等额外价值拿回来。打电话的第三层意思也是跟踪非常需要的一个内容，就是询问顾客对新车的感受和评价。在收集了顾客的真实感受以后，经销商会在每一周筛选出最好的七八条评语和体会，然后将其抄写在一张大纸上，并且附上顾客的真实姓名，张贴在公司的显著位置。这样做的目的就是吸引其他新的顾客访问车行的时候，可以看到公司的老顾客对汽车的评价。这个办法确实产生了奇效：顾客在看到这张纸时并不太相信经销商这些都是真实的信息，所以一般会问销售人员多长时间更换一次，销售人员说一周一次，然后不等他们继续发问，就主动邀请顾客到办公室，向其展示以往的记录。顾客看得很认真，而且经常还会发现有自己认识的人说的话，凡是发现认识的人的名字时，他们都会给这些人打电话进行确认。一般这样的顾客最终都成为该经销商的购买者。

第二节　如何进行售后维系

一、售后维系的原则

（一）对待顾客要有耐心

目前中国的汽车顾客绝大部分都是第一次买车，因此，在购车后的实际使用过程中会向销售员提出各种各样的使用问题，有时顾客甚至会在半夜给销售人员打电话询问车辆的一些问题。作为销售员一定要有耐心，将用户的问题当成自己的问题来看待，要认真倾听并积极地寻找解决的办法，帮助顾客渡过难关。

【案例11－3】

帮助顾客渡过难关

顾客宋小姐买了一辆伊兰特，有一次晚上在路上行驶时，突然车动不了了，于是她给销售员小何打电话，小何正在与朋友唱卡拉OK，还没听完宋小姐的电话就对宋小姐说："你这种情况还是跟售后服务部联系一下吧，我也不知道怎么处理，实在不行就让售后服务部派拖车去拖回来修理吧。"然后把售后服务部值班人员的电话告诉了宋小姐就挂断电话了。宋小姐很生气，就给销售部张经理打电话投诉，张经理接到电话后，了解了这一情况，首先向宋小姐表示了歉意，然后详细了解了宋小姐车辆使用的情况，耐心地询问车辆的发动机有没有熄火、大灯能不能亮等状况后，张经理初步判断可能是排挡挂在空挡上了，于是他让宋小姐检查挡位是否正确，宋小姐检查后惊喜地告诉张经理，的确是在行车过程中不小心将自动挡的排挡由D挡碰到N挡了，晚上天黑没有注意到，当然车子走不动了。问题解决了，宋小姐很高兴，对销售经理处理问题的态度非常赞赏。

（二）全力以赴为顾客排忧解难

只有当顾客在车辆使用过程中遇到问题时，顾客才能真正体会到服务的重要性，因此，当顾客打电话向销售人员请求帮助时，也就是销售人员真正体现售后服务水平的关键时刻。只要顾客需要，销售人员就要全力以赴为顾客排忧解难。

【案例11－4】

及时排忧解难

李红乘飞机于晚上11点到达，当打开车门准备启动车辆赶回家与亲人团聚时，才发现发动机居然打不着火，一筹莫展之际，李红想到了销售员小张，于是给小张打电话。一个小时后，销售员小张带着维修技师及维修车辆赶到了机场，在检查电池没电的问题后，对车上的电池进行了充电，20分钟后，问题解决了。销售员小张只说了一句"谢谢您能想到我们，很高兴能为您服务"，就分文不取地驾车离开了。此时，如果你是李红，你会是什么心情呢？你一定会决定成为销售员小张的终生顾客吧！

（三）保持热情，保持联系

在汽车销售过程中，顾客经常被销售人员视若"上帝"，为了达成交易，销售人员会通过各种各样的服务和技巧，让顾客体验到优质的服务。如果在交易之后，销售人员并没有"人走茶凉"，而是继续让顾客享受上帝般的待遇，顾客就会对自己受到的周到的跟踪服务心存感激，这时，顾客就会对销售人员以及销售店产生信赖感，可能会为销售店的产品说好话、做宣传，产生我们所说的口碑效应。

【案例11－5】

保持联系的售后维系

乔治·吉拉德在交车时以及交车以后他还会做以下几件事：四礼、五电、六访等绝招。四礼是指：在节日中，通过送礼物或寄卡片给顾客表达敬意。每年至少有四次机会表达对顾客的肯定和谢意。五电是指：每年至少与顾客通五次电话，告知顾客车子每行驶满5 000千米，就要注意保养，帮助顾客安排入厂预约保养。六访是指：每年亲自访问顾客六次，平均每两个月就有一次，从而建立了很好的人际关系。

（四）低承诺，高付出

在销售过程中，很多销售员为了能够获得订单，往往会向顾客承诺很多。比如，当顾客提出问题时，销售人员会说："我会帮助搞定的，只要您买了全保，一切问题都由我们帮您处理好。"但是在实际工作中销售人员发现有些承诺他们做不到，或者说达不到顾客的要求。因此，销售人员在与顾客维系时，要尽量低承诺、高付出。例如，顾客送一辆车来修理，销售人员认为大约需要900元，于是会给顾客报价1000元。当顾客来取车时，发现只需要支付900元，顾客会很开心。最影响顾客满意度的事情，莫过于让顾客付出比你预先估计值更少的费用。

（五）宁可自己吃亏，也要让顾客满意

在销售中销售人员常常将"服务至上"这句口号挂在嘴边，但"服务至上"到底体现在什么地方呢？一句话：宁可自己吃亏，也要让顾客满意。

【案例11－6】

宁可自己吃亏，也要让顾客满意

一天下午快下班了，销售员小张接到顾客刘先生的电话，刘先生在电话里情绪非常激动，对新购买的皇冠车意见非常大，甚至提出要退车。小张从电话里了解到，刘先生刚买了皇冠车，今天正好接待了一位重要客人，由于皇冠车有导航系统，刘先生就想带客人去深圳游玩一天。平时刘先生主要在广州工作，很少去深圳，这次的深圳之旅全靠皇冠的导航系统了。但是，让刘先生气愤的是，皇冠车的导航系统偏偏在这时出了问题，显示的地图与实际的道路完全不符，最终深圳之旅扫兴而终，刘先生也在顾客面前大失颜面，所以才会发这么大的脾气。

销售员小张安抚完顾客后，马上与售后服务技师赶到刘先生的家里，通过技术检查，发现车辆的导航系统没有问题，问题出在顾客加装的防爆膜不合格。由于顾客自己加装的前挡防爆膜透光率未达到70%，从而造成导航系统信号接收受到影响，产生地图偏差。问题找到以后，销售员小张对未向顾客做好交车说明，致使用户出现问题表示歉意，同时，技术人员为顾客更换了一套新的防爆膜，顾客的问题也得到了圆满的解决。事后，顾客也非常不好意思，由于贪图便宜，换了质量不合格的防爆膜，本来应该自己承担责任的，反而得到了销售员良好的服务，他对销售员小张竖起了大拇指。

（六）与顾客保持联系

要想让顾客经常想起你，你就必须经常想起顾客，并与顾客保持经常性的联系。很多销售员会抓住顾客的特殊日子，如生日或结婚周年纪念日等，给顾客寄去贺卡。给老顾客寄销售信函、贺卡、调查表、小礼品等，这是保持联系的好方式。登门拜访老顾客，电话问候老顾客，发电子邮件和手机短信也是加深感情的好形式。关键是要经常提醒顾客，你不只是他的销售顾问，更是他们的知心朋友。此外"保养提醒"、"车辆托管服务"、"年审服务"、"保险到期提醒"和"违章曝光提醒服务"等，也是保持经常与顾客联系的方法。

【案例 11－7】

不懈地写信

小张是一名汽车销售员，他总是将与顾客保持联系作为每天最重要的工作内容，他希望顾客在成交之后不要忘了他，因此，他给自己制订了一个写信计划。用他的顾客的话来说，那就是，"你只有出国了，才能'摆脱'他"。小张总是将这句话当作是顾客对他的恭维。

每个月，小张都会给他所有的顾客每人寄去一封信，这些信都装在普通信封里，信封的颜色和大小经常变化，信中的内容也会随着时间的变化而有所不同，因此，每年小张都要寄出几千封信。也许有人会认为这样做很不值得，但这些信却产生了巨大的作用，小张每年的交易中 60% 的顾客都来自于那些老顾客的再度合作。

二、售后维系的主要工作

（一）搜集顾客信息，建立顾客档案

顾客的信息是动态的，销售人员在与顾客初次接触之后，就要开始收集顾客的信息，每一次接触都会有新的信息补充进来；在顾客交车后，还要将顾客车辆的信息收录其中，形成完整的顾客档案，并在今后的售后维系中不断地丰富和修改档案中的信息。在开始接触顾客前，要通过市场调查等途径了解顾客，搜集关于顾客的信息。顾客档案一般包含的信息有：顾客的姓名、性别、年龄、生日、工作单位、地址、E－mail、兴趣爱好、家庭成员情况、联系电话、身份证号码、每一次商谈的内容，购买的车型、颜色、规格、车架号、发动机号、保险项目、精品加装项目、交车时间、维修保养记录、事故记录、理赔记录、投诉记录、投诉处理结果等。销售人员在收集到这些信息后，还要对数据进行检查、挑选、修改和更新，以保证数据的可靠性、真实性与及时性。

（二）多种方式维系顾客

汽车销售不是一锤子买卖，需要对顾客进行持续的关怀与跟进。很多经销商辛辛苦苦建立起来的顾客群，由于长时间不去关怀和跟进，于是顾客的忠诚度就开始下降。这都是没有建立持续的售后维系的结果。其实，对顾客的售后维系并不需要花很多的时间，关键是让顾客感觉到你没有忘记他们。有的时候，一张小小的卡片，一个祝福的电话，一个联络的邮件，都可帮助你维系你的顾客关系，使你的顾客成为你永续的资源。与顾客接触联系的方法主要有以下几种。

1. 登门拜访

登门拜访是一种很好的顾客维系方式，它可以传达你对顾客的重视、尊敬，赢得顾客的好感。由于登门拜访是在顾客的家中或单位，即是在顾客熟悉的地方进行交流，因此，顾客会表现得更加轻松，一般没有太多的心理戒备，销售人员往往能够与顾客进行良好的沟通；并且，通过对其家庭或单位进行观察，可以找到更多的沟通话题，获得更多关于顾客的信息。因此，登门拜访是与顾客融洽关系、收集信息的一种最佳联系方法。

2. 电话沟通

由于通讯手段的不断发展，电话沟通已经成为人与人交流的最主要手段。电话沟通不受时间和距离的影响，因此，在销售过程中，销售人员常常会用电话沟通的方式与顾客进行交流，即使是登门拜访，往往也会先进行电话预约。电话沟通需要注意的是：在打电话前要做好计划，不要在电话中说太多的内容，电话沟通的时间不要太长。电话沟通的注意事项如下：

（1）电话沟通中避免出错　在回访过程中，有些汽车销售人员，自我介绍阶段不熟练，顾客会怀疑电话回访后面另有隐情；有些销售人员随意说话让顾客产生误解，以为他的车辆有问题；选择打电话时间只考虑自己方便不考虑顾客方便；打电话人不懂基本产品与销售业务知识、不懂沟通技巧、不懂打电话艺术；电话记录信息不够或内容没意义，等等，这些都是需要避免的。

（2）关注细节　做好售后维系服务，就是提供超出消费者预期的超值服务。因此一定要注意细节。尤其是电话跟踪时，为避免顾客觉得他的车辆有问题，建议使用标准语言及顺序，发音要自然、友善；讲话不要太快，一方面使没有准备的顾客有时间和机会回忆细节，另一方面避免顾客觉得你很忙；不要打断顾客，记下顾客的评语（批评、表扬）；打电话时间要回避顾客的休息时间、会议时间、活动时间。

3. 事件召集

经销店可以利用一些事件将用户召集在一起，进行座谈或交流。如通过组织车友会、自驾游、车辆养护课堂等方式，让顾客与销售人员或售后服务人员有一个交流和互动的平台，从而起到联络感情、解决问题的作用。这也是目前经销店常用的顾客维系方式。

4. 信件沟通

通过一封亲笔信，能够充分表现销售人员的诚意。在现代信息化的社会，人们往往习惯了电话、短信、E－mail 等通讯方式，在尽力追求快速的同时，人与人之间的情感也逐渐出现了缺失，写信这种方式已经越来越少使用。对有些人来说，写一封信已经变成一件很辛苦的事情，正因为这样，顾客对销售人员的亲笔信会更觉得珍贵，对销售人员的付出，顾客也会有着不同的感受；正因为如此，信件也就成为销售人员走进顾客心灵的有力武器。通过信件保持与顾客的联系，并持续地跟进，他们有需求的时候，一定会想起你来。

【案例11-8】

生日收到的一封信

泰国东方饭店是世界上十大饭店之一，已有110年历史。该饭店几乎天天客满，想入住必须提前一个月预定。这个饭店经营得如此红火的原因是什么呢？请看看张先生的经历。张先生是一名台湾商人，因为一笔买卖曾在“泰国”小住，当时住的就是东方饭店。张先生对饭店的服务非常满意。但此后他一直没有去过泰国。3年后，当张先生差不多忘记了这家大饭店的时候，突然在他生日的那一天，收到饭店给他寄来的一封信：“亲爱的张先生，恭祝您生日快乐！您已经3年没来了，我们全饭店的人都非常想念您！”这封信让张先生感到非常温暖亲切，他觉得东方饭店就像一个远方的亲人一样，令他终生难忘。东方饭店只用几元钱邮票，就让张先生发誓再到泰国时，一定去东方饭店住。

【案例11-9】

“放长线钓大鱼”

乔治·吉拉德是世界上有名的营销专家，被誉为“世界上最伟大的推销员”。在商业推销史上，他独创了一个巧妙的促销方法，被世人广为传诵。

乔治·吉拉德创造的是一种有节奏、有频率的“放长线钓大鱼”的促销方法。他每年对每个顾客大约要寄上12封广告信函，每次均以不同的色彩和形式投递，并且在信封上尽量避免使用与他的行业相关的名称。

1月份，他的信函是一幅精美的喜庆气氛图案，同时配以大字“恭贺新禧”，下面是一个简单的署名：“雪佛兰轿车，乔治·吉拉德上。”此外，再无多余的话。即使遇上大拍卖期间，也绝口不提买卖；2月份，信函上写的是：“请你享受快乐的情人节。”下面仍是简短的签名；3月份，信中写的是：“祝巴特利库节快乐！”巴特利库节是爱尔兰人的节日。也许你是波兰人，或是捷克人，但这无关紧要，关键的是他不忘向你表示祝愿。然后是4月，5月，6月……

不要小看这几张印刷品，它们所起的作用并不小。不少顾客一到节日，往往会问夫人：“过节有没有人来信？”夫人回答：“乔治·吉拉德又寄来一张卡片！”

这样一来，在每年的愉悦节日气氛中乔治·吉拉德的名字就有12次机会到达每个顾客的家庭。乔治·吉拉德没说一句：“请你们买我的汽车吧！”但这种“不说之语”，不讲推销的推销，给人们留下了最深刻、最美好的印象，等到他们打算买汽车的时候，往往第一个想到的就是乔治·吉拉德。

5. 网络沟通

网络沟通是目前主要的沟通方式之一，网络沟通包括电子邮件、网络聊天。由于网络沟通更加私密、更自由，因而广受欢迎。销售人员可以利用E-mail给顾客发送邮件，与顾客进行讨论和交流，也可以利用网络聊天与顾客进行对话沟通。网络沟通不受时间的影响，不影响顾客的工作和生活，利用网络沟通往往能取得意想不到的效果。

【案例 11－10】

网络沟通取得意想不到的效果

销售员李强业余时间喜欢玩网络游戏，特别擅长玩“传奇”游戏，是公认的高手。有一次，李强在销售的过程中，了解到顾客张先生也喜欢玩网络游戏，接触“传奇”有一个多月了，非常着迷，但苦于没有高手指导。这一下，李强找到了话题，从此，李强与张先生每天在网上约定时间，李强给张先生进行游戏指导。有了高手的指导就是不一样，一个月以后，张先生的游戏水平突飞猛进。他非常高兴，不久他就给李强介绍了两个朋友来买车。李强也没想到，网络游戏居然也能成为销售的一种手段。

（三）巩固顾客关系

巩固顾客关系的秘诀就在于与顾客建立一种有价值的永久关系。销售员要通过销售后的维系，让顾客产生这样的感觉：只有在这样的经销店购买和享受服务，才会得到额外的价值，这是别的品牌办不到的。

要巩固和维系顾客，销售人员就必须主动与顾客经常联系，为顾客提供便利的信息反馈通道，鼓励顾客反馈信息。有些汽车销售企业，只重视眼前利益。例如，有一个老顾客介绍朋友来公司购车，销售人员仅仅是口头上表示感谢，却不愿意拿出一点礼品送给老顾客，这样，老顾客就没有得到额外的价值，下一次可能就不会介绍朋友来了。有一些经销店的做法就完全不同，凡是老顾客介绍朋友来买车的，价格一律便宜 1 000 元，这样新顾客就会很高兴，老顾客也会很有面子；另外，对于老顾客还有 500 元的礼品赠送，让顾客觉得确实得到了好处，而且感觉到只有他才有这种专属的礼遇。这样的销售政策会通过销售员告诉每一个购车的顾客。让顾客亲身体会到额外的价值，才能与顾客建立长久的合作和联系。表 11－1 是某汽车品牌经销商售后维系的责任人和工作内容，图 11－1 是某汽车品牌经销商的售后维系流程图，可供参考。

表 11－1　某汽车品牌经销商售后维系的责任人和工作内容

事由及时间	联络方式	责任人	主要传达信息
交车之后立即	信函	总经理	表达恭贺和感谢支持，请顾客推荐自己经销的汽车产品
交车后一天	电话	销售经理	是否一切正常
交车后三天	电话	销售人员	确认一切正常，请顾客推荐自己经销的汽车产品
交车后三周	电话	销售人员	确认一切正常，有无需求，提醒首保
交车后每六个月	电话、信函	销售人员或顾客服务中心人员	询问是否一切正常，表示关心，请顾客推荐自己经销的汽车产品

续上表

事由及时间	联络方式	责任人	主要传达信息
特殊促销，新车销售	电话或邮件	销售人员或顾客服务中心人员	主要诉求及优惠促销内容，新车型介绍
周年庆或生日等特殊事宜	电话或邮件	顾客服务中心人员	视事而定
即将达到保修期、年检期等	电话或邮件	销售人员或顾客服务中心人员	是否需要协助，保险续保，请顾客推荐自己经销的汽车产品
贷款即将到期	电话	销售人员	换车计划，新产品介绍，请顾客推荐自己经销的汽车产品

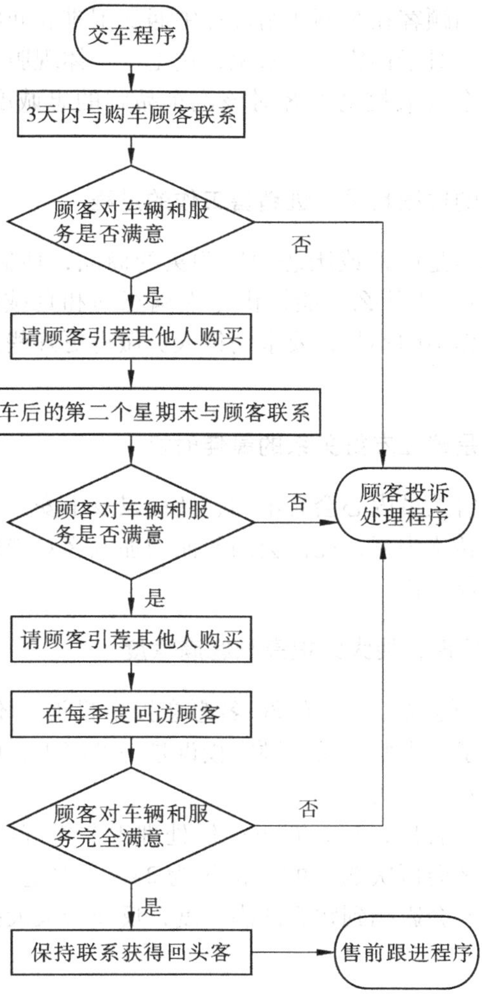

图 11－1　某汽车品牌经销商的售后维系流程图

第三节 正确对待和处理顾客的抱怨和投诉

很多销售员都有这样的经历，自己已经非常努力地工作，但仍然遭到顾客的投诉，有些销售员还为此流下了委屈的眼泪。的确，无论多么努力，销售人员也无法避免遇到不满的顾客。每一个销售人员都必须意识到，顾客的投诉是必然会存在的，这对于销售人员来说是一件好事情，对于顾客的投诉要抱着接纳和欢迎的态度。如果销售人员没有一个正确的认识，在处理顾客投诉时就容易与顾客对立。所以，成熟的销售人员懂得怎样正确对待和处理顾客的投诉和抱怨。

一、妥善处理顾客投诉和不满，是实现“顾客感动”的关键要素之一

什么时候顾客才能真正体会到我们的服务水准呢？答案是，当顾客遇到问题时，我们能及时妥善地处理。每当顾客在车辆使用过程中遇到困难和问题时，他们总是会习惯性地抱怨，甚至投诉，实际上对于销售人员来说，这是一个体现服务水平的大好时机。如果能够让顾客满意而回，将会大大提高顾客对该汽车品牌的忠诚度，并且让顾客由满意到感动。

二、处理顾客投诉的过程也是改进销售工作的过程

顾客投诉和不满绝不是贬低或厌恶他所购买的商品，他们是为自己至爱的商品而投诉，是在提醒销售人员：“为什么不能提供令人满意的和真诚的服务呢?”顾客的投诉实际上是指出销售人员工作中的不足，要求销售人员做得更好些。顾客的投诉指明了销售人员工作努力的方向。

三、处理顾客投诉是建立友好关系的最佳时机

当顾客投诉时，销售人员内心会有不满、怀疑以及不安。在这种情况下，如果找出妥善的解决方法，令顾客转忧为喜，往往会因此而增加顾客对销售员的信赖感，这个时候也就是建立友好关系的最佳时机。

四、妥善处理顾客投诉，能大大提高顾客满意度

100名对服务不满意的顾客，只有20名愿意提出投诉。不提出投诉的顾客，当然是不再光顾我们的销售店了。由此可见，顾客投诉是一件好事，而不是坏事。图11-2是顾客投诉与再购买意向的对应分析。

从图11-2我们可以看出，顾客有投诉但处理得非常好的，会再次购买的比例高达34%，而没有不满的顾客会再次购买的比例仅为24%。从这一点我们可以看出，顾客投诉如果处理得当，不但不会影响到顾客的满意度，反而会大大提高顾客的满意度。

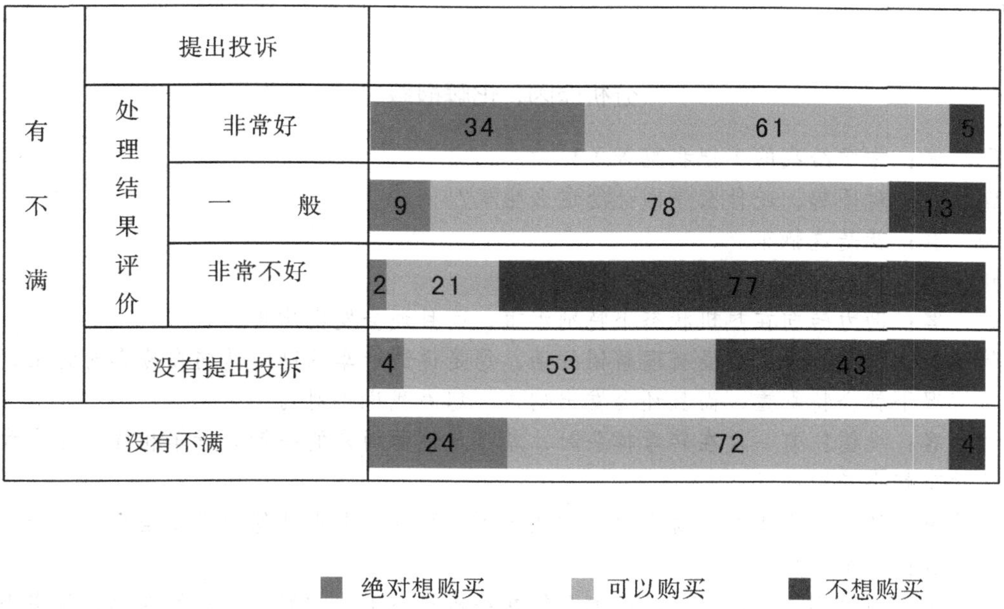

图 11－2　顾客投诉与再购买意向的对比分析

【案例 11－11】

投诉与应对

顾客投诉一：我刚买的时候态度还不错，现在却连个人影都找不着！

销售人员：真是太抱歉了！我怕常打扰给您造成不便，所以这一阶段都没有和您联系。现在也借着这个机会来拜访您，请您多多原谅！

顾客投诉二：刚买不久的车就这么糟！

销售人员：我们满怀热情地把车子介绍给您，也是希望您能够享受到高质量的生活。既然出现这种状况，我们当然也会负起责任的。真是太抱歉了！找个方便的时间到我们的保养厂好好检查一下吧！我陪您一起过去，您什么时候方便呢？

第四节　处理顾客投诉的方法

从图 11－2 我们可以看出，如果顾客有投诉，但我们处理得不好，顾客的满意度会降到最低点，绝对想再购买的比例仅为 2%。这也向我们发出了警示，顾客投诉一旦处理不好，也就预示着顾客的流失。那么，我们该如何解决和处理顾客的投诉呢？

【案例11－12】

分析原因，化解抱怨

顾　客：你卖给我的车把我整苦了！

销售员：对不起，是什么原因让您这么生气？

顾　客：就是这辆车。

销售员：什么问题？

顾　客：助力转向在热机状态下特别沉重，而且还会发出响声。

销售员：您看，如果我没有理解错的话，您是说这台车的助力转向在冷车时好用，但在热机情况下就会特别重，而且还会发出响声。您看我说得对吗？

顾　客：没错！有一次在转弯掉头时，差点与迎面而来的一辆大货车相撞，吓得我一想起这件事就全身冒冷汗。

销售员：您是说由于方向盘在热机的状态下特别重，差点让您出了安全事故，是吗？

顾　客：就是这样的。

销售员：通过刚才您的描述，助力系统在冷机状态下非常好用，只是在热机状态下由于油温升高，粘度降低，压力变小，所以转向时就很重。是这样的吗？

顾　客：是的。

销售员：如果这样的话，只要调整一下控制阀就可以解决这个问题。

一、处理投诉的三个关键环节

（一）妥善解决问题

妥善解决问题是化解顾客投诉的核心内容，也是顾客最为关注的环节，如果实际的问题得不到有效的解决，其他的任何手段都没有意义。解决问题包括两方面的内容，一方面要解决顾客的情绪问题，平复顾客的愤怒、消除顾客的担心和忧虑；另一方面要了解和分析顾客反映的具体问题，有针对性地制定解决方案，使顾客的问题得到妥善解决。

（二）及时解决问题

当遇到顾客投诉时，必须尽快立即着手解决。尽快解决一方面表示公司对顾客的重视，另一方面表示我们处理问题的态度和决心。任何对我们而言的小问题，在顾客看来都是大问题，用户希望我们能在最短的时间给予解决，如果拖延将会让事情变得越来越糟。

如果我们不能及时地处理，顾客的不满就会像滚雪球一样，越滚越大，给问题的处理带来更大的影响，公司可能会付出更大的代价。图11－3是公司对顾客投诉处理不及时，顾客不满情绪的示意图。

（三）以正确的态度解决问题

销售人员的态度在处理顾客投诉的过程中非常重要。你的态度会通过你的神态、声音以及身体语言体现出来。请记住，帮助顾客是销售人员的工作，假如你不能去帮助不满的顾客，那么就应该调换工作。你应确保永远采取这样的态度：“我的任务就是尽力帮助顾客。”

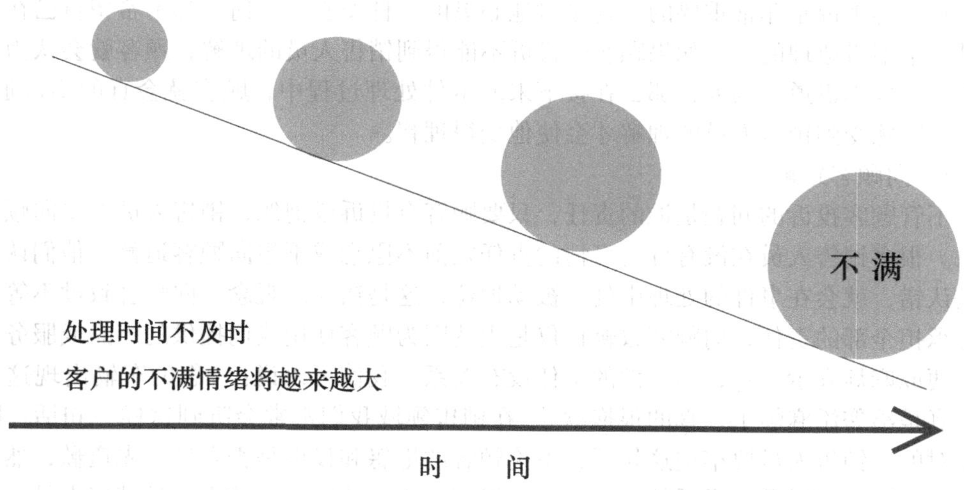

图 11－3　对顾客投诉处理时间不及时，顾客不满情绪示意图

人们更注重的往往是你怎么说而不是你说了些什么。如果你的说话声听起来是恼怒的、不耐烦的，或居高临下的，那么顾客会更加愤怒。如果你的说话声听起来很自信、很礼貌，说话时用平静的、坚定的、关切的、安慰的语调，那么顾客就会相信你的态度很认真，这样就比较容易平息他的不满。

二、处理顾客投诉的基本方法

（一）化解顾客的情绪

1．倾听顾客的抱怨和投诉

顾客因对服务或产品不满意而产生激动的行为是可以理解的，他当时最大的愿望就是把心中的那股不满的情绪发泄出来。作为销售人员，这时候不可以和顾客争论，因为争论不仅对处在激动状态的顾客没有任何意义，反而会增加顾客的反感。销售人员要以诚心诚意的态度来倾听顾客的抱怨，当然，不只是用耳朵听，为了收集信息，在听的时候别忘了一定要将重要的内容记录下来。倾听能使抱怨者得到充分的发泄，痛痛快快地将他们的怨气吐出来，恢复冷静，也不会使抱怨扩大；同时，也让顾客感受到销售人员对他的尊重，以及对处理投诉的认真态度。因此，倾听在处理投诉的过程中非常重要，一定要让顾客发泄完之后再发表看法，千万不能打断顾客的说话。

2．换位思考，向顾客表示理解

当我们了解了顾客投诉或抱怨的原因后，不要急于辩解，而要站在顾客的角度，去理解顾客的感受。任何产品都不可能 100% 不出问题，否则汽车厂也不可能设置保修期。例如，某产品的缺陷率是 0.2%，那么我们每年销售1 000辆车就会有 2 辆车出现缺陷，对于销售者来说是很正常的事情，但对顾客来说，情况就完全不一样了。顾客不可能购买1 000辆车，他只买了一辆车就出问题了，对他来说，产品的缺陷率是 100%，你跟他说该产品的合格率是 99.8% 是没有意义的。因此，换位思考会让我们真正理解顾客的感受，设身处地地为顾客着想，这样我们才会发自内心地对顾客表示理解。能得到销售人员的理解，对顾客来说是非常重要的，这是对他心灵的一种安慰。任何人都不希望自己在别人眼中是一个不讲道理的人，如果顾客的投诉不能得到销售人员的理解，顾客就会认为销售人员将他看成不讲道理的人，那么在接下来的事件处理过程中，顾客就会真的不讲道理了。只有顾客感受到销售人员的理解才会使他变得理智。

3. 向顾客致歉

不管顾客投诉的问题是谁的责任，只要顾客有投诉或抱怨，销售人员都要向顾客表示歉意。很多销售人员在没有分清事情的责任之前不愿意或不想向顾客道歉，他们认为道歉就是认错，就会在事件的处理中处于被动地位，这是错误的观念。向顾客致歉不等于承认自己承担全部的责任，向顾客致歉仅仅是表达因为顾客使用我们提供的产品或服务而带来的不便或麻烦表示歉意，与事件的责任没有关系。我们可以说："您的车辆出现这样的问题，真是给您添麻烦了，真的很抱歉。"在销售领域我们常常会听到这样一句话：顾客永远是对的。销售人员要牢记这句话，不论顾客的抱怨和投诉是否合理，先道歉，然后再寻求解决方案。有时顾客投诉的问题很容易得到解决，他所看重的也就是销售人员一句道歉的话，有时照顾顾客的面子比解决具体问题更重要。

4. 向顾客表明处理问题的态度

有些顾客投诉的问题可能非常重大，特别是涉及安全、法律等可能影响企业和顾客重大利益的问题，必须经过详尽的调查和核实之后，才能提出解决方案。因此，在有些投诉的处理上需要一定的时间，无法给顾客一个及时的答复。此时，销售人员必须向顾客说明原因，表明公司非常重视，一定会站在顾客的立场来公正地处理，决不会推脱；同时也要向顾客承诺多长时间给予答复。这样就容易获得顾客的理解，为处理赢得宝贵时间，使顾客安心地等待我们的处理决定。

（二）解决顾客反映的问题

1. 了解顾客的真实想法和要求

在我们倾听顾客对于投诉内容的陈述后，销售人员一定要了解顾客的真实想法和具体的要求。销售人员可以询问顾客："你看，出现这样的问题给您添了这么大的麻烦，真的很抱歉。您有什么要求可以告诉我吗？"了解顾客的真实想法和要求，有助于投诉的快速解决。如果顾客的要求不高，金额不多，销售人员在请示领导后就可以立即满足顾客的要求，马上解决，从而赢得顾客对我们的信心。

【案例 11－13】

妥善解决问题

有一天顾客到公司保养车辆，完工后，顾客检查车辆时发现后尾箱的一瓶酒不见了，顾客马上向销售人员提出了投诉，销售人员了解了情况后，得知顾客丢的这瓶酒价值 150 元，顾客要求公司给予赔偿。销售人员查看顾客档案后得知该顾客一直在公司维修和保养，并且介绍过两名顾客购车，是公司的忠实顾客，因此，经公司领导同意，马上赔偿给顾客 150 元钱，并赠送了一套座垫表示歉意。顾客马上转怒为喜，连声道谢后高兴地离开了。

2. 把握事实真相

顾客在投诉的过程中由于有各种各样的目的，因此对于具体问题的陈述往往会进行加工甚至夸大，以此来引起公司的重视，期望获得最快的处理和最大的赔偿。因此，销售人员在了解顾客投诉内容时，不能仅凭顾客的陈述就贸然提出处理决定，一定要进行细致的调查和分析，通过调查和分析找出原因和责任。同时，销售人员还要确认车辆的状况、用户的信息等内容，只有弄清了事实真相才能保证有一个合理的解决方案。

3. 区分投诉的性质

销售人员在接到顾客投诉后，要对投诉的内容有一个基本的判断。投诉可以分为一般性投诉和重大投诉，重大投诉一定要向公司领导汇报，由公司领导出面来进行处理。索赔金额大的投诉、与安全方面相关的投诉，涉及媒体、律师、消协、政府机关等的投诉都属于重大投诉，这些投诉必须及时向公司领导汇报，销售人员不能擅自进行处理，否则会给公司带来更大麻烦。

4. 提出处理意见并获得领导的支持

销售人员在了解了顾客投诉的具体情况以及顾客的要求后，要及时向公司领导汇报，详细介绍顾客的情况以及投诉的内容，提出自己的处理意见。由于在处理顾客投诉时，往往会涉及赔偿的问题，因此，必须经过公司领导的同意和认可。另外，公司领导可以利用他的经验给销售人员必要的指导。有时领导出面协助销售人员处理会起到事半功倍的效果。

5. 告知顾客，并征询顾客的意见

当处理方案确定后，要立即告知顾客，并征询顾客的意见。销售人员要向顾客详细介绍处理方案的具体内容，表明公司认真负责的态度，并对顾客的配合和支持表示感谢。要想获得顾客的认可，销售人员还要向顾客表明双赢的思想，由于顾客购车后与销售店会长期交往，如果双方都能彼此谅解，对双方今后都会有好处。

6. 迅速处理问题

顾客认可了销售店的处理方案，销售人员就应该立即执行，以最快的速度帮助顾客解决问题。同时，为了使顾客能够转忧为喜，一般情况经销店都会为顾客准备一份小礼品，表达歉意，同时也让顾客感受到受重视、被尊重。通过这种超出顾客期望的服务，让顾客从满意到感动。

7. 询问顾客对处理结果的满意度

投诉处理完后，要及时了解顾客对于处理结果的满意程度，以便销售人员及时跟进。销售人员还需要对顾客的投诉进行细致的分析和总结，找出工作中存在的问题，及时调整工作流程和工作标准，防止此类事件的再次发生。

8. 填写用户投诉处理报告并存档

每一次顾客投诉都要详细记录处理的过程和结果，以此作为日常工作的经验积累。销售人员要在事件处理后，认真填写用户投诉处理报告，并将报告存档。用户投诉处理报告格式见表11－2。

表 11－2　用户投诉处理报告

投诉日期		投诉方式		投诉人姓名和联系方式	
车　　名		车　　型		承办人	
投诉内容：					
调查结果和处理意见： 调查人： 承办人： ＿＿＿年＿＿月＿＿日					
处理结果： 承办人： 主　管： ＿＿＿年＿＿月＿＿日					

售后维系是销售活动的一个重要环节，通过开展售后维系可以满足顾客各种各样的需求；通过提供售后服务创造与顾客接触和联系的机会。售后维系能起到沟通信息、联络感情的作用。销售人员应该好好利用售后维系的机会，与顾客建立融洽的关系，通过交易和

服务与顾客结下深厚的友谊，使顾客不但成为商品的忠实使用者，而且变成销售人员的好朋友，并最终成为销售人员最佳的义务推销员。最好的潜在顾客就是目前的顾客，销售人员只要坚持这一理念，与顾客建立长期的友好关系，就会有丰硕的成果。

复习思考题

1. 售后维系有哪些重大意义？
2. 售后维系应遵循哪些基本原则？
3. 售后维系有哪些常用的方法？
4. 如何看待顾客的抱怨和投诉？
5. 处理顾客投诉应注意哪三个关键环节？
6. 处理顾客投诉有哪些基本的方法？
7. 根据下面一段客户投诉时与客服人员的对话，分析客服人员做得是否妥当，如有不妥之处请给出建议。

客户：怎么搞的，十几万元的车才买了不到一年，发动机就漏油了。你们必须给我一个说法，否则我就要请媒体来曝光。

客服：非常抱歉。关于漏油的问题不是我们的问题，主要是由于配套的厂家提供的密封垫质量不好所致。生产厂的处理方案是更换密封垫。

客户：扯淡。你们还号称是世界知名品牌，别的车都不会发生这样的问题，就你们的车会有这样的情况。今天一定要给我们一个说法！

客服：我理解你的要求，但怎么处理并不是我们可以做主的，如果你们一定要采取其他的处理方式的话，我们也没有办法。

客户：也就是说你们不会按我们的要求进行处理了，这样的话我们只能通过媒体或者是法律途径来处理这件事情了。

客服：实在抱歉，如果你们真要这样做的话，我们也没有办法，这是你们的权利。

客户：……

客服：……

……

第十二章 销售人员的自我管理

对于销售人员，学会自我管理很重要。自我管理就是管理自己。美国著名企业家卡耐基说："能够完全占有自己的心，也就获得了世界上最可贵的珍宝。"也就是说，管理自我应该从自己内心开始，当你内心得到不断激励，你的行动一定会改变，而行动的改变会促进你习惯的改变，习惯的改变会促使你性格的改变，而性格的改变会引导你走向你的目标。

对于销售人员，自我管理包括很多方面的内容，本章主要阐述自我管理中的时间管理、健康管理、情绪管理、计划管理、自我激励、个人终生自学等。

第一节 时间管理

有人说，人生最宝贵的两项资产：一项是头脑，另一项是时间。无论做什么事情，即使不用脑子也要花费时间。生活中我们可曾发现：每天都很忙碌，但一天下来似乎没有干什么有价值的事，重要的事情一直在拖延，每天却忙于烦琐的杂事。

有一个小故事：月底了，又到了发放工资、奖金的时间，本该是个开心的日子，可是销售人员贾强却是愁云满脸。忙了一个月，手头却没签几笔单子，算上自己跑顾客的花费，这个月赚的就够个生活费，贾强的心里说不出是什么滋味！看看人家陈明，看上去没怎么辛苦，但这个月又是名列榜首。贾强想，我不也是起早贪黑忙着打电话、与顾客谈生意，可成绩却比陈明差那么远，我到底适不适合做销售？

贾强的故事也是销售队伍中一个普遍的现象。有调查显示，企业销售团队80%的业绩通常是由20%的销售人员完成的。造成这种现象的原因很多，其中时间管理能力的差异是决定因素。不少销售人员平均仅有10%的时间投入在有效的销售工作上，其余时间花在了会议、处理行政事务、处理私事、交通耗时、帮顾客处理杂事等工作上。

时间对每个人都是公平的，每人每天都拥有24小时；但每个人拥有的时间价值又是不相等的，因为每个人对时间的利用能力大相径庭。即使人的才智大致相当，但由于对时间管理能力的不同，结果导致了成就的全然不同。对销售人员而言，时间的管理尤为重要，珍惜时间就是提高效率、创造价值。优秀的销售人员总是善于管理时间并控制自己合理地利用时间，进而创造最大的时间价值，成就优秀的销售业绩。

一、要有效地管理和利用时间

有效地管理和利用时间，提高时间的利用率，在销售中非常关键。时间可分为两种，可控时间和不可控时间。成功的时间管理方法就是将不可控时间变为可控时间，从而提高工作效率。

（一）做好事前准备

销售人员每天面对众多的顾客和日常事务，常常因为要接待顾客而中断手头的工作，很多销售人员忙了一天，回头一看，今天该做的工作却一件也没有完成。因此，要提高工作效率，销售人员就必须对自己的时间做好规划。在一天开始时，就列好一张表，把你今天要做的事情、要跟踪的顾客、首先要做的事、接着要做的事、可以留待明天做的事通过不同的形式一一列出来。已经完成的，可在该项工作后面打上“√”。这样做的好处就是，你会知道哪项工作已经完成了，哪项工作还没有做，哪项工作是应该做的还没有做，哪项工作是不应该做的却做了；什么是计划中的，什么是计划外的；计划中的占用你多长时间，计划外的占用你多长时间，等等。把你每天做的时间表存档，以便你随时查阅，评估自己利用时间的效率，纠正自己的不良的时间管理和习惯。

（二）改变浪费时间的不良习惯

浪费时间的销售人员他们并非有意如此，而是没有意识到或没有重视这一问题。要改变自己对待时间的不良习惯，首先要对自己利用时间的方式做一次检查。方法很简单：安排一周的时间，从起床到休息，详细记录自己的时间，把所有行动的时间都丝毫不差地记录下来。把每一项工作所占用的时间作一个统计和分析，你就会完全了解自己对时间的利用是否合理，你就会寻找更有效的利用时间的方法。

随着你对时间利用情况的了解，你自然会对时间利用的方法格外重视。你必须学会利用支离破碎的时间来处理和完成工作，如果你想等到一长段时间才开始一项工作，你也许就得永远地等下去了。

（三）合理安排时间

每天的工作内容要根据紧急和重要的程度来进行分类，将主要的工作精力放在重要而紧急的工作上，具体的分类如下：

象限 1 重要　紧急	象限 2 重要　不紧急
象限 3 不重要　紧急	象限 4 不重要　不紧急

销售人员对每天的工作按以上四个象限的内容进行分类，这样销售人员就能够把握一天工作的重点，将最主要的工作时间放在处理重要而紧急的工作，剩下的时间再处理不重要但紧急的工作，对于重要但不紧急的工作可以利用休息的时间或间歇时间来完成，对于不重要不紧急的工作放到最后来处理。

二、杜绝拖延时间

拖延时间是吞噬生命的恶魔，拖延时间会导致一事无成。放着今天的事情不做，非得留到以后去做，却不知在拖延中所耗去的时间和精力，足以把今日的工作做好。

（一）找出拖延时间的原因

（1）恐惧　有的销售人员会因在销售工作中遭到过顾客的拒绝而产生畏难情绪，害怕再次遭到拒绝。因此，在制订顾客维系计划时，总是瞻前顾后，犹豫不决，一再拖延，最终错失销售时机。

（2）完美主义　完美主义者固执于细节，力图掌握工作中的方方面面，而忽略工作的进程，这也是拖延工作的常见原因，因为他们担心可能无法达到自己的高标准。销售人员在销售工作中，应将自己的标准和价值观仔细审视一下，是否定得太高以致带给你失望和烦恼？如果答案是肯定的，就要改变你的标准和价值观，重新制定切合实际的目标。

（3）为满足他人的期望而产生忧虑　有的人试图成为别人眼中的“完人”，这也是拖延时间的“绳索”。人一旦学会接受自己，就会发现你总是在尽力做得最好，而他人的期望已变得不那么重要了。

（二）改变拖延的恶习

（1）工作量不要贪多　俗话说“贪多嚼不烂”，如果你是个贪多的人，那么应该首先明确在限定时间内完成任务，什么是必须做的，什么不是必须的，有的放矢才能更好地完成工作。

（2）制订工作计划　知道了拖延的原因，就要制订计划以减少和控制拖延。

（3）采取行动　当你要拖延时，想想你即刻要做的事情，设想一下拖延和按计划执行对自己所带来的不同后果。如果开始动手对你是一个挑战，那么设计一个“十分钟计划”，做十分钟你惧怕的事，然后决定是否继续。

第二节　情绪管理

情绪往往会影响人的行动。销售员每天与顾客交往，其情绪会影响到与顾客沟通的效果。好的情绪往往会感染顾客，对销售业务产生积极的影响，而不良的情绪往往会降低服务的水准，对销售产生消极的影响。因此，销售人员要学会调节和管理自己的情绪。情绪管理并非意味着去除或压制情绪，而是在觉察情绪后，调整情绪的表达方式。情绪固然有正面与负面之分，但真正的关键不在于情绪本身，而是情绪的表达方式。以适当的方式在适当的情境表达适当的情绪，就是健康的情绪管理之道。

情绪是无所不在的，它可以从脸部表情、行为举止和处事态度中显现出来。常见的正面情绪为愉悦、轻松、欣慰、高兴、雀跃等；常见的负面情绪包括愤怒、悲伤、焦虑、害怕、厌恶、羞愧、惊慌等。

一、处理消极负面情绪的方法

销售人员在销售过程当中，每天都会遇到顾客的拒绝和异议，不断经历失败的打击，自然会产生消极负面的情绪。这些情绪如果得不到很好的处理，销售人员就会变得意志消沉、情绪低落，对销售产生畏惧的心理。因此，销售人员处理好消极负面的情绪非常重要。处理消极负面情绪有很多种方法，下面介绍几种主要的方法。

（一）能量排泄法

对不良情绪所产生的能量可用各种办法加以调整。例如，当生气和愤怒时，可以到空旷的地方去大喊几声，或者去参加一些重体力劳动，也可以进行比较剧烈的体育运动（跑两圈或去打羽毛球），把心理的能量变为体力上的能量释放出去，气也就顺些了。在过度痛苦和悲伤时，哭也不失为一种排解不良情绪的有效办法。

（二）语言暗示法

当不良情绪要爆发或感到心中十分压抑的时候，销售人员可以通过语言的暗示作用，来调整和放松心理上的紧张，使不良情绪得到释放。当你将要发怒的时候，可以用语言来暗示自己：别做蠢事，发怒是无能的表现；发怒既伤自己，又伤别人，还于事无补。这样的自我提醒，就会使心情平静一些。

（三）环境调节法

大自然的景色，能扩大胸怀，愉悦身心，陶冶情操。到大自然中去走一走，对调节人的心理活动有很好的效果。千万不要一个人关在屋子里生闷气。尤其是长期处于紧张工作状态的人，定期到大自然中去放松一下，对保持身体健康、调节身心紧张大有益处。

（四）请人疏导法

人的情绪受到压抑时，应把心中的苦恼倾诉出来，特别是性格内向的人，光靠自我控制、自我调节远远不够。可以找一个亲人、好友或可以信赖的人倾诉自己的苦恼，求得别人的帮助和指点；请旁观者指导一下，可能就会豁然开朗、茅塞顿开。

（五）自我激励法

自我激励是人们精神活动的动力之一，也是保持心理健康的一种方法。在遇到困难、挫折、打击、逆境、不幸而痛苦时，善于用坚定的信念、伟人的言行、生活中的榜样、生活的哲理来安慰自己、激励自己，使自己产生同痛苦作斗争的勇气和力量。

（六）创造欢乐法

心绪不佳、烦恼苦闷的人，会觉得周围一切都是暗淡的，看到高兴的事，也笑不起来。这时候如果能想办法让自己高兴起来，笑起来，一切烦恼就会抛到九霄云外。恰当的幽默可以舒缓我们的心情。比如，看一些笑话书、听相声、看小品等，都能起到很好的效果。

（七）换一个角度思考

中国有一句古话："塞翁失马，焉知非福。"也就是说任何事物都有两面，有好的一面也有坏的一面，关键取决于我们如何来看待。顾客今天的拒绝，也许就是他决定购买的动机。就算顾客真的拒绝，对销售人员来讲也是收获，因为从这次拒绝我们可以找到自身存在的差距，能积累经验和教训，帮助自己去提高业务水平。有时候换一个角度去思考问题就会是另一个结果，心态也就不同了。

（八）与快乐相伴

"物以类聚"是大家耳熟能详的一句话。它的意义是：你是什么人，你的生活如何，由你周围交往的朋友即可看出。悲观的人周围大部分都是悲观者，而乐观的人身边亦多为乐观者，因此要想改变命运，你必须要跳出现况，向乐观者学习。要想快乐，请和快乐者为伍。前台北之音电台台长徐璐小姐是一位开朗、干练的领导人，她曾遭受到性侵害，但她勇敢地面对，将痛苦遭遇及心路历程写成《暗夜幸存者》一书，不但感动众人，而且鼓励受害者要走出黑暗，活出自己，因为报复歹徒最好的方式，就是要让自己活得更好、更快乐。

（九）选择学习和行动

根据专家的研究，忧虑、压力或紧张是来自于你被"卡住了"。全美国卖座名片之一"亲亲小妈"（Step Mom），剧中有一段是扮演后母的茱莉亚·罗勃兹，在面对丈夫前妻的女儿因遭逢同学欺负而哭泣时所说的名言："要么大声哭，要么努力做!"悲观者永远选择哭泣，期待快乐时刻，而这是不可能的。乐观者永远是选择做事情，所以每一天都是快乐的！有一句话说得好："所谓愚昧，就是用同样的方法做同样的事，却期待不同的结果。"因此我们面对忧虑、压力，除了要行动，更要学习改变，如此才能扫除忧虑，创造我们所要的结果，进而拥有全新的生活。

二、化解不良情绪

具体来说，不良情绪的化解主要包括化解愤怒、缓和急躁、消除紧张、革除悲观、排遣厌倦这五个方面。

（一）化解愤怒

引发愤怒的原因有挫折、太累、被批评，伤到自尊。愤怒令人失去理智，引发冲突，做出错误决定。化解愤怒的原则是：停止——→思索——→行动。可以用纸写下问与答：我现在碰到什么难题？我正在或正想做什么？这样做有益吗？我真正想要做的是什么？我该怎么做？

化解的技巧是：对事不对人，拓展心理空间。那些不为琐碎小事轻易动怒的人往往是心胸宽阔的人。俗话说"宰相肚里能撑船""大人不记小人过"，就是形容那些宽宏大量的人。

要具有足够的心理空间，一是要培养高远的生活目标，习惯于从大局出发，为长远着想，而不拘泥于琐事小事；二是要具有同情心，善于理解他人，一旦有了矛盾，能够站在对方的角度重新审视问题；三是要尊重他人，事实上无论我们脾气多么暴躁，我们对自己尊重的人是绝不会轻易发火的；四是要提高自身的文化素质，一般来讲，文化素养高的人看问题比较通达，心理空间也就比较大。当你感到无法控制自己的脾气时，除了一些简单的默数数字的方法之外，还可以问问自己"发怒是不是应该？""发怒是否有助于改善事态？"以此让自己的心态平和下来。另外，要养成接受他人劝告和自我暗示的习惯，从外部诱导中获取制怒的信息和力量。例如，林则徐就曾在自己的厅堂上高悬"制怒"大匾，每当他遇事欲怒时，就抬头看看这两个字，以自我控制来避免发火。

（二）缓和急躁

性急就是压力的表现，也是情绪不稳定的表征。性急的人健康容易受损。你性急吗？对照一下性急的线索：稍不如意就心乱如麻；不屑与人闲谈；对一般的生活情趣觉得乏味；对未完成的事局促难安；好争强斗胜，但输不起；易激怒；等候时焦灼难安。

消除性急的方法：给自己多一点时间，不要要求工作完美，对自己低语（别急!），哼一首曲子，稍作休息等。

（三）消除紧张

紧张来自忙碌、竞争、高效的工作。紧张的表现：肌肉绷紧，手心发汗。紧张常常造成思维混乱、语言表达出现障碍等。如果长时间处于紧张状态会影响到人的身体和心理健康。因此，消除紧张情绪对于销售人员来说是保持旺盛斗志的关键。

消除紧张的方式很多，销售人员在办公室内可以采用"渐进式肌肉放松法"调节紧张情绪。

（1）放松的准备　坐在带有靠背的椅子上，头和背靠在上面，双臂自然下垂，双手搭置膝上，双足平放，与肩同宽，小腿与大腿，大腿与臀部成直角，双目微闭，注意力集中于身体动作。

（2）上肢放松 双手用力紧握，两臂缓缓举起，当与身体成直角时稍停 1 ～ 2 秒，双手似紧握一横杆在胸前，双臂用力，体会上肢的紧张感觉。待双臂感到疲劳，缓缓放在双膝上，此时尽量使臂部和手的肌肉放松，体会到上肢肌肉、关节韧带的放松感觉。重复练习上述动作 1 ～ 3 次。

（3）腰部放松 用力挺胸直腰，使胸部肌肉和脊柱关节处于紧张状态，坚持 1 ～ 2 秒，体会紧张的感觉；缓慢放松肌肉和脊椎关节，体会肌肉、关节松弛的感觉。重复练习上述动作 1 ～ 3 次。

（4）下肢放松 双足用力，蹬踏地板，臀部似有离开座椅抬起的感觉并停留 1 ～ 2 秒，使下肢肌肉及髋、膝、踝关节处于紧张状态，体会紧张的感觉；缓缓放松下肢，使肌肉、关节放松，体会松弛的感觉。重复练习上述动作 1 ～ 3 次。

（5）颈部放松 用力收颌挺颈，使颈部肌肉和关节紧张，坚持 1 ～ 2 秒，体会紧张的感觉；缓缓放松，下颌上仰，体会颈部松弛的感觉。重复练习上述动作 1 ～ 3 次。

以上步骤可以根据个人的喜好进行修改，既可以从头到脚，也可以从脚到头。放松练习全过程中要注意体会紧张与松弛的感觉及它们的差异。当通过一段时间的练习，熟悉掌握了这种感觉，你会发现当处于紧张焦虑之中时，即使回想放松的感觉也可达到完全放松的状态。这样我们就可以心平气和地去迎接挑战。当然，开始的时候，可能发现不管做了多大努力，某些肌肉仍不能放松，这时千万别灰心，要有耐心，更别太用劲，否则更增添紧张。只要持之以恒，你一定会成功的。

（四）革除悲观

销售人员每天都会面对挫折和失败，因此乐观积极的心态是销售人员面对工作时应有的心态。人生在世不如意事常有八九，这是一种客观存在，不以人的意志为转移，但却以人的心态为分界：心态好，不如意的事会变得有意义，那是一种“去留无意，闲看庭前花开花落；宠辱不惊，漫随天际云卷云舒”的境界。倘若把不如意的事情看成是自己构想的一篇小说，或是一场戏剧，自己就是那部作品中的一个主角，心情就会变好许多。一味地沉湎于不如意的忧愁中，只能使不如意变得更不如意。既然悲观于事无补，那我们何不用乐观的态度来对待人生、守住乐观的心境呢?

学会对于自己遇到的挫折和失败保持自嘲的心理，人也会轻松。寻找工作中的乐趣，让工作变得更加丰富多彩，这也是销售人员追求的最高境界!

（五）排遣厌倦

销售人员每天都要面对顾客的异议甚至挑剔，容易产生厌倦情绪。而这又是销售工作的一大障碍。听美妙的音乐，重拾美好的回忆，读一本喜欢的书、做运动、旅游等都可以有效地排遣厌倦。可能每个人适合的方式不一样，因此，要摸索到自己适合的方法来排遣厌倦。“踮起脚尖，就更靠近阳光”，只要我们不放弃，就一定会找到一种适合自己的情绪管理方法。

第三节 计划管理

一、计划管理的重要性

古人云：“凡事预则立，不预则废。”意思是说，一切单位、一切人，不管干什么事，事先都要有明确的目标，都要有一个打算和安排。只有预先做好了安排，有了准备，有了计划，才能把事情办好。明确了奋斗目标，有了具体的工作、活动程序，也就有了监督检查的依据，这样可以增强自觉性，减少盲目性，从而也就可以合理地安排人力、物力、财力、时间，使工作、活动有条不紊地进行。否则，就会影响工作，办不好事情。因此制订出切实可行的计划，是建立正常的工作秩序、提高工作效率必不可少的程序和措施。

（一）计划管理使工作具有预见性

正如哈罗德·孔茨所言，“计划工作是一座桥梁，它把我们所处的这岸和我们要去的对岸连接起来，以克服这一天堑。”计划工作给销售工作提供了通向未来目标的明确道路。有了计划工作这座桥，模糊不清的未来就变得清晰实在。

（二）计划管理使工作具有掌握度

制订工作计划的目的就是让销售人员在工作中做到心中有数，能够明晰工作的内容、标准和完成时间，能够自我检查和评估工作的进度，使销售人员能够自我掌控工作的进展，提高工作的效率。

（三）计划管理使工作能合理规划

工作计划的完成需要各种资源的配合，如时间、人员、物品、资金等，有了明确的工作计划，销售人员就能合理安排各种资源，以寻求公司领导给予各方面的支持。

二、计划的内容

一般来讲，计划内容都包括“5W 2H”。即计划必须清楚地确定和描述以下内容：

What——做什么？确定目标与内容是什么。

Why——为什么做？做这件事的原因是什么，要达到什么效果？

Who——谁去做？需要谁来配合？

Where——何地做？确定工作的地点及场合。

When——何时做？确定工作的开始和完成时间。

How——怎样做？为达到目标计划采用什么样的方式、手段。

How much——做多少？做到什么程度？数量如何？质量水平如何？费用产出如何？

三、销售人员如何制订工作计划

（一）了解自身能力

销售人员在制订工作计划和目标时，首先要分析自己的业务能力，主要是分析四个方面的能力：

（1）A卡（潜在顾客管理卡，见表12－1）的建卡率，也就是销售人员接待的新顾客当中，能留下顾客电话或联系方式的比例是多少，这需要销售人员对以往的销售数据进行分析，判断自己在留存顾客信息方面的能力；

（2）A卡的成交率，也就是销售人员的潜在顾客当中，每月能成交的顾客所占的比例，从这一点可以判断销售人员的专业水平和商谈技巧；

（3）A卡的流失率，也就是潜在顾客每月的流失比例，从这一点可以判断出销售人员与顾客维系的能力和对顾客资源的管理水平；

（4）老顾客的转介绍率，也就是销售人员已实现销售的顾客数有多少，其中通过这些

表 12－1 潜在顾客意向管理卡（A 卡）

××××××××汽车销售服务有限公司							A 卡
销售员：				建档日期			
客户基本情况							
姓名		性别		年龄		职业	
住址						邮编	
电话		手机		FAX		E－mail	
工作单位							
身份证号						生日	
CR 方式调查							
电话	（请注明与顾客联络的最适宜方式和时间）						
□住宅			□上午　□下午　□晚上				
□公司			□上午　□下午　□晚上				
□手机			□上午　□下午　□晚上				
邮寄			□住宅			□公司	
地址						邮编	
用户需求情况							
拟订购车型		规格		价格		颜色	
预计购车时间		车辆使用人					
初次来店时间			陪同人员				
商谈内容：							

CR 计划及实施

	计划时间	商谈内容	CR 方式	CR 时间	经理确认
1					
2					
3					
4					
5					
6					
7					
8					

老顾客介绍成交所占的比例，从这一点可以判断销售人员在老顾客的维系方面的重视程度和维系的技巧。

（二）掌握手中资源

销售人员在制订工作计划和目标时，还要了解在销售过程中可用的资源情况。首先要了解的是可销售的车型、颜色、数量，各种车型预计的交货期。其次，销售人员要了解手中潜在顾客的数量，每位意向顾客拟购买的车型、颜色、预计的购车时间，当月可能购车的顾客数量，公司的车辆资源能否满足意向顾客的需求量等。销售人员只有对这些资源和信息有了清晰的了解，才能制订出明确和切实的目标和计划。

（三）对市场作出判断

销售人员对市场的变化要非常敏感，每月都要对市场的变化进行预先的判断。比如，春节前是销售的旺季，销售量会有一定的提升；七八月份是销售的淡季，销售量可能会有一定的减少。另外，还要关注竞争品牌的价格政策、新车的上市影响、竞争品牌的促销活动以及自己销售的产品是否有降价及促销活动，这些因素都会对销售产生重大的影响，销售人员在制订计划时一定要关注这些信息，并及时做出预测和判断。

（四）对趋势作出预测

所谓对趋势作出预测，也就是对销售的历史数据进行规律性的分析。比如，我们销售的花冠车当中，GL－I 型在总的销售量中所占的比例是多少，银色所占的比例是多少，哪个级别的销售量最大，所占的比例是多少；去年 3 月份我们的各种车型的销售量是多少，今年 3 月份我们的销售量是否能达到或超过去年的水平。对趋势的判断要求销售人员要注意日常工作中的积累和总结，注重在销售过程中找到销售的规律和方法，这样才能在制订工作计划和目标时，找到依据作出准确的判断。

（五）制定销售目标

销售人员在制定销售目标时，一方面要考虑以上四个方面的内容，另一方面还要考虑公司总体的销售任务，也就是个人目标要与公司整体的销售目标相一致。如果根据以上四个方面的内容，每个销售人员制定的销售目标之和低于公司整体的销售目标，则差额目标如何完成，就成为销售人员必须面对的问题，也就是每个销售人员要提高自己的销售目标。因此，销售目标的制定并不是一件简单的事情，而是要进行全面、综合的考虑。

（六）制定行动目标

销售目标或订单目标制定之后，销售人员要将此目标转化为行动目标。比如，销售人员的销售目标是 10 辆车，该销售员 A 卡的成交率是 10%，这样他就必须要达到 100 个 A 卡的水平；如果上个月该销售员累计的 A 卡量是 50 个，那么这个月他就必须新增 50 个 A 卡。如果该销售员 A 卡的建卡率为 25%，那么他就必须在当月接待 200 组顾客，也就是每天接待 7 组顾客。通过将销售目标转化为销售行动，就能让销售人员对于每天应做的工作有一个清晰的认识；同时，也让销售人员认识到影响销售业绩的关键因素是什么，自己哪些方面存在不足。

（七）分解工作目标

行动目标制定以后，销售人员要将目标分解到每一天，明确每天需要做的工作。例如，每天要接待多少个新顾客、要跟几个老顾客进行维系、要去拜访几组顾客等。销售人员可以将当天工作列出计划表，便于进行管理。

（八）总结与分析

工作计划制订以后，每天、每周、每月工作结束之后都要总结和分析，看看当天的工作是否完成，制定的销售行动是否达成，活动效果如何，成交率是否在设定的范围内，目标的达成是否符合进度的要求等。通过分析、总结和反思能够找到自身存在的差距，然后有计划地进行改进。比如，销售人员的A卡量目标达成了，但销售目标没完成，说明A卡的成交率降低了，没有达到预先设定的值，那么说明销售人员的商谈技巧还不够，促成成交的能力还需要加强。

销售人员工作的计划性是销售人员提高时间利用率、增强销售效果的有力武器，因此，每一个销售人员都要具备制订工作计划的能力，将有限的时间充分运用在能够提升销售业绩的工作上，创造更好的销售业绩。

第四节　分析总结

分析就是将事物、现象、概念分门别类，厘析出本质及其内在的联系。总结就是把一定阶段内的有关情况进行分析研究，对过去某一时期或某项工作的情况（包括成绩、经验和存在的问题）进行回顾、评价，作出指导性的结论。分析总结可以让人梳理清楚事情的脉络，发现工作中存在的问题，理清销售人员的工作思路，找到销售工作中的经验和规律。

养成一个分析总结的习惯是销售人员成熟的标志。它有很多益处，能使你的工作更上一层楼。但它常常被急功近利、注重即时效果的人所忽视。分析总结的意义在于：

（1）分析总结是对前阶段所积累知识的一次系统化概括和梳理，是一次思维锻炼，也是自我提高的一个过程，更是由实践向理论提升的一次质的飞跃。

（2）分析总结是推动工作前进的重要环节。销售人员在销售的过程中，会经历很多的失败和挫折，也会有成功的喜悦和收获。每一次具体实践，都有成绩与失误、经验与教训，及时分析总结就会及时取得经验教训，提高认识和工作技能。不断实践，不断分析总结，那么销售人员对销售的认识和理解也就越来越深刻，知识面也会越来越广，处理问题的能力也就越来越强，销售人员的销售技能也会越来越高。

（3）分析总结和做业务是一个互动的过程。从第一天做业务起，如果销售人员注意分析总结，注意积累，常用分析总结的经验来指导自己的工作，使自己不断地超越自己，从而使自己不断提高；同时，业务水平越高，则越能写出好的分析总结，从而形成良性的循环。

（4）分析总结是寻找工作规律的重要手段。任何一种事物、一项工作，都存在内在联系、外部制约，都有它自身的发展、变化的规律。遵循这些客观规律办事，就能顺利达到预期的目的，否则就会受到惩罚而招致失败。而要找寻、发现客观规律，就需要分析总结。对销售规律的把握实际上就是销售经验的体现，可以说，销售人员的经验来自于日常工作中的分析和总结，来自于对销售规律的准确把握。

（5）分析总结是培养、提高工作能力的重要途径。销售人员的工作能力主要体现在两方面：一是他的专业知识水平，二是他在销售过程中的应对技巧和顾客关系维系的能力。在实际工作中二者必须糅合在一起，相得益彰。运用所学知识处理实际工作的能力主要是通过实践培养起来的，绝不是天生的。因此，分析总结是提高能力的重要手段。

（6）分析总结报告是加强与上级沟通的重要手段。如何让上级通过文字报告认识并肯定自己，让领导了解自己的发展情况，并有针对性地给予指导和帮助，对销售员的职业发展有着重要意义。换句话来说，做好文字上的向上沟通，是一个优秀销售员必备的素质。当然，好的分析总结，也是实现升迁的有效方法！

分析总结的能力也是一个销售人员综合素质的体现，除了反映销售人员的意识、思维逻辑、文字表达能力以外，还反映出销售人员良好的工作态度和正确的工作方法。

第五节　自我激励

一个人是否自信，能否永远地自信，是能否取得成功的关键。销售人员时常有这样的体会：有时，觉得自己信心十足，做事一切很顺利；但有时，面对挫折又会显得意志消沉。人的自信心和良好的心态都需要我们不断得到来自生活、工作、环境及自我内心的激励，也许没有比激励更能使我们永保自信心的了。

那么销售人员如何才能保持旺盛的斗志，时刻保持工作的激情呢？以下是销售人员常用的自我激励方法。

一、让身体自信起来

销售人员在遭遇挫折和失败后，常常会表现得垂头丧气、无精打采，甚至怀疑自己的能力。在这个时候，销售人员首先要改变自己身体表现出来的精神面貌。对着镜子练习微笑，穿上自己认为最漂亮的衬衣、西服，打上最鲜艳的领带，让自己显得精神十足；抬头挺胸，让自己变得扬眉吐气。或者是参加剧烈的运动，让精神得到尽情释放，让久违的活力和激情得到回归。当你在镜子里看到自己神采奕奕时，自信就会像微笑一样挂在你的脸上。

二、认清工作或人生目标

目标激励是一种有效的自我激励方式。每当自己失意和困惑时，我们都可以将我们的工作目标或人生目标写在一张白纸上，然后一遍遍地朗读，在心里对自己说，不论发生什么事情，我都要实现自己的目标；告诫自己，所有的困难和挫折都是一种人生的体验，都是在积累获得成功的经验。通过目标激励能使销售人员正确认识失败、面对失败，并将失败化解为前进的动力。

三、个人成就激励

销售人员常常会遭到失败和挫折，特别是刚从事汽车销售的人，由于经验、知识、技巧等方面存在不足，因此，常常会遭到顾客的拒绝。每一个销售人员都会面临工作的低潮，这时，销售人员都会对自己提出质疑，怀疑自己是否适合做销售，怀疑是否有能力做好这份工作。每当这时，销售人员可以采用个人成就激励法来调节自己的心态。可以拿一张白纸，将自己觉得最自豪、最值得骄傲的事情写下来，然后告诉自己：我有我的长处，在有些方面我会做得比任何人都好，我曾经做得很好，我今后也能做得很好，甚至做得更好。

四、保持平和负责的心态

销售人员在工作中要保持胜不骄、败不馁。取得好的业绩，不要沾沾自喜，要问自己是如何成功的；遇到挫折和失败，不要灰心，要告诉自己，如果我能在某方面做得更好，就一定会成功。销售人员不要为失败找借口，找借口是心理脆弱的表现。平和负责的心态，有助于让销售人员正确认识问题，并找到解决的办法，从而避免出现消极的情绪。

五、培养坚强的性格

坚强的性格能促进能力的发展。爱因斯坦说："优秀的性格和钢铁的意志，比智慧和博学更重要。智力的成熟，很大程度上是依靠性格的，这点往往超出人们通常的认识。"销售人员要找出自己需要锻炼的地方，加强训练。目前比较流行的方式有：参加户外拓展训练、极限挑战，参加一些挑战性强的活动，如登山、攀岩等。通过这些训练磨炼自己的意志，树立坚强的性格。

六、目标激励

最好的激励就是目标激励。销售人员如果能够按照自己的计划达到目标，就能够充分体会到工作的成就感和满足感，从而激发起更大的热情投入到下一个目标和计划当中去。如果销售人员不能达到目标就容易产生挫折感，对自己的能力产生怀疑，进而心灰意冷。因此，销售人员在制定了工作计划和目标后，一定要全力以赴，力求实现目标，以圆满完成计划来增强自己的自信心。

第六节　健康管理

对于很多销售人员来说，周一到周五拼命工作，到了双休日就一觉睡到自然醒，这是忙碌了一周后感觉最幸福的事情。然而，从健康的角度来看，再也没有比打乱生理时间更糟糕的事情了。如果平日生活较规律，逢节假日贪睡，就可能扰乱体内生物钟的时序，使脑垂体分泌的激素水平出现异常波动，结果白天激素水平上不去，夜间激素水平下不来，使大脑兴奋与抑制失调，造成夜不能寐，而白天却心绪不宁、疲惫不堪。而且，一般说来，经过一个晚上，到清晨7时左右腹中食物基本消化完。此刻，大脑会发出"饥饿信息"，这时如赖床不起，势必打乱胃肠功能的规律。久之，胃肠粘膜遭损，很容易诱发胃炎、溃疡及消化不良等病症。睡眠是不能积蓄的，一次睡多了反而头昏脑涨。适当的方法是：在睡眠缺乏时，通过闭目养神、打个小盹儿、深呼吸给大脑补氧等小动作来弥补睡眠不足。这样，可以将睡眠缺乏的损失降到最低。

健康就是财富，销售人员应该永远把身体和健康状况摆在第一位。如果没有健康的身体，无论你头脑里面再有想法，内心的态度再积极，但是咳嗽让你每天在顾客面前说"对不起，我感冒了"。你在单位里永远是请假、迟到的人，请问你会成为拔尖的销售人员吗？当然不会。所以你应该把你的健康状态永远维持到巅峰的状态，而这种巅峰状态其实都是非常简单的事情。

一、健康标准

世界卫生组织经过研究分析，归纳总结出人体健康的十条具体标准。

(1) 有足够充沛的精力，能从容不迫地应付日常生活和工作的压力而不感到过分的紧张。

（2）处事乐观。乐于承担责任，事无巨细不挑剔。

（3）善于休息，睡眠良好。

（4）应变能力强，能适应环境的各种变化。

（5）能够抵抗一般性感冒和传染病。

（6）体重得当，身体匀称，站立时头、臂、臀位置协调。

（7）眼睛明亮，反应敏锐，眼睛不发炎。

（8）牙齿清洁，无空洞，无痛感，齿龈颜色正常。

（9）头发有光泽，没有头屑。

（10）肌肉、皮肤富有弹性，走路感觉轻松。

从以上标准可以看出来，健康既包括健康的体魄，也包括健康的心理。销售人员在日常生活中，要关注自己的身体健康，保持强健的体魄，同时，也要善于调节自己的情绪，时刻保持积极、乐观、豁达的心态。

二、有害健康的八种行为

（1）吸烟。

（2）饮酒过量。

（3）不恰当地服药（包括不按医嘱服药）。

（4）缺少经常性体育锻炼，或突然运动量过大。

（5）热量过高或饮食多盐，饮食无节制。

（6）不接受科学合理的医疗保健。

（7）对社会压力产生不适应。

（8）破坏身体生物钟节奏的生活。

对健康损害最大的就是个人行为习惯，要想保持健康，销售人员就要养成良好的工作和生活习惯，包括饮食习惯、定期运动、定期体检、放松自己、有规律的作息时间等。总之，销售人员要养成有规律的生活方式，改变自己的不良习惯，才能拥有一个健康的身体，才能激发活力，积极地投入到工作中去。

三、健康管理的方式

（1）加强体育锻炼。

（2）保持合理营养。

（3）适当睡眠与休息。

（4）控制调节不良情绪。

（5）进行健康心理训练。

（6）养成良好的生活与卫生习惯。

（7）及时早期治疗疾病。

健康管理看似简单，但要真正做好却并不容易，因为良好的健康来自于良好的生活和工作习惯，而且要控制自己的欲望。例如，爱睡懒觉的人要养成早起的习惯，可能是一件非常痛苦的事情。销售人员在健康管理上要注重“节制”，养成良好的生活习惯和生活规律，加强身体锻炼，善于调节和保持积极、乐观的心态，这样健康就能伴随一生，并让销售人员在工作中保持旺盛的精力和斗志，以更大的激情投入到工作之中。

第七节　不断学习

当我们在与销售人员谈到学习的时候，他们总是会说："销售是一种实践性的工作，书本上的东西没有太多作用，关键是要善于表达。我们每天那么忙，哪有时间学习啊！"或者是叹息自己的年龄大了，学什么都迟了。我们要求销售人员加强学习，他们就会找出种种借口推托，为自己不学习进行辩解。在销售员队伍中这样的现象非常严重，许多销售人员虽然年龄只有三四十岁，但是，学习似乎已经是离他们很遥远的事情，他们安于现状，满足于目前的工作，认为自己只要掌握了目前工作岗位所要求的知识与技能，在工作中不出差错就行了，没有必要再去学习什么新的知识与技能。"都三四十岁的人了，还学什么？"这句话就是他们的口头禅。

春秋时代，晋国国君晋平公问太宰师旷说："我现年七十岁了，还想学习，恐怕就是晚了点！"师旷说："您为什么不点燃蜡烛照明呢？"晋平公说："哪有做人臣的随便与国君开玩笑的呢？"师旷说："我这个瞎子大臣怎么敢与国君开玩笑呢？我听说，年少而好学习，就如同早晨初出的朝阳；壮年而好学习，就像升入中天的阳光；老年而好学习，又有如点燃蜡烛的光亮。点燃蜡烛照明，不是比在黑暗中行走要好得多吗？"晋平公说："很对！"

事实上，对于学习来说，时间、年龄都不是影响学习效果与成就的因素，最重要的是你是否能够怀有一颗学习之心，因为真正在你的学习中起作用的，是你的学习之心。如果你怀有一颗学习之心，那么无论你处于什么样的生命阶段，你都不会感觉到学习对你来说是迟了还是早了。如果你压根儿就没有学习的兴趣，那么，即使你正当风华少年，你也觉得时间还早，生命还长，你还要趁着年轻多玩玩；即使你正值壮年，你也会觉得人生已经过半，学习已经迟了，学习对你已经没有太大意义，因而你也会选择放弃。但是我要说，你的种种推脱的借口，都只不过是在为自己的懒惰寻找理由罢了。如果你真的愿意学习，你就永远都不会觉得迟。

对于一个销售人员来说，不断学习更是贯穿于他工作全过程的一种行为。销售人员如何进行不断学习呢？

一、制订职业生涯规划

人为什么要学习？原因就是为了实现自己的理想和目标。理想和目标是我们学习的动力。因此，销售人员首先要知道自己的人生目标是什么，并根据人生目标制定自己的职业生涯发展规划。

二、设定课题和学习方向

销售人员应该根据自己的职业生涯规划，确定自己的学习方向和在不同阶段学习的重点与课题选择。学习不是盲目的行为，而是一种有计划有目标的行为，因此，销售人员一定要根据所要达到的目标，分阶段制定学习内容，由浅入深，循序渐进地开展学习，这样才能达到良好的效果。很多销售人员有空的时候会随手拿起一本书来看，今天看的是小说，明天看的是销售理论，这也是一种学习，但这是一种无目的的学习，学习的效果会大打折扣。

三、选择不同的学习方式

现在学习的方式有很多，不同的方式能起到不同的效果，销售人员可以充分利用各种资源，尽可能多地利用各种学习的手段来学习，一方面充分利用时间，另一方面提高学习的效果。例如，销售人员可以利用 MP3 或 MP4 播放器收听或收看各种教育音频视频内容，充分利用上下班的时间或在出差旅途中利用空闲时间学习，这是其他学习方式无法替代的一种学习方式。销售人员还可以利用网络信息进行学习，网络信息量大，更新速度快，能够提供最新鲜的资讯，这也是书籍所无法替代的。还有诸如观看 DVD 教材、参加读书交流会等都能够很好地促进学习，提高学习的效果。

四、定期检查学习效果

学习既然是有计划有目标的行为，那么就要对学习的效果进行检查和评估，检查是否在规定的时间内完成了学习内容，达到了预期的效果。最好的检查就是能否将学习的内容进行有效的消化和整理，并对其他人进行相关内容的培训，让别人对培训的内容进行评价，如果培训效果很好，则说明你对知识的掌握良好，学习起到了很好的作用，如果评价低，则说明在知识的掌握方面还存在不足，需要加强和改善。

五、每日读书 30 分钟以上

学习也需要养成良好的习惯，那就是坚持每天学习。不管工作多么繁忙，每天都要安排最少 30 分钟的时间用于学习，这样学习就变成我们生活的一部分，每天学习也就变成了我们的习惯。日积月累，积少成多，我们的知识也就在每天的 30 分钟当中得到不断地积累和充实。

六、定期参加培训

销售人员参加各种培训也是一种很好的学习方式，通过培训能够接受最新的知识；另外，培训一般是由行业内的专家主讲，因此，通过培训不但能学习到最新的理论知识，还可以从这些专家身上学习到很多实际操作的经验和技巧。由于培训是一种互动式的学习，因此更加生动，学习效果更好。参加培训还是销售人员拓展人际关系的重要手段。通过参加培训可以结识有共同兴趣爱好的同学，有一个相互交流的机会，对销售人员的职业发展有非常重要的作用。

七、参与课题研究

学习一定要有成果，每年要根据学习目标和学习的课题，完成两个研究课题的写作，只有将学习的知识与自身工作的实际结合起来进行研究，并将之理论化，用文字内容记录下来，才能够清晰地了解到自己对知识的掌握程度。通过这种方法销售人员会逐渐形成自己的经验和知识体系，使所学的知识更加系统。

在当今社会，知识的更新速度之快到了让人惊讶的程度，几乎每天都有新知识与新技能产生，各种新科技、新事物、新经验层出不穷。学习如逆水行舟，不进则退。不断吸收新知识与新技能，将成为一个现代人所应具备的基本素质，更是销售人员不断完善自我、提高销售技能的有效途径。

第八节　迈向成功

每一个销售人员都渴望成功，都希望获得别人的尊重和稳定丰厚的收入。但是，很多销售人员仅仅停留在“想成功”的状态，却没有实际的行动。真正成功的销售人员对待成功的态度却不是想而是一定要成功。不同的态度决定了不同的行动，那么销售人员如何才能迈向成功呢？

一、明确目标

销售人员要想成功，首先必须清楚什么才是成功，达成什么样的目标才算成功。然后根据自己的成功目标制订年度的目标和计划，以便自己一步步地去实现。一个销售人员如果没有清晰的目标和计划，在工作中就会变得盲目，也就没有追求的方向，这样是无法达到成功的彼岸的。目标制定后，销售人员要在每天工作前，将年度的目标写在纸上，每天提醒自己，让自己时刻牢记这一目标，并在每天的工作中为实现目标而努力工作。要想成功，目标的激励是十分重要的。以目标作为工作的导向也是成功者应有的良好方法。

没有目标的人，只能把精力放在小事情上，而小事情使他们忘记了自己本应做的事情。实际上，你自己成为什么样的人比你得到什么东西重要得多。成功有倍增效应，当你实现了自己的目标，当你为了目标不断超越时，你就会变得越来越自信，而自信又会使你更容易成功。

二、自我激励

销售是一项富有挑战性的工作，与技术人员、行政人员相比，销售人员背负着更大的工作压力。当面对背井离乡、孤军奋战的寂寞时，当面对完不成销售任务的沮丧时，当面对顾客一次次的拒绝时，如果没有坚强的意志，那么就只能逃离销售这个职业或者浑浑噩噩过日子。如果不能一次次在挫折中振作，就不可能成为一名优秀的销售人员。

销售人员要想成功，必须学会自我激励，而保持良好的心态是实现自我激励的基础。良好的心态，能让销售人员在受挫折时不断地给自己好的心理暗示，多想一些让自己兴奋和开心的事情，多想想事情积极的一面，有助于摆脱挫折感。

三、合理的时间管理

要获得成功，就必须将有限的时间进行系统合理的规划，对各项工作按照重要程度进行先后顺序的安排，保证有足够的时间来完成。时间的拖延和浪费是成功的杀手，销售人员必须重视时间管理，并学会时间管理的基本方法。

四、养成良好的学习习惯

要成功离不开学习。因此，良好的学习方法和学习习惯是十分重要的。对于销售人员来说，只有学习、学习、再学习，才能取得更大的成功。

五、自我省思

自我省思其实就是对销售工作的总结和分析。每天工作结束以后，销售人员往往三五成群去唱歌喝酒，认为当天的工作已经完成，可以完全放松下来。其实对于销售人员来说，工作结束以后，还有一项重要的内容就是每日省思，分析自己一天的工作中，哪些地方做得好，有哪些收获，得到了哪些经验；哪些地方做得不好，哪些事怎么做会更好，有些什么失败的教训等。通过每天的省思，销售人员的经验将得到不断的积累，业务的水平也将得到快速的提升。

六、表达感恩

销售人员在交易结束之后都应当发自内心地向用户表达感激之情。销售人员应该在每天晚上给那些当天购车的用户写一封感谢信，一句礼貌的“谢谢您”，会让用户感受到自己作出了正确的购买决定，这也是销售人员维系忠实顾客的关键。不论是面对信任你的顾客，还是曾经关心和帮助你的同事、朋友、领导，你都应该心存感激，并将这种感激之情写出来，以信件或贺卡的形式寄给他们。要知道真诚地表达感恩具有强大的力量，它能拓宽你的人际关系，助你迈向成功。

七、做好明天的计划

人们总说“一日之计在于晨”，其实对于销售人员来说，一日之计在于昨夜。每天晚上临睡前，我们要对当天的工作进行省思，同时，还要将次日的工作进行规划，写下明天所要做的最重要的几件事。这样，每天早上一起床，打开窗帘迎接新的一天时，我们的心中已经有了一个清晰的工作计划，这时，我们就会有一种工作的热情，对新的一天充满了期待。

销售人员的自我管理能力非常重要，这也是销售人员成长的动力。销售人员处于企业竞争的最前沿，不断提高自身素质是时代赋予的使命。要在激烈的竞争中展现自己的优势，迈向成功的彼岸，就必须培养自己过硬的专业素质和业务技能，以适应社会发展的需要，而这一切都取决于销售人员自我管理和学习的能力。销售人员只有善于自我管理，才能使自身得到快速的成长，才能让社会接受你的才干，为自己创造一片展翅翱翔的蓝天。

复习思考题

1. 如何有效地管理和利用时间？
2. 如何化解不良情绪的影响？
3. 计划管理有何重要意义？
4. 销售人员如何制订工作计划？
5. 销售人员为什么要进行工作总结和分析？
6. 销售人员如何进行自我激励？
7. 你如何理解迈向成功的七件事？

参考文献

[1] 叶冠. 销售从被拒绝开始 [M]. 北京：企业管理出版社，2006.
[2] 武文胜. 经营顾客心 [M]. 北京：机械工业出版社，2005.
[3] 麦德思销售顾问中心. 汽车业务员销售方法与技巧 [M]. 广州：广东经济出版社，2005.
[4] 何宝文. 汽车营销学 [M]. 北京：机械工业出版社，2004.
[5] 龙韩林. 挑战乔·吉拉德汽车销售代表职业训练教程 [M]. 广州：广东经济出版社，2005.
[6] 乔治·吉拉德. 战无不克 [M]. 呼和浩特：内蒙古人民出版社，2002.
[7] 博赞，伊斯雷尔. 全脑销售 [M]. 北京：中国人民大学出版社，2005.
[8] 孙路弘. 用脑拿订单 [M]. 北京：中国人民大学出版社，2005.
[9] 刘同福. 汽车销售员实战手册 [M]. 广州：南方日报出版社，2003.
[10] 李建军. 与客户有效沟通的N个技巧 [M]. 北京：中国纺织出版社，2006.
[11] 韩宏伟. 汽车销售实务——销售流程篇 [M]. 北京：北京大学出版社，2006.
[12] 黄洁. 汽车销售代表培训教程 [M]. 北京：京华出版社，2005.
[13] 韦恩·范韦克. 纯粹销售 [M]. 北京：新华出版社，2003.
[14] 屈云波. 业务员推销技巧与成功的销售训练 [M]. 北京：企业管理出版社，1997.
[15] 张永. 人员推销教程：理论·技巧·案例 [M]. 北京：机械工业出版社，2001.
[16] 赖利. 增值销售 [M]. 北京：机械工业出版社，2004.
[17] 丁一. 成就汽车销售 [M]. 上海：同济大学出版社，2003.
[18] 郭静林. 拜访客户细节训练：41个关键细节决定销售成败 [M]. 北京：中国市场出版社，2005.
[19] 李欣禹. 快速提高汽车销售业绩 [M]. 北京：电子工业出版社，2005.
[20] 陈思. 现代实用推销学 [M]. 广州：中山大学出版社，2001.
[21] 魏丽. 汽车销售员手册 [M]. 北京：中国宇航出版社，2005.
[22] 莫远，等. 如何做好汽车维修业务接待 [M]. 北京：机械工业出版社，2003.
[23] 邹向，等. 汽车经纪人培训教材：基础篇 [M]. 北京：人民交通出版社，2005.
[24] 李欣禹. 制造汽车销量——汽车差异化营销策略与技术 [M]. 北京：北京大学出版社，2006.
[25] 托马斯·福瑞斯. 提问销售法 [M]. 北京：企业管理出版社，2002.
[26] 罗纳德·B·马克斯. 人员推销 [M]. 北京：中国人民大学出版社，2002.
[27] 罗伯特·L·乔利斯. 以顾客为中心的销售 [M]. 北京：企业管理出版社，1999.
[28] 王介良. 营销培训兵法 [M]. 北京：企业管理出版社，2002.
[29] 徐育斐. 商品推销技巧 [M]. 北京：中国商业出版社，2000.
[30] 吴健安. 市场营销学 [M]. 合肥：安徽人民出版社，1999.
[31] 布鲁克斯. 高效销售法：成功销售的有效战略 [M]. 北京：企业管理出版社，2005.
[32] 蒋力. 业务员手册 [M]. 北京：中国商业出版社，2002.

[33] 罗斯韦尔．如何创建销售培训项目［M］．北京：电子工业出版社，2003.
[34] 刘可湘．汽车服务企业经营与管理［M］．北京：人民交通出版社，2004.
[35] 刘同福．汽车销售经理实务手册［M］．广州：南方日报出版社，2004.
[36] 刘同福．汽车营销策划实用手册［M］．广州：南方日报出版社，2004.
[37] 刘同福．汽车销售之王7项黄金法则［M］．广州：南方日报出版社，2005.
[38] 孙路弘．汽车销售的第一本书［M］．北京：中国财政经济出版社，2004.
[39] 威文，邢何明，杨利强．第一流的汽车营销［M］．北京：机械工业出版社，2002.
[40] 肖国普．汽车服务贸易［M］．上海：同济大学出版社，2004.
[41] 韩广，王缅．从0到100打造汽车销售高手［M］．北京：机械工业出版社，2003.
[42] 吴健安．市场营销学［M］．合肥：安徽人民出版社，1999.
[43]（加）韦恩．范韦克著．纯粹销售［M］．贺昆，译．北京：新华出版社，2003.
[44] 众行管理资讯研发中心．如何建立顾客调查和反馈系统［M］．广州：广东经济出版社，2002.
[45] 众行管理资讯研发中心．客户满意与客户意识［M］．广州：广东经济出版社，2002.
[46] 张宇浩．读懂顾客［M］．北京：北京工业大学出版社，2004.
[47] 约翰．麦基恩．如何影响顾客的购买决定［M］．魏清江，译．北京：机械工业出版社，2004.
[48] 国家工商总局，等．中国汽车消费指导手册［M］．北京：中国工商出版社，2003.
[49] 韩广，王缅．汽车营销实战：掌握工作方法与技巧的捷径［M］．北京：机械工业出版社，2004.
[50] 黄元亨．推销实务［M］．北京：高等教育出版社，2005.
[51] 郭兴旺．7天学会汽车销售［M］．北京：机械工业出版社，2009.
[52] 刘体国．汽车这样卖才对［M］．北京：人民邮电出版社，2009.
[53] 李欣禹．非常话术 汽车营销对话技巧与突破［M］．北京：机械工业出版社，2008.
[54] 肖晓春．汽车销售实战情景训练［M］．北京：机械工业出版社，2009.
[55] 丁兴良，林俊，黎燕．商用车销售技巧［M］．北京：机械工业出版社，2008.
[56] 刘同福．汽车销售100句妙语［M］．北京：机械工业出版社，2009.